Günter Heismann

Die entfesselte Ökonomie

Ein Standort-Report

Rowohlt · Berlin

1. Auflage Januar 1999

Umschlaggestaltung Walter Hellmann
(Foto: The Image Bank/Andy Levin)
Satz Stempel Garamond PostScript PageOne
Gesamtherstellung Clausen & Bosse, Leck
Printed in Germany
ISBN 3 87134 354 4

Inhalt

Einführung: Vom richtigen Maß

Am 26. April 1997 hielt Bundespräsident Roman Herzog seine berühmte «Berliner Rede». Scharf geißelte er darin die angebliche Unfähigkeit der Deutschen, notwendige Reformen in Gesellschaft, Politik und Wirtschaft durchzusetzen, und stellte der vermeintlich müden Bundesrepublik die beispielhafte Dynamik und Tatkraft entgegen, die er jüngst auf einer Reise im Fernen Osten beobachtet habe.

Durch Deutschland müsse ein gewaltiger «Ruck» gehen, wenn das Land im zunehmend scharfen globalen Wettbewerb bestehen wolle, mahnte der Präsident. Wir sollten also, so lautete die einzig plausible Schlußfolgerung, dem Modell Asien nacheifern und genauso fleißig, genügsam und lernbegierig werden wie die Menschen im Fernen Osten.

Wie so oft, wenn ein Staatsmann seinem Volk eine Predigt hält, befanden sich Diagnose und Therapie nicht ganz auf der Höhe der Zeit. Nur wenige Monate nach Herzogs «Ruck-Rede» war Ostasiens Wirtschaftswunder entzaubert. Der Niedergang setzte im Juli 1997 in Thailand ein. Die Regierung sah sich gezwungen, die Währung des Landes, den Baht, von der Koppelung an den Dollar zu lösen. Und die Freigabe des Devisenkurses löste eine Kettenreaktion aus. Plötzlich wurde ersichtlich, daß sich Thailands Wirtschaft in unverantwortlichem Maße im Ausland verschuldet hatte. Tausende von Firmen sahen sich jetzt außerstande, ihre Kredite zurückzuzahlen, und gingen in Konkurs. Mehr als eine Million Menschen verloren praktisch über Nacht ihre Arbeit.

Das Desaster von Thailand wiederholte sich in den kommenden Monaten in Indonesien, Korea, Malaysia und auf den Philippinen. Auch die Währungen dieser Länder verloren bis zu 80 Prozent an Wert gegenüber dem Dollar. Börsen-Crashs stürzten die Kleinanleger in Armut. Massenarbeitslosigkeit breitete sich aus: So kletterte die Arbeitslosenquote in Süd-Korea 1998 auf rund zehn Prozent – mehr als doppelt soviel wie nur ein Jahr zuvor.[1]

Asiens Politiker machen für die Krise gern Finanzhaie aus dem Westen verantwortlich, die mit Spekulationen in Milliardenhöhe viele Währungen Ostasiens gekippt hätten. Das ist aber lediglich die halbe Wahrheit. Denn die Devisenspekulationen konnten nur aufgehen, weil sich Asiens Regierungen und Unternehmen allzu arg- und maßlos im Ausland verschuldet hatten. Als die Zahlungstermine näher rückten, mußten die Schuldner in gigantischen Mengen Dollars kaufen und dafür einheimische Devisen hergeben. Die Währungen gerieten unter Druck – die Finanzhaie witterten Blut.

Überdies wurde das geliehene Geld aus dem Westen oft nicht produktiv investiert. Riesige Summen verschwanden in den Taschen korrupter Politiker und ihrer Günstlinge. Allein der Clan des 1998 gestürzten indonesischen Staatspräsidenten Suharto hat ein Vermögen von umgerechnet mindestens acht Milliarden Mark angehäuft.

Asiens Finanzkrise macht klar: Die von Präsident Herzog in Berlin gerühmten Tugenden sind vielleicht notwendige, keinesfalls aber hinreichende Bedingungen für eine nachhaltige wirtschaftliche Entwicklung. Dynamik und Tatkraft, Fleiß und Lerneifer sind offenbar durchaus vereinbar mit Geldgier und Bereicherung, mit Nepotismus und Günstlingswirtschaft.

Darüber hinaus ist aber zweifellos richtig, daß westliche Banken und Investoren nach Kräften zu Asiens Malaise beigetragen haben. In den vergangenen Jahren ließen sie sich von rosig gemalten Chancen verführen und verliehen wie am Fließband Geld nach Fernost. Als sich freilich herausstellte, wie schlecht viele Kreditnehmer mit den Darlehen gewirtschaftet hatten, zogen die Geldgeber, einer Hammelherde gleich, ihr Kapital wieder ab. Eine «Flucht in die Qualität» setzte ein: Plötzlich vergaben die aufgeschreckten Banken ihr Geld nur noch an Kreditnehmer mit bester Bonität. So griff Asiens Finanzkrise rasch auf Rußland und andere Länder mit erhöhten Kreditrisiken über. «Baisse-Phasen können sich aufschaukeln, außer Kontrolle geraten und eine Volkswirtschaft nach der anderen zusammenbrechen lassen», warnt der amerikanische Finanzier George Soros.[2]

Asiens entfesselte Ökonomie zog schließlich auch die westlichen Industrieländer in Mitleidenschaft. Die drastisch abgewerteten Währungen des Fernen Ostens brachten den Handel mit dem Westen aus der Balance. In Dollar oder Mark gemessen, wurden die Waren, die die Tiger-Staaten auf dem Weltmarkt anbieten, 1997 und 1998 plötzlich sehr viel billiger. Das kurbelte ihre Exporte an. Andererseits kosten die Güter, die Ostasien in Europa und den USA einkauft, nun in heimischer Währung erheblich mehr. Dies drosselt die Importe. Asiens Finanzkrise reißt auf diese Weise ein Loch von mindestens 43 Milliarden Dollar oder rund 70 Milliarden Mark im Jahr in Amerikas Handelsbilanz. Auch in Westeuropa sinken die Exporte in den Fernen Osten netto um jährlich annähernd 90 Milliarden Mark.[3]

Die globale Finanzkrise hat nahezu überall gravierende Auswirkungen auf das Wachstum. In Rußland, Japan und vielen asiatischen Schwellenländern ist das Sozialprodukt 1998 beträchtlich geschrumpft. In Lateinamerika halbierten sich die Wachstumsraten. Auch in den USA stieg die Wirtschaftsleistung langsamer als 1997. Lediglich in der Europäischen Union nahm das Wachstum 1998 noch leicht zu.

Doch auch die Europäer haben Anlaß, darüber nachzudenken, was die Krise des Fernen Ostens wirklich ausgelöst hat und wie sich der Westen vor einer ähnlichen Katastrophe schützen kann. Denn die Ursachen liegen nicht allein in Devisenspekulationen und Finanzmanipulationen, sondern reichen weiter zurück. Sie sind letztlich darin zu suchen, daß die normativen

Grundlagen einer nachhaltig erfolgreichen, stabilen Marktwirtschaft weit mehr umfassen als das, was gemeinhin unter «asiatischen Werten» verstanden wird. Diese umfassen, grob gesagt, lediglich sekundäre Tugenden, darauf ausgerichtet, den Erfolg des Individuums zu fördern – eben durch Fleiß, Lernen und Sparsamkeit. Im falschen sozialen Kontext können solche Werte aber dazu führen, daß niedere Instinkte des Menschen entfesselt werden: die Gier nach Reichtum und Macht.

Ganz ähnlich wie die Demokratie kann die Marktwirtschaft allerdings nur funktionieren, wenn die Individuen zur Selbstbeschränkung bereit sind. Würden alle Bürger hemmungslos alle Rechte wahrnehmen, die ihnen die Demokratie gewährt, bräche das Gemeinwesen alsbald zusammen. Auch in einer Marktwirtschaft darf nicht jeder jeden Vorteil nutzen wollen, der sich ihm oft unverhofft und unverdient darbietet.

Der Kapitalismus ist in Europa erfunden worden. Seine Wurzeln reichen bis in die Renaissance zurück. Wegen dieser längeren Tradition haben wir vielleicht besser als die Menschen anderer Länder Werte und Verhaltensmuster zur Domestizierung der egoistischen Antriebe ausgeprägt, die in einer ganz auf Kommerz gestellten Gesellschaft unvermeidlich freigesetzt (und in einem gewissen Maß ja auch benötigt) werden.

Andererseits sind in den hochentwickelten Gesellschaften Europas im Lauf der Zeit zahllose Fesseln geschnürt worden, von denen wir uns heute befreien müssen, um im globalen Wettbewerb mithalten zu können. Dazu gehören, vor allem in der Bundesrepublik, ein Wildwuchs an Gesetzen und Vorschriften, der das Wachstum zu ersticken droht, ein chaotisches Steuersystem, das Investoren abschreckt, und eine Flut von Subventionen, die meist nur den Beschenkten dienen, selten aber der Volkswirtschaft. Zu den Fesseln gehören aber auch Manager, die nur an die Wahrung ihrer eigenen Interessen denken, nicht aber daran, neue Geschäftschancen zu nutzen und Arbeitsplätze zu schaffen, sowie starre Tarifverträge, die innovativen

Lösungen zur Sicherung der Beschäftigung im Wege stehen. Von diesen Stricken gilt es sich zu befreien, während woanders neue Fesseln anzulegen und vorschnell gelöste wieder festzuziehen wären.

Tatsächlich ist die deutsche Wirtschaft – anders als Präsident Herzog konstatierte – durchaus fähig zu einschneidenden Reformen. In Schlüsselindustrien wie dem Automobilbau haben die Unternehmen in den vergangenen Jahren aus der Krise herausgefunden und ihre Wettbewerbsfähigkeit auf dem Weltmarkt zurückgewonnen. Geholfen haben den Managern dabei ausgerechnet Institutionen, die viele einst als Fesseln empfanden – Mitbestimmung und Sozialstaat; sie erleichterten es den Unternehmen ungemein, überflüssige Arbeitsplätze abzubauen. Gemeinsam haben die Tarifpartner in zahlreichen Fällen einfallsreiche Wege gefunden, um angeschlagene Betriebe zu retten, etwa durch flexible Arbeitszeiten. Und es sind wieder mehr junge Menschen bereit, ein eigenes Unternehmen zu gründen; wagemutige Entrepreneure sichern Deutschland den internationalen Anschluß in Biotechnologie, Software und anderen Zukunftsbranchen.

Der größte Reformbedarf besteht heute bei den Politikern, die ihren Landsleuten so gern Reformunfähigkeit vorhalten. Doch es muß nicht alle Hoffnung fallengelassen werden. Bislang hat es Europa noch stets verstanden, neue globale Herausforderungen zu bewältigen.

Eine kurze Geschichte der Globalisierung

Die Angst vor der Globalisierung, die heute umgeht, ist keineswegs neu. Seit mehr als vier Jahrzehnten müssen wir uns immer wieder anhören, Europa sei am Ende. Der Aufstieg junger Nationen, ungleich dynamischer als die satten Gesellschaften Europas, gefährde Wohlstand und Beschäftigung auf unserem Kontinent. Doch all die verschiedenen Schreckensprognosen hatten bislang stets eines gemein: Sie traten nie ein. Meist waren die Vorhersagen bereits nach wenigen Jahren gründlich widerlegt.

Seit dem Ende des Zweiten Weltkriegs mußte sich Europa mindestens fünfmal neuen Herausforderungen stellen. In den fünfziger Jahren schienen wir in Technik und Wissenschaft hinter die beiden Supermächte zurückzufallen. In den sechziger Jahren wurden die amerikanischen Megakonzerne als Bedrohung gesehen. In den siebziger Jahren drohten uns die Araber das Öl abzudrehen. In den achtziger Jahren schien Japan eine Weltindustrie nach der anderen zu erobern, und in den neunziger Jahren schließlich haben wir uns einer so schwer zu fassenden Gefahr wie der Globalisierung zu erwehren.

Doch die Erfahrung zeigt, daß wir bisher noch in jeder Krise neue Kräfte mobilisieren konnten, die uns einen Entwicklungssprung ermöglichten, um uns aus bedrohlicher Situation zu befreien. Mit jedem Befreiungsschlag aber wurden zugleich Hemmungen beseitigt und Fesseln durchtrennt, durch welche die Ökonomie einst fest in den gesellschaftlichen Kontext eingebunden war. Diese «Befreiung» scheint sich im Zeitalter der sogenannten Globalisierung nun gegen uns zu wenden.

Die fünfziger Jahre: Der Sputnik-Schock

Am 4. Oktober 1957 schoß die UdSSR den «Sputnik» ins All. Es war der erste Satellit, der die Erde umkreiste. Die Raumfahrt hatte begonnen. Nur einen Monat nach dem Sputnik schickte die Sowjetunion das erste Lebewesen in einer Raumkapsel auf eine Erdumlaufbahn, die Hündin Laika. Und das Tier überlebte die wissenschaftliche Großtat.

Die UdSSR genoß ihren Triumph. Mit den ganz im geheimen vorbereiteten Satellitenstarts hatte sie den Westen völlig überrascht. Politiker, Militärs und Wissenschaftler in den Vereinigten Staaten waren wie paralysiert. Schickte die Sowjetunion sich an, den Westen wissenschaftlich und technisch zu überflügeln? War der Kommunismus der freien Welt zumindest auf diesem Gebiet überlegen?

Die USA mobilisierten alle ihre finanziellen, industriellen und wissenschaftlichen Ressourcen. Der Wettlauf zum Mond begann. Zunächst schienen die Russen das Wettrennen zu gewinnen. Ihre Raumsonde Luna 3 funkte 1959 erste Fotos der Mondrückseite zur Erde. Der Kosmonaut Juri Gagarin war 1961 der erste Mensch im Weltraum; im Raumfahrzeug Wostock 1 flog er einmal rund um die Erde, bevor er nach einer Stunde und 48 Minuten wieder auf sicherem Boden landete.

Der Sputnik startete freilich nicht nur das Wettrennen zum Mond, das die beiden damaligen Supermächte USA und UdSSR austrugen, um die Überlegenheit ihrer jeweiligen Gesellschaftssysteme aller Welt am Himmel zu demonstrieren. Er symbolisierte zugleich ein neues Zeitalter der Wissenschaft.

Zuvor wurde die Forschung von einzelnen Gelehrten isoliert in ihren Studierstuben und Labors betrieben. Der Professor hatte bestenfalls ein Dutzend Assistenten, die ihm zuarbeiteten. Woran geforscht wurde, das entschied im wesentlichen jeder Lehrstuhlinhaber für sich.

Die Raumfahrt aber bedurfte eines Aufwandes, der mit dieser «Little Science» nicht mehr vereinbar war. Die Wissenschaft mußte großtechnisch betrieben werden. Der Staat nahm die Forschung in die Hand und schuf zentrale Institutionen wie die amerikanische Raumfahrtbehörde NASA, die sich zu gewaltigen Bürokratien mit Milliarden-Etats auswuchsen.

Die Europäer sahen das Technologie-Wettrennen der beiden Weltmächte mit großem Schrecken. Jahrhundertelang waren Wissenschaft und Europa beinahe Synonyme gewesen. Die Universitäten der Alten Welt hatten sich stets als führende Forschungsinstitutionen auf der ganzen Erde betrachtet.

Doch in der Nachkriegszeit schienen die Russen und vor allem die Amerikaner den Europäern die Führung in der Wissenschaft zu entreißen. Die USA und die UdSSR hatten bereits nach dem Ende des Zweiten Weltkriegs die deutschen Raketenforscher untereinander aufgeteilt, die unter den Nazis an den V-Raketen gearbeitet hatten. Nun gingen freiwillig viele der begabtesten deutschen Wissenschaftler in die USA, wo ihre Forschungsvorhaben großzügig unterstützt wurden. Der Brain Drain schien die Zukunft des Industriestaates Deutschland zu gefährden.

Erst spät erkannten die Europäer, daß manche Forschungsprojekte nur in großem Maßstab betrieben werden können. Hastig wurden in Deutschland staatlich finanzierte Großforschungsinstitute für aufwendige wissenschaftliche Arbeitsgebiete geschaffen, denen eine zentrale Bedeutung für Gesellschaft und Wirtschaft zugesprochen wurde. 16 solcher Einrichtungen gibt es heute. Sie arbeiten auf so unterschiedlichen Gebieten wie Hochenergiephysik, Klimaforschung und Krebsbekämpfung.

Ihre wissenschaftliche Qualität ist freilich unterschiedlich. So werden in den Forschungszentren in Jülich und Karlsruhe, die ursprünglich für die zivile Nutzung der Atomkraft zuständig waren, heute allerlei Forschungsprogramme betrieben, die mit der Nuklearenergie in lockerer Beziehung stehen, von der Radiologie bis zur Festkörperphysik. Der wissenschaftliche Ertrag ist aber recht mager.

Dennoch kann das Beispiel Großforschung zeigen, daß die Europäer durchaus in der Lage sind, neue globale Herausforderungen erfolgreich anzunehmen. In der Nutzung der Raumfahrt sind sie heute den Amerikanern und Russen zum Teil sogar voraus. Während die USA und die UdSSR sich darauf konzentrierten, einander mit wissenschaftlichen Höchstleistungen zu übertreffen, entwickelten die Europäer Trägerraketen für die kommerzielle Raumfahrt. Mit den Ariane-Raketen sind sie, trotz mancher Pannen, führend beim Start ziviler Satelliten, etwa für die Übertragung von Fernsehsendungen oder für die Wetterbeobachtung.

Die Großforschung zeigt aber auch plastisch, daß es gefährlich ist, allzu unüberlegt und hektisch auf neue Herausforderungen zu reagieren. So machte sich in den fünfziger Jahren in der Bundesrepublik beinahe Panik breit, als in den USA und dann auch in Großbritannien die ersten Kernkraftwerke gebaut wurden. In dieser neuen Technologie, die für die Sicherstellung der künftigen Energieversorgung unverzichtbar zu sein schien, drohte die deutsche Industrie den internationalen Anschluß zu verlieren.

An die ökologischen und gesundheitlichen Risiken dachte damals niemand. Auch ökonomisch erwies sich die Kernkraft als Sackgasse. Hätte der Staat in dieser Technologie nicht massiv interveniert, wäre in Deutschland wohl nie ein einziges Atomkraftwerk gebaut worden. Die Industrie hätte sich auf jene Gebiete konzentriert, wo heute die Zukunft gesehen wird: in der Verbesserung der konventionellen Energien und der Entwicklung kleintechnischer alternativer Energien wie Windkraft oder Solarenergie.

Die sechziger Jahre: Die amerikanische Herausforderung

Ende der sechziger Jahre erschreckte der französische Publizist und Politiker Jean-Jacques Servan-Schreiber die Welt mit einem Bestseller. In dem Buch «Le défi américain», auf deutsch 1968 unter dem Titel «Die amerikanische Herausforderung» erschienen, verkündete er das Ende der europäischen Industrie. Künftig würde es auf der Welt nur noch drei Wirtschaftsmächte geben – die Sowjetunion, die USA und die amerikanische Industrie in Europa.

Gegenüber den amerikanischen Giganten seien die europäischen Unternehmen viel zu klein, um sich auf dem Weltmarkt durchsetzen zu können. Zahlen um Zahlen häufte Servan-Schreiber an, um zu zeigen, daß die amerikanischen Konzerne dank ihrer gewaltigen Finanzkraft über kurz oder lang alle europäischen Konkurrenten niederwalzen, vom Markt verdrängen oder übernehmen würden.

In der Tat dominierten amerikanische Unternehmen in den sechziger Jahren weltweit viele Schlüsselindustrien. Beinahe alle Computer, die damals gebaut wurden, kamen aus den USA. Die drei amerikanischen Hersteller Boeing, Lockheed und McDonnell Douglas beherrschten den Markt für Düsenverkehrsflugzeuge. Und gegen die Autoriesen Chrysler, Ford und General Motors waren die europäischen Firmen Citroën, Fiat und Volkswagen damals Zwerge.

Doch Servan-Schreiber hatte nicht bedacht, daß Größe blind machen kann für die Herausforderungen der Zukunft. Die amerikanischen Autohersteller hatten sich offenbar nicht vorstellen können, daß die Zeiten des billigen Benzins einmal zu Ende gehen. Als das OPEC-Kartell in den siebziger Jahren die Ölpreise auf immer neue Rekordhöhen trieb, waren die spritfressenden Straßenkreuzer von Ford & Co. plötzlich kaum noch gefragt.

Die Japaner hingegen feierten mit ihren benzinsparenden

Kompaktwagen in den USA rauschende Verkaufserfolge. Chrysler hingegen ging wegen seiner verfehlten Modellpolitik beinahe bankrott. Im übrigen wurde das US-Unternehmen 1998 von einem deutschen Autokonzern übernommen – Daimler-Benz. Nicht die Amerikaner schlucken die Europäer, sondern umgekehrt die Europäer die Amerikaner.

Die amerikanischen Computerhersteller, die Servan-Schreiber in den sechziger Jahren soviel Angst machten, kennt heute, mit ein oder zwei Ausnahmen, kein Mensch mehr. Die Unternehmen bauten damals lediglich Großcomputer, die pro Stück bis zu 20 Millionen Mark und mehr kosteten.

Nur zehn Jahre nachdem Servan-Schreiber schrill vor der «amerikanischen Herausforderung» gewarnt hatte, kam in den USA eine neue Generation von Elektronenrechnern auf – die Personal Computer. Und mit ihnen entstanden neue, dynamische Firmen wie Apple, Compaq oder Microsoft. Die alten Großrechnerhersteller aber versäumten die PC-Revolution. Von den amerikanischen Computerunternehmen der sechziger Jahre haben bis heute nur wenige, wie etwa IBM, überlebt.

Auf manchen Gebieten hatten die amerikanischen Konzerne allerdings in der Tat aufgrund ihrer schieren Größe, ihrer enormen Ressourcen und ihres riesigen Binnenmarktes eine Macht auf dem Markt, gegen die die europäischen Konkurrenten im freien Wettbewerb nichts ausrichten konnten. Dies traf vor allem auf die Luftfahrt zu. Die Vorlaufinvestitionen für die Entwicklung von Flugzeugen und die Erschließung der Märkte sind zu hoch, als daß privatwirtschaftliche Unternehmen die Kosten allein tragen könnten.

Die Europäer beschlossen, ihre Anstrengungen zu bündeln und den Bau von Großflugzeugen mit staatlicher Unterstützung voranzutreiben. 1970 wurde das Airbus-Konsortium gegründet, an dem sich zunächst französische und deutsche Firmen, später auch spanische und britische beteiligten. Das gemeinschaftliche Unternehmen benötigte zwar einen langen

Vorlauf und hohe staatliche Subventionen, bis es sich auf dem Markt gegen die Amerikaner durchzusetzen verstand; es verkauft heute aber mehr Verkehrsflugzeuge als Boeing, der einzige verbliebene Konkurrent. Lockheed hat die Produktion von Passagiermaschinen längst aufgegeben und baut nur noch Kampfflugzeuge. Und McDonnell Douglas wurde von Boeing übernommen.

Airbus verdient inzwischen so gut, daß das Konsortium jetzt die einst kassierten Subventionen an die Mitgliedsländer zurückzahlen kann.[4]

Auch in der Mikroelektronik hat die gemeinsame europäische Technologieförderung größere Erfolge gezeitigt, als in der Öffentlichkeit gemeinhin anerkannt wird. Programme wie Jessy haben dazu beigetragen, daß die europäische Chipindustrie vor der amerikanischen und japanischen Verdrängungskonkurrenz gerettet werden konnte. In Nischen – bei der Zulieferung von Maschinen und Materialien für die Elektronikindustrie Amerikas und Asiens – haben deutsche Spezialhersteller auf dem Weltmarkt beachtliche Positionen erlangt.[5]

Die Europäer verstehen es im übrigen besser als ihre globalen Konkurrenten, sich auf gemeinsame Standards und Normen zu verständigen, um damit ihre Industrie zu fördern. Schlagendes Beispiel ist der Mobilfunk. Dort haben die Europäer den einheitlichen Standard GSM geschaffen, der die Sendeanlagen und Empfangsgeräte unterschiedlicher Hersteller miteinander kompatibel macht. Dank GSM gelang es den europäischen Telekom-Ausrüstern in den vergangenen Jahren, im Mobilfunk bessere Geschäfte zu machen als die Amerikaner oder gar als die Japaner.

Die «amerikanische Herausforderung» hat so letztlich ein Gutes gehabt: Sie lehrte die Europäer, die Notwendigkeit einer gemeinsamen Technologiepolitik zu begreifen.

Die siebziger Jahre: Die Ölkrise

Nach dem Yom-Kippur-Krieg von 1973 trieb das OPEC-Kartell die Rohölpreise, die zuvor stets nur einige wenige Dollar je Barrel betragen hatten, in mehreren Schüben auf 20 Dollar hoch. Die Ölscheichs fingen an, sich reich zu rechnen: Der Ölpreis werde auf 50, ja 100 Dollar klettern. Die Verbraucherländer, vor allem in Europa, begannen, um ihre ölabhängigen Industrien, um ihren Wohlstand zu bangen.

Träume und Alpträume erwiesen sich gleichermaßen als abwegig. Der Ölpreis lag Mitte 1998 weit unter 20 Dollar. Real war Rohöl damit nur halb so teuer wie zwei Jahrzehnte zuvor. Unerwartet rasch glückte es den Europäern, sich aus der Abhängigkeit von der OPEC zu befreien. Die kräftig gestiegenen Ölpreise machten die Förderung der riesigen Vorkommen in der Nordsee rentabel. Überdies ersetzten die Stromerzeuger Öl durch andere Primärenergien. Schließlich leiteten Europas Regierungen Programme zum Energiesparen ein.

Die Ölscheichs aber haben ihren plötzlichen, flüchtigen Reichtum weitgehend vergeudet. Fast nirgends wurden mit den Petro-Milliarden zukunftssichere Industrien für die Zeit nach dem Öl aufgebaut. Das kleine Israel verfügt heute über mehr erstklassige Universitäten, Forschungslabors und High-Tech-Firmen als alle arabischen Ölförderländer zusammen.

Mit ihren erpresserischen Ölpreisen haben die Scheichs jedoch etwas bewirkt, was alle Mahnungen von Wissenschaftlern nicht bewirkten: Uns wurde schlagartig klar, daß die natürlichen Ressourcen nicht in unendlichen Mengen zur Verfügung stehen. Auch sie haben ihren Preis. Erst nach den Ölpreisexplosionen setzten in den Industrieländern ernsthafte Bemühungen ein, Energie einzusparen und erschöpfbare Ressourcen durch erneuerbare zu ersetzen.

Gewiß bleibt noch weit mehr zu tun als im Umweltschutz

bisher gelungen ist. Doch die Erfahrungen zeigen, daß Ökonomie und Ökologie durchaus verträglich sind. Und diese Erkenntnis verdanken wir nicht zuletzt den gierigen Ölscheichs.

Die achtziger Jahre: Japans Bubble Economy

Der staunenerregende Aufstieg Japans zur zweitgrößten Wirtschaftsnation der Erde rief in den achtziger Jahren panikartige Reaktionen hervor. Das Buch «Japan as Number One» des Harvard-Soziologen Ezra Vogel bündelte diese Ängste und wurde darüber zum Bestseller; Vogel sagte voraus, Japan werde schon bald die USA überflügeln.

Ebenfalls bestens verkauft wurde das Buch «Die japanisch-amerikanische Herausforderung» von Konrad Seitz. Der Verfasser, damals Leiter der Planungsabteilung im Auswärtigen Amt, stellte Europa darin eine äußerst ungünstige Diagnose: Die Alte Welt sei auf bestem Wege, zu einem Entwicklungskontinent herabzusteigen.

Inzwischen hat Seitz, heute Botschafter der Bundesrepublik in China, seine völlig überzogenen Thesen weitgehend revoziert. In seinem 1998 vorgelegten Widerruf «Wettlauf ins 21. Jahrhundert» anerkennt er, daß Europa durchaus noch Zukunft hat. Das japanische Modell sei hingegen gescheitert, nicht nur in Japan selbst, sondern auch in den anderen asiatischen Ländern, die es zu kopieren unternommen hätten.[6]

Seitz, Vogel und all den anderen Nippon-Bewunderern war in ihren Jubelschriften eine Kleinigkeit entgangen: Japans Wirtschaftswunder war seit Mitte der achtziger Jahre auf Spekulation gebaut. Aktienkurse und Immobilienpreise erklommen völlig unrealistische Höhen.

Unvermeidlich platzte die «Bubble Economy», die riesige Spekulationsblase Anfang der neunziger Jahre. Börsenkurse und Grundstückspreise halbierten sich. Die Banken, die während der Spekulationshausse großzügigst Darlehen vergeben hatten, saßen plötzlich auf einem Fujiyama fauler Kredite. Ein Kassensturz des Finanzministeriums ergab Anfang 1998, daß die Summe der gefährdeten Darlehen umgerechnet mindestens 1000 Milliarden Mark betrage. Amerikanische Finanzexperten kamen zur gleichen Zeit auf noch erheblich höhere Summen.

Auf Jahre hinaus werden Staat und Banken damit beschäftigt sein, die Trümmer der Spekulation fortzuräumen. Seit Anfang der neunziger Jahre ist die japanische Wirtschaft in Stagnation. Ein Aufschwung ist für mindestens zehn Jahre nicht in Sicht.

Japan sei in einer Falle gefangen, meinen westliche Wirtschaftsfachleute. Wenn die fiskalischen Expansionsprogramme, die die japanische Regierung 1998 startete, nicht nachhaltig Erfolge zeigen, könnte eine tiefe Rezession die Folge sein. Das sagte der amerikanische Nationalökonom Rüdiger Dornbusch, Professor am Massachusetts Institute of Technology, im September 1998 voraus.

«Schritt für Schritt findet man erst heraus, daß die Lage der Banken noch viel schlimmer ist, als man zunächst angenommen hatte», sagte Dornbusch. «Dieses Problem kann nicht dadurch gelöst werden, daß man eine Strategie des schwachen Yen verfolgt, weil dann die Märkte zusammenbrechen werden. Ein finanziell schwaches Land kann seine Währung nicht abwerten. Von der fiskalischen Seite gibt es ebenfalls keine Lösung, weil kein Geld da ist», stellte der MIT-Ökonom fest. «Ich habe keine Antworten für Japan und kenne auch niemanden, der sie hätte.»[7]

Genau besehen ist es mit der lange vielbestaunten Innovationskraft Japans ebenfalls nicht weit her. Nur bei hochwertigen Konsumgütern wie Kameras, Motorrädern und Videorekordern gelang es dem Land, sich zur Weltspitze emporzuarbeiten. Doch bei allem, was komplizierter ist als ein Auto, ein Fernseher oder ein Laptop, erweisen sich japanische Ingenieure und

Wissenschaftler erstaunlicherweise als überfordert. In Biotechnologie und Pharmazie ist Japan schwach. Funktionstüchtige Flugzeuge und Raketen hat das Land bisher nicht hervorgebracht.

Offenbar ist Japan nur in einem einzigen Punkt wirklich Weltklasse: in der effizienten Produktion auf höchstem Qualitätsniveau. Begriffe wie «just in time» (Produktion auf Abruf), Kanban und Qualitätszirkel kennzeichnen die japanische Meisterschaft in der Fertigung. Freilich sind die fortgeschrittenen Fertigungsverfahren nicht alle auf japanischem Mist gewachsen. Just in Time und statistische Fehlerkontrolle wurden bereits in den fünfziger Jahren in den USA entwickelt, dort aber von den Unternehmen nicht beachtet.

Inzwischen aber haben die Firmen im Westen die Fertigungsverfahren der Japaner schätzen gelernt. Den deutschen Autoherstellern gelang damit in den neunziger Jahren ein unerwartetes Comeback auf den Weltmärkten.

Japans schillernder Aufstieg lehrt den Westen zweierlei. Einerseits gibt es keinerlei Grund für die jahrhundertelang in Europa anzutreffende Arroganz gegenüber nichtwestlichen Kulturen. Andererseits ist kritiklose Bewunderung ebensowenig angebracht. Das Zerplatzen der japanischen Bubble Economy zieht die ganze Weltwirtschaft mit hinunter. Hätte der Westen in den achtziger Jahren genauer hinter die glitzernden Fassaden geschaut, hätte er vielleicht die Japaner zur Mäßigung bewegen können.

Die neunziger Jahre: Ostasiens schillerndes Mirakel

Anfang der neunziger Jahre kamen die ersten Autos aus koreanischer Produktion auf den deutschen Markt. Fast gleichzeitig gingen in der Bundesrepublik zwei taiwanesische Computerwerke in Betrieb. In den Zeitungen waren plötzlich staunenerregende Berichte über Indiens aufblühende Software-Industrie zu lesen.

Doch der Boom der Tiger-Staaten war zuletzt, ärger noch als in Japan, auf Pump und Spekulation gegründet. Da es fast nirgends in Asien eine wirksame staatliche Bankenaufsicht gibt, übernahmen die Regierungen die Risiken der Kreditvergabe. So konnte es nicht verwundern, daß viele Gelder in Spekulationsgeschäfte mit Aktien und Immobilien statt in produktive Projekte flossen. Doch auch dasjenige Kapital, das in den Aufbau von Industrien gesteckt wurde, war oft schlecht investiert. Allüberall wuchsen die gleichen Fabriken empor, die heute in Massen die ewig gleichen Autos, Chips und Fernseher ausstoßen – ohne Rücksicht darauf, daß die Weltmärkte für solche Massenware längst überfüllt sind.

Nahezu alle Länder Asiens setzten auf die gleiche Industrialisierungsstrategie. Einzig Indien und Taiwan profilierten sich in Marktnischen – Indien etwa mit seiner Software-Industrie, Taiwan mit der Konzentration auf Spezialchemikalien, kundenspezifische Halbleiter und einige wenige Konsumgüter.

Die asiatischen Schwellenländer werden sich jedoch voraussichtlich schneller und nachhaltiger von der Rezession erholen als Japan. Ihr neuerlicher Aufstieg aber dürfte uns in der Summe mehr Chancen als Risiken bescheren. Die jungen Industrieländer produzieren ja nicht nur billige Konsumgüter, die die teueren Erzeugnisse unserer Industrie verdrängen. Sie brauchen von uns dafür Maschinen sowie komplizierte Technik für den Ausbau ihrer unterentwickelten Infrastruktur, Eisenbahnen, Kraftwerke, Telefonanlagen, die sie nicht selbst herstellen können. Internationale Arbeitsteilung und Handel bringen allen Seiten Vorteile. Das haben im übrigen bereits die Italiener gewußt, als sie im Mittelalter Fernhandel mit dem ganzen Orient bis hin nach China betrieben.

Kalt kalkulierende Unternehmer, in ihre Zahlen verliebte

Ökonomen und auch die verantwortlichen Politiker machen sich sehr häufig nicht klar, welche Bedeutung das Außerökonomische für die Wirtschaft hat. Dies gilt nicht allein für kulturelle Vielfalt. Mehr noch gilt es für das weite Feld der Werte.

Die großen Ökonomen haben es, von Adam Smith über Joseph Alois Schumpeter bis zu Max Weber, immer gewußt: Die Marktwirtschaft, der Kapitalismus beruhen auf normativen Grundlagen, die sie selbst nicht schaffen können. Diese Werte bestehen nicht allein aus den individuellen Tugenden, die in Asien angeblich in so reichem Maße vorhanden sind: Bereitschaft zu harter Arbeit, Disziplin, Gewerbefleiß, Selbstgenügsamkeit oder Lerneifer.

Korruption und Kleptokratie, die in den herrschenden Schichten Ostasiens so weit verbreitet zu sein scheinen, deuten darauf hin, daß weitere, soziale Tugenden hinzukommen müssen, damit eine Gesellschaft stabil bleibt und die Wirtschaft sich entwickeln kann.

European Values

Li Ka-shing gilt als einer der reichsten Männer Hongkongs. Er hat seine Hände überall, wo es etwas zu verdienen gibt. Li besitzt in der ehemaligen britischen Kronkolonie Immobilien im Wert von mehreren Milliarden Mark. Er ist an Elektrizitätswerken und Hafenanlagen beteiligt, und er baute das erste Satellitenfernsehen Asiens auf, den Sender «Star TV».

Und natürlich hat der Taipan viele seiner Milliarden längst im übrigen China investiert. So errichtete Li in Peking einen großen Gebäudekomplex, in dem Büros, Geschäfte und luxuriöse Wohnungen untergebracht sind. Dort, wo dieser Komplex in den Himmel wuchs, stand kurz zuvor noch eine Filiale von McDonald's, ein Schaustück der amerikanischen Fast-food-Kette und eine der größten Hamburger-Joints der Erde.

Die Behörden hatten den Kontrakt mit McDonald's kurzerhand gekündigt und das Schnellrestaurant abgerissen, um Platz zu schaffen für Lis expansive Pläne. Das war auch nach den geltenden Gesetzen in China ein klarer Rechtsbruch. Doch Li ist Protegé der Machthaber in Peking. Seit langem pflegt er diskret engen Kontakt zu Chinas starken Männern – und ihren Familienmitgliedern. Oft läßt er die Söhne und Töchter führender chinesischer Politiker an seinen ausgreifenden, profitablen Unternehmungen teilhaben. *Guanxhei* heißt das Prinzip: Persönliche Bekanntschaften mit denen, die Einfluß und Macht haben, bilden für chinesische Unternehmer gemeinhin den Schlüssel für neue Geschäfte.

Erfolgreich sind sie denn auch vor allem dort, wo Guanxhei funktioniert, in China selbst und in manch anderen Ländern des Fernen Ostens mit einer starken chinesischen Minorität in der

Bevölkerung. Außerhalb der Region jedoch verläßt die chinesischen Taipans, die daheim scheinbar alles zu Geld verwandeln können, in beinahe dramatischem Maße die Fortune.

Li Ka-shing etwa schleuste, um für jede Krise in Ostasien gerüstet zu sein, einen großen Teil seiner Gelder in westliche Länder. Was er aber auch versuchte, es geriet ihm dort fast alles zum Mißerfolg. In Großbritannien scheiterte Li mit einem Telekommunikationsdienst. In Kanada gab er, laut Insidern, viel zuviel Geld aus, um eine keineswegs gesunde Ölgesellschaft zu übernehmen.

Warum es keine «Gelbe Gefahr» gibt

So wie Li Ka-shing ergeht es den meisten chinesischen Geschäftsleuten. Taipans, «große Herren», sind sie nur zu Hause. Anderswo können sie ihre vielbeneideten Erfolge selten wiederholen. Die hier und da anzutreffende, meist unterschwellige Angst, die Chinesen könnten mit all ihrem Geld, ihrem Geschäftssinn und ihren 1,3 Milliarden Landsleuten im Rücken die ganze Welt erobern, ist unbegründet. Es gibt keine «Gelbe Gefahr».

Der Grund ist ganz einfach: Chinesische Unternehmen werden im allgemeinen sehr traditionalistisch geführt, nach Methoden, die den Anforderungen einer modernen Wirtschaftsweise nicht mehr genügen. Sie funktionieren lediglich an den Rändern des globalen Kapitalismus.

Chinesische Firmen sind in der Regel Familienbetriebe im wörtlichsten Sinne: Kapital und Management liegen grundsätzlich in der gleichen Hand, nämlich der des Gründers, Hauptgesellschafters und Alleingeschäftsführers. Überdies werden alle Schlüsselpositionen im Unternehmen üblicherweise mit Verwandten besetzt, mit Angehörigen der eigenen Sippe, denen der Inhaber bedingungslos vertrauen zu können glaubt. Dieses

Prinzip begrenzt naturgemäß das Wachstum chinesischer Unternehmen.

Große Betriebe können nur mit professionell ausgebildeten Managern geführt werden, mit Spezialisten für Produktion, Marketing, Finanzen, Forschung und Entwicklung. Die aber finden sich in den seltensten Fällen alle im Kreis der Verwandtschaft.

Familienunternehmen in dieser althergebrachten, engen Bedeutung sind daher für moderne Industrien kaum geeignet. Zwar beherrschen chinesische Geschäftsleute die private Wirtschaft ganz Südostasiens, von den Philippinen bis zu Indonesien. Doch wo in diesen Ländern Zukunftsindustrien aufgebaut werden, sind sie jedoch meist nicht beteiligt. Auto-, Chemie- und Elektronikfabriken werden entweder vom Staat gebaut oder von Auslandskonzernen aus Japan, Europa und den Vereinigten Staaten.

Das Familienprinzip ist auch in den nordostasiatischen Staaten, also in Japan und Korea, noch stark ausgeprägt, wenn auch weniger bestimmend als in China und Südostasien. In Südkorea sind alle Großkonzerne letztlich Familienunternehmen, in denen jeder, der wirklich etwas zu sagen hat, sich auf seine Verwandtschaft mit dem Chef berufen kann. Unter den führenden *Chaebol*, den koreanischen Mischkonzernen, hat bis Ende der neunziger Jahre einzig die LG-Gruppe nach westlichem Vorbild ein modernes, rationales Management aus professionell ausgebildeten Führungskräften eingeführt.

In Japans Unternehmen finden sich ebenfalls noch deutliche Spuren der Cliquen- und Sippenwirtschaft. Beim Autohersteller Toyota etwa sitzt wohl noch mindestens ein halbes Dutzend Mitglieder der Gründerfamilie Toyoda auf Spitzenpositionen im Management.

Auch im Westen gibt es selbstverständlich kleine und mittlere Familienunternehmen in großer Zahl. Auf ihnen ruhen gerade in der Bundesrepublik die Hoffnungen für künftiges Wirtschaftswachstum und neue Arbeitsplätze. Die Inhaber westlicher Familienunternehmen haben aber meistens kein Problem damit, ihre Macht mit fremden Managern zu teilen, wenn dies mit fortschreitendem Wachstum erforderlich wird. Sie verspüren weit weniger den Drang, alles und jedes kontrollieren zu müssen. Nepotismus ist relativ wenig verbreitet. Junge Unternehmen werden in Deutschland ebenso wie in den anderen Ländern Europas und den USA heute im allgemeinen von mehreren Partnern gegründet, zwischen denen keinerlei Verwandtschaftsbeziehungen bestehen.

In den meisten Kulturen außerhalb des Westens aber herrschen weiterhin altertümliche Familienbetriebe vor, nicht allein in Südostasien, sondern ebenfalls in Lateinamerika, im Nahen Osten und zum Teil auch im südlichen Europa. Professionell geführte Unternehmen, die in der Lage wären, moderne Industrien aufzubauen, finden sich dort selten.

Die Schlüsselindustrien liegen fast gänzlich in der Hand ausländischer Konzerne. Ein ins Auge springendes Beispiel ist der Automobilbau, für viele Schwellenländer der weitaus wichtigste Wirtschaftszweig: Die Industrie Brasiliens, Mexikos und auch Spaniens wird jeweils dominiert von einer Handvoll westlicher Autohersteller. Lediglich die Zulieferbetriebe sind einheimische Familienunternehmen.

Dennoch wurden in den vergangenen Jahren die sogenannten Asian Values über die Maßen gerühmt. Harte Arbeit und Gewerbefleiß gehören dazu, sowie Lerneifer, Sparsamkeit, Achtung vor dem Alter und natürlich Familiensinn. Spezifisch asiatisch sind diese Tugenden freilich nicht; sie werden natürlich auch im Westen von allen Konservativen gepriesen und gefordert.

Für eine hochentwickelte Gesellschaft reicht der asiatische Wertekatalog allerdings offenbar nicht aus. Das zeigt nicht allein der Fall Li. Die asiatischen Tugenden müssen um eine Reihe weiterer Werte ergänzt werden, die sich aus historischen Gründen zunächst im Westen entwickelt haben. Zu diesen «European Values» zählen soziales Vertrauen, Selbstbeschränkung und die politischen Grundwerte wie Freiheit, Demokratie und Rechtsstaatlichkeit.

Vertrauen ist gut, Kontrolle nicht besser: über soziales «Kapital»

In vielen Familienunternehmen, insbesondere in Ostasien, scheuen sich die Inhaber davor, die Kontrolle über ihre Firma zu teilen oder gar aus der Hand zu geben. Familienfremde Manager sind nicht erwünscht, selbst wenn sie die beste Eignung mitbringen.

Warum handeln die Patrons so unvernünftig? Die Antwort findet sich in einem sozialen Phänomen, dessen Bedeutung für hochentwickelte Gesellschaften noch kaum erforscht ist und auf das jüngst der amerikanische Politikwissenschaftler Francis Fukuyama aufmerksam gemacht hat.[8] Es handelt sich schlicht um das Vertrauen, das die Menschen in einer Gesellschaft zueinander haben und das sie auch spontan gegenüber anderen Menschen zeigen, die sie gar nicht kennen.

Vertrauen bildet das soziale Kapital, über das ein Land verfügen muß, wenn es eine hohe Entwicklungsstufe erreichen will. In einer urbanen, industrialisierten Gesellschaft müssen wir ständig eng mit anderen Menschen zusammenarbeiten, die wir zuvor nicht kannten und mit denen wir schon gar nicht verwandt sind.

Die Fähigkeit, anderen Menschen, auch Fremden, zu vertrauen, ist aber in vielen Gesellschaften durch unglückliche Traditionen zerstört worden. In Ländern, wo über Jahrhunderte hinweg unberechenbare und willkürlich ihre Macht mißbrauchende Despoten herrschen, breitet sich zwangsläufig Mißtrauen aus. Fremdherrschaft, Ausbeutung und Unterdrückung unterbinden die Bildung von sozialem Kapital.

Die These läßt sich eindrücklich am Beispiel Italiens belegen. Der Norden ist geprägt durch eine lange bürgerliche, auch freiheitliche Tradition, die bis tief ins Mittelalter zurückreicht. Städte wie Bologna, Florenz und Venedig konnten jahrhundertelang in hohem Maße Selbstbestimmung üben. Auf diesem Boden blühten Kultur, Wissenschaft und auch die Wirtschaft auf.

Der Süden Italiens kannte hingegen bis zur politischen Einigung im 19. Jahrhundert nur autoritäre Herrschaft und Fremdbestimmung. Im Wechsel unterwarfen Machthaber aus dem ganzen Mittelmeerraum das Land. Im Mezzogiorno breitete sich die tiefsitzende Vorstellung aus, andere, fremde Menschen hätten grundsätzlich nur schlechte Absichten. Das Mißtrauen wandte sich schließlich auch gegen die eigenen Landsleute; bestenfalls Familienmitgliedern war zu trauen. In einem solchen sozialen Klima entstehen leicht mafiöse Strukturen, die den Teufelskreis von Ausbeutung, Mißtrauen und Unterentwicklung verstärken.

Hoch entwickelt ist Vertrauen dagegen in Mittel- und Nordeuropa, in den USA und auch in Japan. Im letztgenannten Land beschränkt es sich freilich häufig auf Angehörige der eigenen Nation.

Soziales Kapital spielt in hochentwickelten Gesellschaften zunehmend eine Schlüsselrolle:

1. In einer modernen Fabrik herrscht wenig Hierarchie. Das Management delegiert möglichst viel Verantwortung an Werkmeister, Vorarbeiter und selbst an die Arbeiter am Fließband. An die Stelle der Kontrolle tritt die Mitverantwortung. Die «Mitbestimmung am Arbeitsplatz» dient nicht nur der Humanisierung der Arbeitswelt. Sie ist heute einfach eine betriebswirtschaftliche Notwendigkeit. Denn die modernen Fertigungsmethoden sind zu kompliziert, um vollständig von einer

Befehlszentrale kontrolliert zu werden. Ein gewisses Maß an Selbstorganisation stellt sich automatisch in der Fabrik ein, wenn Verfahren wie «just in time» (Produktion auf Abruf), Kanban (dezentral organisierte Logistik) oder Qualitätszirkel in einer Fabrik eingeführt werden.

Hierbei sind die Arbeiter, etwa am Fließband eines Autowerkes, nicht mehr bloß ausführende Organe, die stets nur die gleichen wenigen Handgriffe ausführen. Sie sind vielmehr mitverantwortlich für die Qualitätskontrolle, für das Aufspüren von Fehlern und Mängeln an den produzierten Autos. In Qualitätszirkeln diskutieren die Arbeiter regelmäßig, wie sich die Produktionsverfahren weiter verbessern und fortentwickeln lassen. Überdies müssen sie am Fließband mithelfen, den Nachschub der benötigten Komponenten sicherzustellen.

In einigen japanischen Autofabriken, etwa bei Toyota, hat jeder Arbeiter eine rote Kordel vor seiner Nase hängen. Damit kann (und soll) er das ganze Fließband abstellen, sobald er einen Fehler entdeckt. Eine unnötige Produktionsunterbrechung aber kommt das Unternehmen teuer zu stehen. Das Management muß den Arbeitern daher vertrauen können, daß sie ihre Befugnisse nicht zu Sabotage mißbrauchen. Und die Arbeiter müssen ihrerseits so viel Selbstvertrauen besitzen, daß sie tatsächlich an der roten Kordel ziehen, wenn sie einen Fehler zu erkennen meinen. Sie dürfen keine Angst davor haben, abgestraft zu werden, sollten sie sich getäuscht haben.

Dies mag für Mitteleuropäer ziemlich trivial klingen. Tatsächlich aber ist soviel Vertrauen und Selbstvertrauen leider nur in wenigen Weltregionen entwickelt. Die vielgerühmten japanischen Fertigungsmethoden funktionieren nur in Japan selbst und in Nord- und Mitteleuropa bestens. Sogar in den USA ist die Bilanz gemischt; ethnische Konflikte haben dort das soziale Kapital am Arbeitsplatz oft ausgehöhlt.

Besonders schwer zu übertragen sind die japanischen Fertigungsmethoden auf die asiatischen Schwellenländer. Die japanischen Autohersteller haben große Mühe, bei ihren Partnerunternehmen in Korea, Malaysia und Indonesien eine selbstorganisierte Produktion einzuführen. Vor allem koreanische Manager führen ihre Fabriken wie Regimenter mit militärischem Drill und Gehorsam.

Dies hat zur Folge, daß die koreanischen Autohersteller keineswegs besonders effizient produzieren. Sie liegen in diesem Punkt nach wie vor weit hinter ihren japanischen Vorbildern zurück.

2. In den Hochtechnologien sind vielfach kleine und mittlere Unternehmen Träger des Fortschritts. Sie arbeiten häufig in lockeren Kooperationen zusammen, um die Kosten für die aufwendige Forschung und Entwicklung auf mehrere Schultern zu verteilen.

So ist es in der Biotechnologie gang und gäbe, Forschungsergebnisse auszutauschen: Zwei Unternehmen, die ursprünglich beide jeweils das Medikament A und B entwickeln wollten, beschließen eine Arbeitsteilung. Die Firma Ypsilon konzentriert sich fortan auf das Medikament A, die Firma Zett auf B. Die Firma Ypsilon stellt daraufhin Zett alle bis dato erlangten Erkenntnisse über das Medikament B zur Verfügung – im Austausch für wertvolles Know-how über das Mittel A, das Zett in seinen Labors gewonnen hat.[9]

In der Software arbeiten selbst große Firmen wie der deutsche Marktführer SAP mit anderen Unternehmen zusammen. Die Computerprogramme, die SAP produziert, sind so komplex, daß das Softwarehaus die Hilfe Hunderte anderer Firmen benötigt, die ergänzende Software beisteuern. Die Unternehmen müssen ihre Computerprogramme eng aufeinander abstimmen, damit beim Kunden ein reibungsloses Zusammenspiel gewährleistet ist. Dies setzt voraus, daß die Firmen einander tiefen Einblick in ihre Forschung und Entwicklung gewähren und intime Geschäftsgeheimnisse offenbaren.[10]

Kooperationen in der Hochtechnologie setzen ein großes Maß an Vertrauen voraus. Keiner darf das Gefühl haben, der andere wolle kostenlos an seine Forschungserkenntnisse kommen. Fairneß und gegenseitiger Vorteil müssen gewährleistet sein.

3. Viele Technologien sind zu komplex und zu aufwendig für ein einzelnes Unternehmen. Der immense Forschungs- und Entwicklungsaufwand übersteigt oft selbst die Kräfte einer ganzen Volkswirtschaft. Dies ist beispielsweise bei der Luft- und Raumfahrt der Fall.

Um diese Schlüsseltechnologien nicht ganz den Amerikanern zu überlassen, gingen die Staaten Europas in der Aerospace-Industrie Anfang der siebziger Jahre mehrere grenzüberschreitende Kooperationen ein. Die europäische Zusammenarbeit zeitigte überraschend große Erfolge.

Die halbstaatliche Firma Arianespace mit Sitz in Frankreich und Aktionären aus halb Europa befördert mit ihren Ariane-Raketen Satelliten für Telekommunikation, TV-Übertragungen und Wetterbeobachtung in die Erdumlaufbahn. Bei diesen kommerziellen Raketendienstleistungen hält Arianespace heute einen Weltmarktanteil von gut 50 Prozent. Das paneuropäische Unternehmen schießt mehr Satelliten ins All als Amerikaner, Chinesen und Russen zusammen.

Das Airbus-Konsortium, an dem vier Unternehmen aus Frankreich, Deutschland, Großbritannien und Spanien beteiligt sind, erlebte in den vergangenen Jahren einen steilen Aufstieg. 1998 konnte der europäische Flugzeugbauer erstmals mehr Maschinen verkaufen als der amerikanische Boeing-Konzern, bei großen Verkehrsflugzeugen der einzig verbliebene Konkurrent auf dem ganzen Globus.

Was den Europäern glückte, gelang den Asiaten bislang nicht. Japan versuchte mehrfach, gemeinsam mit seinen Nachbarn Verkehrsflugzeuge zu entwickeln, holte sich aber stets Absagen. Auch China und Korea brachen 1997 ihre Verhandlungen über einen «Asian Airbus» ab. Die prospektiven Partner konnten sich nicht einig werden, wer von ihnen welche Aufgaben und Kompetenzen erhalten sollte. Jeder hatte das Gefühl, er solle für das Gemeinschaftsvorhaben nur Vorleistungen erbringen, während der andere später den Profit davonträgt. Für eine faire internationale Kooperation fehlte es allseits am nötigen Vertrauen.[11]

Soziales Kapital zu bilden ist außerordentlich schwierig. Es kann aber andererseits sehr leicht vernichtet werden. In den neunziger Jahren hat die Industrie in Europa wie in den USA auf breiter Front rationalisiert. Wieder und wieder wurden in den Unternehmen mit einem Schlag Zehntausende von Mitarbeitern entlassen.

Oft machten sich die Manager augenscheinlich gar nicht klar, was sie mit den Massenentlassungen anrichteten. Viele Mitarbeiter verloren jedes Vertrauen in die Firma, wenn sie sahen, wie die Kollegen links und rechts neben ihnen plötzlich gehen mußten. Angst machte sich breit, als nächstes würde der eigene Job gestrichen.

Arbeitsmoral und Motivation sanken lotrecht in die Tiefe. Überrascht konstatierten in der Folge viele Manager, daß der scharfe Stellenabbau nicht die erhoffte Wirkung gezeigt hat. Die Arbeitsproduktivität stieg nicht, sondern sank – weil das Vertrauen zerstört war.

Vom Markt und seiner Ungerechtigkeit

Das Arbeitsethos wird freilich nicht allein durch drohende oder bereits vollzogene Entlassungen größten Stils unterminiert. Mehr noch vielleicht sind Moral und Motivation im Unternehmen dauerhaft in hoher Gefahr, wenn die Beschäftigten den Eindruck bekommen müssen, sie würden nicht fair bezahlt.

Ehrliche Arbeit lohne nicht, meinen offenbar immer mehr Mitarbeiter deutscher Unternehmen.

In der Tat geraten die Löhne und Gehälter der breiten Masse von Arbeitern und Angestellten zunehmend ins Hintertreffen gegenüber vergleichbaren anderen Größen – der Vergütung, die Top-Manager einsacken, den Stock Options, die hochqualifizierte Experten in brillant verdienenden High-Tech-Unternehmen erhalten, den Gewinnen, die die Unternehmen erzielen, und schließlich den Dividenden, die sie an die Aktionäre ausschütten.

Europa ist seit langem durch eine Kultur des Ausgleichs und der Selbstbeschränkung gekennzeichnet. Es gilt immer noch weithin die Regel, daß niemand seine starke wirtschaftliche Stellung zur schamlosen Selbstbereicherung und zum Nachteil der Schwächeren ausnutzen sollte – der Arbeitgeber nicht gegenüber seinen Arbeitnehmern und der Lieferant nicht gegenüber seinen Kunden. Jeder solle seinen fairen Anteil am gemeinsam erwirtschafteten Sozialprodukt bekommen – auch wenn natürlich im einzelnen schwer festgelegt werden kann, was als «fair» zu gelten habe.

Im Vergleich zwischen der angelsächsischen Welt und dem kontinentalen Europa sind die Vorstellungen darüber, welchem Ziel das Wirtschaften letztlich zu dienen habe, recht unterschiedlich. In den USA (und anderen angelsächsischen Ländern) galt immer schon die oberste Maxime, eine Ökonomie müsse möglichst effizient sein. Ihr Ziel sei es, die Summe der gesamten Wirtschaftsleistung zu maximieren.

Dies kann natürlich eine krasse Ungleichverteilung in der Gesellschaft hervorrufen. Effizienz führt selten zu einer besonders gerechten Verteilung von Einkommen und Vermögen. Wirtschaftlich nützliche Fähigkeiten und Fertigkeiten sind nun einmal nicht gleichmäßig unter den Menschen verteilt. Vor allem aber haben diese nicht alle die gleichen Chancen.

Es verstehen sich nun einmal weniger Leute darauf, einen

Computer zu programmieren, als darauf, damit später einen Text zu schreiben, oder gar darauf, das Büro zu putzen, in dem der Programmierer arbeitet. Und unter den Computerspezialisten bringen wiederum nur verhältnismäßig wenige eine Software zustande, die auf dem Markt eine reißende Nachfrage findet.

In den USA empfinden höchstbezahlte Manager und bestens verdienende Unternehmer selten irgendwelche Skrupel wegen der immensen Summen, die in ihre Taschen fließen. In den Stolz auf ihren Reichtum mischt sich oft sogar eine gewisse Selbstgerechtigkeit und das Gefühl, die Spitzenverdienste seien, weil vom Markt so zugeteilt, moralisch beinahe geboten.

Doch dieser Gedanke ist nicht nur Kritikern der Marktwirtschaft unerträglich. Selbst führende Vertreter des Ordoliberalismus wie der österreichische Nobelpreisträger Friedrich August von Hayek nehmen Anstoß daran. Denn Leistung im ökonomischen Sinn ist keineswegs identisch mit persönlichem Verdienst.

So wird beispielsweise oft übersehen, welche Bedeutung der pure Zufall auf den Märkten hat, gerade dann, wenn sie besonders effizient arbeiten. Als reichster Mann der Welt gilt heute Bill Gates, Gründer des Softwarekonzerns Microsoft. Seinen enormen Reichtum verdankt er letztlich einem Telefonanruf von IBM. Der Computerhersteller wollte Anfang der achtziger Jahre auf die Schnelle Personal Computer herausbringen, hatte aber nicht das dazu nötige Betriebssystem. Dem verantwortlichen IBM-Manager war jedoch zu Ohren gekommen, ein junger Unternehmer namens Gates hätte das Gesuchte.

Und dieser nutzte die glückliche Fügung; er sagte rasch zu, obwohl Microsoft damals ebenfalls noch kein fertiges Betriebssystem vorweisen konnte. Gates hatte jedoch eine halbfertige Software von einem anderen Unternehmen aufgekauft, die nun hastig zu jenem Betriebssystem aufgepäppelt wurde, das IBM haben wollte.

Hätte der IBM-Manager ein anderes Softwarehaus angerufen,

wäre Microsoft wahrscheinlich eine kleine unbekannte Firma unter vielen anderen geblieben. Und Bill Gates hätte heute keinen Anspruch darauf, Eingang in die Geschichtsbücher und das Guinness Book of Records zu finden.

Erfolg im Leben basiert also mindestens ebenso auf Zufall wie auf Leistung. Aus diesem Grund war in Europa immer die Vorstellung verbreitet, die Wohlhabenden müßten von ihrem Vermögen abgeben, um das Los der Schlechtergestellten zu verbessern. Denn schließlich können sich die Reichen ihren Reichtum nicht oder nur zum kleineren Teil als persönliches Verdienst anrechnen. Ebenso tragen die Armen längst nicht immer Schuld an ihrer Armut.

Die Umverteilung, ob freiwillig oder vom Staat erzwungen, darf dabei durchaus zu Lasten des ökonomischen Optimismus gehen. Ein amerikanischer Philosoph, John Rawls, hat diesen Gedanken erstmals systematisch ausgedrückt – in seinem 1975 auf deutsch erschienenen Werk «Eine Theorie der Gerechtigkeit».[12] Er stellte zwei sozialphilosophische Grundanschauungen einander gegenüber – den Utilitarismus und die von Rawls selbst kreierte Maximin-Theorie.

Der Utilitarismus sieht – ganz grob gesprochen – die Hauptaufgabe der Gesellschaft darin, den Nutzen («utility») aller zu maximieren, den Nutzen der gesamten Gesellschaft. Dieser addiert sich aus dem kleinen Nutzen der vielen, die unter Umständen nichts haben, und dem großen Nutzen der wenigen, die möglicherweise sehr viel besitzen.

Ganz anders setzt das Maximin-Prinzip von Rawls nicht beim Gesamtnutzen an, sondern beim Nutzen der am wenigsten Privilegierten, der untersten sozialen Schicht. Dieser «minimale» Nutzen soll «maximiert» werden – daher der Name des Prinzips.

Um den Nutzen der Schlechtestgestellten soweit wie möglich anzuheben, sind laut Rawls Einbußen beim gesamtgesellschaftlichen Optimum zulässig, ja moralisch geboten. Eine Umverteilung ist selbst dann erlaubt, wenn die Gewinne der Schlechtergestellten kleiner sind als die Verluste der Bessergestellten. Es ist ja empirisch durchaus möglich, daß die vom Markt Privilegierten weniger zu leisten bereit sind, wenn ihnen ein zunehmender Teil ihres Einkommens fortgenommen wird.

Durch die Umverteilung könnte mithin der Gesamtumfang des Sozialprodukts spürbar vermindert werden. Genau dies aber wäre laut Rawls erlaubt. Es muß nur wirklich gewährleistet sein, daß die Redistribution dem Wohlergehen der am wenigsten Begünstigten in der Gesellschaft dient.

Anders ausgedrückt: Wirtschaftliches Wachstum und Maximierung des Sozialprodukts sind nicht das letzte Ziel einer Gesellschaft. Beides dient vielmehr einem höheren Zweck: Wachstum ist geboten, ja, moralisch gefordert, wenn und nur wenn es den am schlechtestgestellten Menschen in einer Gesellschaft nützt.

Das theoretisch bestechende Konzept stößt natürlich bei der Umsetzung in die Wirklichkeit auf die allergrößten Schwierigkeiten. Um die Forderungen des Maximin-Prinzips erfüllen zu können, brauchen wir ein immenses empirisches Wissen darüber, wie eine Umverteilung zugunsten der Schlechtestgestellten sich wirklich auf die Leistungsbereitschaft der geschröpften Bessergestellten auswirkt, wie sie in die ganzen Mechanismen einer hochkomplexen Volkswirtschaft eingreift und wie sie letztlich die gesamtwirtschaftliche Leistung beeinträchtigt.

Vor allem müssen wir natürlich wissen, in welcher Weise die Umverteilung zurückschlägt auf das Wohlergehen der am wenigsten Begünstigten. Eine radikale Redistribution ist vermutlich kontraproduktiv. Wenn alles umverteilt wird, dann haben aller Wahrscheinlichkeit nach die Menschen nicht alle gleich viel, sondern alle gleich wenig.

Gesellschaften, die den Markt ganz abschaffen und mit ihm auch seine Effizienz, drücken den Wohlstand aller tief nach unten, auch und gerade der sozioökonomisch Benachteiligten. Das dürften die Erfahrungen mit dem Kommunismus unwiderleglich gezeigt haben.

Die Grundidee hinter dem Maximin-Prinzip aber ist es wohl wert, mehr – wieder mehr – Beachtung zu finden. Rawls selbst scheint in mancher Hinsicht allzu pessimistisch zu sein. Er nimmt an, daß es zwischen den beiden Prinzipien Effizienz und Gerechtigkeit scharfe Gegensätze gibt. Dies aber muß nicht sein.

Bedenkliche Entfesselungen

Die entfesselte kapitalistische Gesellschaft nach amerikanischem Muster gilt weithin zwar als ungerecht, aber effizienter als die sozialen Marktwirtschaften Kontinentaleuropas. Für die neunziger Jahre mag dies zum Teil zutreffen; doch Allgemeingültigkeit kann die These kaum beanspruchen.

Seit 1990 ist das Wachstum in den USA höher als in den meisten europäischen Gesellschaften. Das Land hat Millionen von Arbeitsplätzen geschaffen, während in Deutschland die Arbeitslosigkeit beinahe Jahr für Jahr ansteigt.

Der rheinische Kapitalismus bietet allerdings mehr soziale und ökonomische Stabilität als sein angelsächsischer Vetter. Die USA werden von sozialen und ökonomischen Problemen gequält, die wir in diesem Ausmaß nicht haben – eine sehr hohe Kriminalität, verelendende und verödende Innenstädte, krasse Einkommensunterschiede, große soziale Spannungen, äußerst schlechte Bildung und Berufsaussichten für die unteren sozialen Schichten, unterprivilegierte ethnische Gruppen und die Bewohner der Inner Cities.

Die vielen Arbeitsplätze, die die Amerikaner in den vergangenen Jahren geschaffen haben, sind freilich großenteils nicht sicher. Die Stelleninhaber müssen damit rechnen, im nächsten Abschwung wieder auf der Straße zu stehen.

Ökonomisch gesehen besteht Amerikas gravierendstes Problem allerdings darin, daß die größte Wirtschaftsmacht der Welt seit Jahrzehnten riesige Handelsdefizite hinnehmen muß, die in jüngster Zeit erneut anzuwachsen scheinen. Wenn der amerikanische Kapitalismus so effizient ist, warum sind dann die amerikanischen Unternehmen auf dem Weltmarkt offenbar so wenig wettbewerbsfähig?

Wir haben also wenig Grund, mit großen Augen alles zu kopieren, was in den USA erfunden wird, um eine Wirtschaft angeblich effizienter zu machen. Davon, wie Amerika die Arbeitslosigkeit bekämpft hat, können wir gewiß eine Menge lernen. Im Kapitel «Arbeit für alle?» wird davon noch näher die Rede sein.

Doch ansonsten schwappt höchst Bedenkliches über den Atlantik. Auch aus dem entfesselten Asien greifen bedrohliche Entwicklungen auf Europa über, die unsere im wesentlichen bewährte Kultur des Ausgleichs und der Selbstbeschränkung gefährden:

1. Exorbitante Spitzengehälter: In Europa wurde bislang die Ansicht geteilt, daß die Einkommensschere in einem Unternehmen nicht allzu groß sein darf. Sonst leidet die Motivation in der ganzen Belegschaft. Als Faustregel gilt unter vielen Vergütungsexperten: In Großunternehmen sollten die Mitglieder des Vorstands nicht mehr als fünf- bis zehnmal soviel verdienen wie im Durchschnitt die einfachen Angestellten und Arbeiter. Ein solcher Unterschied wird von den meisten Belegschaftsangehörigen hingenommen und noch als «fair» betrachtet.

Während in der Bundesrepublik die bestbezahlten Topmanager Jahressaläre von bis zu vier Millionen Mark erhalten, beziehen in den USA so manche Firmenchefs eine jährliche Gesamtvergütung von mehreren Dutzend Millionen Dollar, ja in Einzelfällen sogar von mehr als 100 Millionen Dollar. Seit langem bereits wird das reguläre Gehalt von Topmanagern in den

USA durch Optionen auf den Kauf von Aktien des eigenen Unternehmens aufgestockt. Wenn die Börse, wie von 1997 bis 1998, brummt, bekommen solche Stock Options einen enormen Wert.

Aktienoptionen wurden jüngst auch in vielen deutschen Großunternehmen eingeführt. Daimler-Benz und die Deutsche Bank haben solche Leistungsanreize für ihre Spitzenmanager 1996 geschaffen. Die Modelle sind nicht unumstritten. Bei Daimler-Benz können die Manager bereits Kasse machen, wenn der Aktienkurs der Firma um lediglich 15 Prozent steigt. Das besorgte in den vergangenen Jahren automatisch die Börse, ohne daß sich das Management sonderlich anstrengen mußte.

Die Fusion mit dem amerikanischen Autohersteller Chrysler bedeutet einen weiteren Auftrieb für die Vergütung der Daimler-Manager. Denn Chrysler-Chef Robert Eaton verdiente 1997 umgerechnet rund 20 Millionen Mark, fast soviel wie alle zehn Mitglieder des Vorstandes von Daimler-Benz zusammen.

Daimler-Chef Jürgen Schrempp versicherte zwar, in dem neuen Unternehmen würden für die deutschen Vorstandsmitglieder keine amerikanischen Managergehälter eingeführt. Die Erfahrung lehrt aber, daß solch krasse Diskrepanzen wie zwischen Eatons Vergütung und der seiner deutschen Vorstandskollegen nicht lange aufrechtzuerhalten sind.

Aktienoptionen bergen eine wenig beachtete Gefahr: Sie lassen die Flut von Akquisitionen und Fusionen weiter ansteigen, die seit Anfang der neunziger Jahre die westlichen Industrieländer durchrollt. Die Konzentrationswelle gefährdet nicht nur Hunderttausende von Arbeitsplätzen. Rationalisierung ist ja schließlich das Ziel der meisten Fusionen und Firmenübernahmen. Darüber hinaus scheitern aber auch die meisten Unternehmenszusammenschlüsse bereits nach kurzer Zeit.

Vor mehr als einem Jahrzehnt hat die Harvard Business School, eines der angesehensten Management-Institute der USA, in einer breitangelegten Untersuchung festgestellt, daß nach höchstens zehn Jahren in mehr als 50 Prozent aller Fusionen die Firmenpartner wieder geschieden sind. Eine unnötige Großfusion verursacht aber leicht Kosten von mehreren Hundert Millionen Mark.

Trotz der hohen Scheidungsquote aber lassen die Manager nicht von ihrem Größenwahn. Sie wissen wohl selbst am besten, daß die vielzitierten Vorteile «strategischer Allianzen» in den meisten Fällen nie realisiert werden können. Doch Fusionieren ist «macho». Es scheint zu beweisen, daß die Topmanager Entschlossenheit, Tatkraft und Wagemut besitzen.

Und dies honoriert die Börse im allgemeinen mit kräftigen Kurssprüngen. Davon aber profitieren wiederum die Manager, die ihre Firmen in eine Mesalliance treiben: Sie können dann ihre Aktienoptionen wahrnehmen und einen hübschen Gewinn einstreichen.

2. Shareholder Value: Unternehmen können ihre Ziele ganz unterschiedlich definieren. Einige mögen ihren Zweck darin sehen, möglichst innovativ zu sein. Andere Firmen wollen vielleicht die Kundenwünsche am besten erfüllen, um damit die Konkurrenz zu übertreffen. Dritte schließlich streben danach, einen bestimmten Anteil am Weltmarkt zu erobern.

Natürlich müssen alle diese Firmen außerdem Gewinne erzielen. Wenn sie fortlaufend Verluste machen, sind sie über kurz oder lang pleite. Doch erstaunlich viele Unternehmen in Europa betrachten herkömmlich Gewinne als zweitrangig, als notwendige, nicht jedoch hinreichende Bedingung ihres Daseinszwecks. Dies gilt insbesondere für dauerhaft erfolgreiche Firmen.[13] Wenn sie ihre Produktivität und damit auch ihre Rentabilität erhöhen konnten, dann gaben diese Unternehmen davon einen Teil in Form von niedrigeren Preisen an die Kunden weiter und in Form von höheren Löhnen auch an die Mitarbeiter.

Diese Kultur des Teilens und des Interessenausgleichs aller wird jetzt aufs Spiel gesetzt durch das Konzept der Shareholder

Values. Danach besteht das Hauptziel des Wirtschaftens ganz schlicht darin, möglichst hohe Gewinne und Dividenden für die Aktionäre zu erwirtschaften.

Die Gefahr des Shareholder-Value-Konzepts besteht darin, daß die Sichtweise von Aktionären sehr kurzfristig ist. Die Anteilseigner verkaufen ihre Wertpapiere genauso rasch wie sie sie an der Börse erwerben. Investiert ein Unternehmen massiv in ein langfristiges Entwicklungsvorhaben, das vielleicht erst in vielen Jahren Gewinn abwirft, dann kann das den Kurs einer Aktiengesellschaft durchaus kräftig nach unten drücken.

In Wahrheit aber stärken die Entwicklungsinvestitionen langfristig die Ertragskraft des Unternehmens. Der Shareholder Value, der kurzfristige Wert einer Firma für die Aktionäre, ist keineswegs identisch mit dem «wahren» Wert eines Unternehmens.

3. Börsenspekulationen: Bis vor wenigen Jahren haben Aktienbörsen in Mitteleuropa, anders als in den angelsächsischen Ländern und auch im Fernen Osten, für die breite Bevölkerung keine Rolle gespielt. Nur fünf oder sechs Prozent der Deutschen besaßen bis vor kurzem überhaupt Aktien. In den USA legt hingegen seit langem etwa jeder vierte Haushalt einen großen Teil seines Vermögens in Wertpapieren an.

Verleitet durch die Privatisierung der Telekom und den weltweiten Börsen-Boom kauften in der jüngsten Zeit aber auch hierzulande immer mehr Menschen Aktien. Der neue Markt, der 1996 für junge Wachstumsunternehmen eingerichtet wurde und der Kurssprünge von mehreren Hundert Prozent binnen weniger Wochen kennt, hat geradezu eine Zockerkultur in Deutschland mit boomenden Anlegermagazinen, Börsenfernsehen und manch dunklen Machenschaften ins Leben gerufen.

Die Anleger machen sich nicht klar, wie riskant Investitionen an der Börse sind. Von der Baisse im Sommer 1998, als der Deutsche Aktienindex binnen weniger Wochen mehr als ein

Drittel seines Wertes einbüßte, wurden viele Kleinspekulanten völlig überrascht. In ganz kurzer Zeit verloren die deutschen Aktien plötzlich mehrere Hundert Milliarden Mark an Wert.

Es ist volkswirtschaftlich nicht ganz unproblematisch, wenn die Bürger auf breiter Front an der Börse spekulieren. So kann dadurch die gesamtwirtschaftliche Sparquote gefährlich gesenkt werden. Dies läßt sich gut in den USA beobachten. Dort legten die Bürger in den vergangenen Jahren nur etwa zwei Prozent ihres verfügbaren Einkommens auf die hohe Kante – in den meisten westeuropäischen Ländern sind mehr als zehn Prozent üblich. Die Aktienbesitzer wurden verführt von den hohen Kurssteigerungen und dachten, die Börse würde für sie das Sparen übernehmen.

In der Baisse von 1998 mußten die Aktionäre feststellen, daß dies nicht unbegrenzt funktioniert und sie in Wahrheit ärmer sind als gedacht. Sie sahen sich nun gezwungen, auf andere Weise für das Alter, die Ausbildung der Kinder und schlechte Zeiten Vorsorge zu treffen – also von ihrem Einkommen mehr zu sparen. Die gefoppten Aktionäre konnten nun weniger konsumieren; das wirkte sich wiederum nachteilig auf gesamtwirtschaftliche Nachfrage und die Konjunktur in den USA aus.

Die Freiheit, zu wachsen

Die europäische Kultur des Ausgleichs ist untrennbar verbunden mit ihrer politischen Basis. Es sind dies, ganz einfach gesagt, die Menschenrechte, die Dreiheit: Demokratie, Freiheit und Herrschaft des Rechts.

Asiens autoritäre Machthaber wollen von dieser politischen Basis allerdings wenig hören. Bevor 1997 die Finanzkrise losbrach, pflegten die starken Männer Malaysias und Singapurs, Ministerpräsident Mahathir Mohamad und «Senior Minister» Lee Kuan Yew, Kreuzzüge gegen den Liberalismus des Westens zu führen. Dieser sei mit den «Asian Values», mit der Achtung vor Tradition, Alter und Autorität, nicht vereinbar.

Viele Bewunderer im Westen unterschrieben die Thesen Mahathirs und Lees bedenkenlos. Ihr Glaube an die Segnungen der Freiheit steht offenbar nicht auf den festesten Füßen. So vertrat eine deutsche Wochenzeitung 1997 die Ansicht, das «westliche Politikmodell» versage zunehmend in der Dritten Welt. Die dort endemischen sozialen und ethnischen Spannungen könnten nur durch autoritäre Herrschaft unter Kontrolle gehalten werden.

Zynischer läßt sich kaum argumentieren. Natürlich kann mit Terror, wenn seine Mittel nur stark genug sind, jede Spannung, jeder Widerstand unterdrückt werden, zumindest eine Zeitlang. Aber damit sind die Probleme ja nicht aus der Welt. Sie lassen sich mit Kürassierstiefeln, mit Peitschen und Panzern lediglich eine Weile niederhalten.

Doch unter der Oberfläche nehmen die Spannungen weiter zu. Wenn der Druck dann einen Augenblick nachläßt, entladen sie sich oft in furchtbaren Explosionen. Beispiel hierfür haben wir im Osten Europas seit dem Fall der Mauer genügend erlebt – von Tschetschenien über Armenien und Aserbaidschan bis hin zum ehemaligen Jugoslawien, wo immer neue Bürgerkriege zwischen verfeindeten ethnischen Gruppen ausbrachen.

Indonesien erlebte, als sich die Finanzkrise von 1997/98 sukzessive verschärfte, gleichfalls schwere Rassenunruhen. Neid und Wut der malaiischen Mehrheitsbevölkerung richteten sich gegen die wirtschaftlich äußerst erfolgreiche chinesische Minorität, die den Handel und viele andere Wirtschaftszweige in Indonesien fast vollständig beherrscht. Mehrere Hundert Menschen fielen den Krawallen zum Opfer.

Im Unterschied zu Indonesien hat Indien eine lange, ununterbrochene demokratische Tradition. Das riesige Land wird deshalb häufig als Beweis dafür angeführt, wie wenig Freiheit und Demokratie in einem unterentwickelten Land auszurichten vermögen. Das kommunistische China, bis heute ein autoritär verwalteter Staat, habe es in der Entfaltung seiner wirtschaftlichen Potenzen wesentlich weiter gebracht als Indien.

Der Vergleich ist nicht ganz fair. Indien ist in vieler Hinsicht benachteiligt. Klima und Geographie begünstigen eine wirtschaftliche Entwicklung weit weniger als in China. In Indien lebt die Bevölkerung obendrein doppelt so dicht zusammen wie in der Volksrepublik. Das Land ist nicht viel größer als der Sudan, beherbergt aber beinahe doppelt so viele Menschen wie ganz Afrika.

Indiens Politiker haben in den vergangenen Jahrzehnten viele Fehler gemacht, die das Land unnötig lange zurückgeworfen haben. Demokratie ist eine notwendige, aber noch keine hinreichende Bedingung für Entwicklung.

Es wird aber oft übersehen, was Indien der Demokratie verdankt. Während im großenteils dünnbesiedelten Afrika Jahr für Jahr neue Hungerkatastrophen zu beklagen sind, erlebte Indien seine letzte wirklich schwere Ernährungskrise vor drei Jahrzehnten. Dürren, Mißernten und Versorgungsengpässe treten zwar immer wieder auf. Doch stets greift die Regierung ein, bevor Millionen Menschen an Hunger sterben. Das schlimmste wird verhütet.

Indische Wissenschaftler haben herausgefunden: Die staatlichen Interventionen werden oft erst durch Indiens freie Presse ausgelöst. Sobald in irgendeiner abgelegenen Gegend die Ernährung zusammenzubrechen droht, fangen die Zeitungen an, Krach zu schlagen.

So arm, rückständig und unterentwickelt Indien sein mag, es hat einen Schatz, über den die meisten anderen Länder Asiens nicht verfügen: Indien bringt in einer erstaunlichen Fülle hochbegabte Wissenschaftler und Ingenieure hervor. Aus Mangel an Gelegenheiten, zu Hause etwas zu werden, sind viele Inder ausgewandert, nach Großbritannien ebenso wie in die USA. Im Silicon Valley kommt beinahe keines der namhaften Unternehmen ohne Experten aus Indien aus.

Der Chefingenieur, der bei Intel den Mikrochip Pentium entwickelte, war ein Inder. Ein Inder half mit, den Computerhersteller Sun zu gründen. Und die US-Firma Bose, der weltweit führende Spezialist für Hochleistungs-Audiotechnik, gehört ebenfalls einem indischen Emigranten.

Auch drei der weltweit führenden Nationalökonomen sind Inder: Jagdish Bhagwati, Partha Dasgupta und der Nobelpreisträger von 1998 Amartya Kumar Sen. Soviel Prominenz in der Wissenschaft können selbst die Japaner kaum vorweisen, von den Chinesen, Koreanern und übrigen Asiaten zu schweigen. Zunehmend versteht es Indien, mit seinem intellektuellen Pfund zu wuchern. Das Land hat eine der bedeutendsten und leistungsfähigsten Software-Industrien der Welt geschaffen. Ähnlich erfolgreich im Aufbau wissensintensiver Wirtschaftszweige ist im Fernen Osten lediglich Japan, das über ganz andere Ressourcen verfügt als Indien.

Warum aber ist Indien den meisten anderen Staaten Asiens in Wissenschaft und Technik so weit voraus? Der wichtigste Grund dafür dürfte darin zu suchen sein, daß Indien eben eine lange demokratisch-freiheitliche Tradition kennt. Seit seiner Unabhängigkeit 1947 ist das Land eine Demokratie, die möglicherweise oft mehr schlecht als recht funktioniert, sich aber bislang als erstaunlich stabil erwiesen hat.

Indien ist damit in ganz Asien eine rare Ausnahme. Korea und Taiwan haben erst in jüngster Zeit begonnen, sich zur Demokratie zu bekennen. Das Regierungssystem Malaysias und Singapurs könnte man am besten als autoritäre Semidemokratie bezeichnen. In Thailand putscht regelmäßig das Militär. In Indonesien löste jüngst ein Kleptokrat den anderen ab. In Burma herrscht eine mörderische Diktatur. Selbst Japan war bis Anfang der neunziger Jahre keine echte Demokratie. Vier Jahrzehnte lang regierte ununterbrochen die LDP. Erst dann begannen die Japaner zu begreifen, daß sie auch einmal eine andere Regierung wählen müßten, um als Demokraten gelten zu können.

Allerorten herrscht in der japanischen Gesellschaft ein subtiler Geist der Unfreiheit und Unterdrückung. In den Unternehmen wagt kaum ein Angestellter, eine andere Meinung als die des Chefs zu äußern oder einem ranghöheren Kollegen zu widersprechen. Auch an den Universitäten dominiert Konformismus, der die freie Wissenschaft nicht zur Entfaltung gelangen läßt. Japanische Forscher, die in die USA auswanderten, berichten, erst dort sei es ihnen möglich gewesen, wirklich frei und wissenschaftlich produktiv zu arbeiten.

In Indien hingegen gilt der Dissens beinahe als soziale Pflicht, in Presse, Öffentlichkeit und Wissenschaft gleichermaßen. Nur wo Widerspruch erlaubt, ja erwünscht ist, aber kann sich die freie Konkurrenz der Ideen entfalten.

Was für die Wissenschaft gilt, gilt ebenso für die Wirtschaft. Eine hochentwickelte Industrie findet sich fast immer nur dort, wo ein freier Geist weht. Unternehmer brauchen, um ihre hochfliegenden Pläne verwirklichen zu können, ebenso geistige Unabhängigkeit wie Wissenschaftler.

Autoritäre Staaten sind zwar zuweilen durchaus wirtschaftlich erfolgreich. Doch fast immer glückt ihnen nur der Start in die Industrialisierung. Dann stockt die Entwicklung – oder die Länder wandeln sich zu Demokratien.

Am Anfang der Industrialisierung stehen Basisindustrien wie Petrochemie, Stahl und Zement. Dort sind die intellektuellen Anforderungen gering. Der Innovationsgrad geht gegen Null. Die Produktionsprozesse sind einfach und überschaubar. Basisindustrien eignen sich mithin ideal für eine Kommandowirtschaft, für Befehl und Gehorsam. So gelang es dem Stalinismus ja auch, leistungsfähige Grundstoffindustrien aufzubauen. In den fortgeschrittenen Technologien jedoch scheiterte das Sowjet-System.

Um auf höhere Stufen der Entwicklung zu gelangen, sind Demokratie, Freiheit und Herrschaft des Rechts unverzichtbar. Dies hat jüngst noch einmal eine empirische Untersuchung des amerikanischen Ökonomen Robert J. Barro, Professor an der Harvard University, ergeben. Danach läßt sich ein eindeutiger statistischer Zusammenhang zwischen den Rechten, die ein Staat seinen Bürgern gewährt, und dem wirtschaftlichen Wachstum von unterentwickelten Ländern feststellen.[14]

Eine demokratische Regierung scheint ein nicht zu unterschätzender Vorteil im globalen Wettbewerb der Standorte zu sein. Demokratische Länder haben ihre Probleme wie andere Staaten auch. Aber sie verstehen es besser, die Ressourcen zu mobilisieren, um die Schwierigkeiten zu beheben.

Demokratische Länder verfolgen die gute Tradition, nicht nur andere, sondern auch sich selbst kritisch zu betrachten. Das ist natürlich außerordentlich lobenswert. Zuweilen aber gerät die Kritik zur Polemik, die kaum gerechtfertigten Interessen dient. So haben konservative Kritiker in jüngster Zeit ein vernichtendes Urteil über die wirtschaftliche und technologische Leistungsfähigkeit der Bundesrepublik gefällt, das durch die Tatsachen in dieser Schärfe nicht gerechtfertigt ist. Gewiß liegt in diesem Land vieles im argen. Der Reformbedarf ist groß.

Doch mit einem Rundumschlag wird jeder Ansatz zur Besserung sofort erstickt. So haben die Arbeitnehmer durch sehr mäßige Lohnerhöhungen, die real – nach Abzug der Inflationsrate – oft Lohnsenkungen bedeuteten, den Unternehmen seit Mitte der neunziger Jahre sehr geholfen, ihre globale Wettbewerbsfähigkeit zu behaupten. Bekommen die Arbeitnehmer aber zu hören, alle ihre Verzichte hätten nichts genutzt, die deutsche Wirtschaft verliere unaufhaltsam an internationaler Konkurrenzfähigkeit, sehen sich die Gewerkschaften irgendwann natürlich nicht mehr gehalten, ihre moderate Lohnpolitik fortzusetzen. Der bewährte Konsens könnte durch zunehmende soziale Spannungen gefährdet werden.

Das krank geschriebene Land

Wenn die Globalisierung in Deutschland ein geographisches Zentrum hat, dann liegt es auf einer Anhöhe im Süden Stuttgarts. Dort, im Ortsteil Möhringen, residiert die erste deutsche «Welt AG», der Mammutkonzern Daimler-Chrysler, hervorgegangen aus dem amerikanischen Autohersteller Chrysler und seinem deutschen Konkurrenten Daimler-Benz in der bis dato größten Fusion der Industriegeschichte.

Eine ganze Bürostadt benötigt die Firma, um ihre globalen Geschäfte zu verwalten. Block reiht sich an Block. Es ist eine typische «Edge City», wie die Amerikaner sagen, eine «Randstadt», eine Bürosiedlung an der Peripherie der Ballungsgebiete, die dort nur errichtet wurde, weil der Standort verkehrsgünstig gelegen ist. Und «verkehrsgünstig» heißt: so nahe wie möglich an der nächsten Autobahnauffahrt, am nächsten Flughafen.

Von ihrer Hauptverwaltung sind die Manager von Daimler-Chrysler in nur wenigen Minuten am Airport Leinfelden-Echterdingen. Dort können sie ihre Maschine besteigen, die sie in die amerikanische Autometropole Detroit, ins französische Hambach, in die chinesische Multi-Millionen-Stadt Schanghai oder an irgendeinen anderen Ort der Welt befördert, wo Daimler-Chrysler eine Fabrik, ein Forschungszentrum oder eine Tochtergesellschaft hat.

In die schwäbische Landeshauptstadt hingegen gelangt man von Daimler-Chrysler-City nicht so leicht. Während der Rushhour kann es schon eine Stunde dauern, bis man über eine kurvige Bergstraße die Stuttgarter Innenstadt erreicht hat. Auch zum Stammwerk von Mercedes in Untertürkheim auf der anderen Seite der Stadt ist der Weg mühselig und zeitraubend.

Symbolisiert der luftige Sitz der Daimler-Chrysler-Zentrale hoch über den Dächern von Stuttgart, wie locker die Bindungen des Konzerns an seine Ursprünge, an die Heimat des Autopioniers Gottlieb Daimler, an die sprichwörtlich tüchtigen schwäbischen Facharbeiter geworden sind? «Welt AG» nennt Daimler-Chef Jürgen Schrempp seine Firma nicht umsonst. Und auf den Sitzungen des Topmanagements ist die Weltsprache Englisch verbindlich, selbst wenn nur deutsche Führungskräfte an den Konferenzen teilnehmen. Aufsichtsrat und Vorstand sind «multikulturell» zusammengesetzt: Amerikaner, Deutsche, Franzosen und Angehörige anderer Nationalitäten haben dort Sitz und Stimme.

Daimler-Benz und Chrysler kommen gemeinsam auf einen jährlichen Umsatz von rund 260 Milliarden Mark. Rund 80 Prozent davon werden außerhalb der Bundesrepublik erzielt. Auch die Anteile der Daimler-Chrysler AG liegen zu mehr als der Hälfte im Ausland; größte Aktionäre des Konzerns sind – neben der Deutschen Bank – der armenisch-amerikanische Milliardär Kirk Kerkorian und der Staat Kuwait.

Von den 420000 Beschäftigten, die Daimler-Chrysler insgesamt hat, arbeiten allerdings 225000 in der Bundesrepublik. Die Mehrzahl der Mitarbeiter ist also in den deutschen Betrieben tätig. Doch wie lange noch? Daimler-Benz hat bereits vor der Fusion mit Chrysler in den inländischen Fabriken, Büros und Labors kräftig ausgekehrt: von 1990 bis 1997 gingen in Deutschland durch Personalabbau, Werksstillegungen und den Verkauf von Betriebsteilen mehr als 78000 Arbeitsplätze verloren.

Neue Fabriken hingegen baut Daimler-Benz seit Anfang der neunziger Jahre vornehmlich im Ausland: Die Freizeitautos der M-Klasse werden ausschließlich im Werk Tuscaloosa im amerikanischen Bundesstaat Alabama gefertigt, die Smart Cars (Kleinwagen) nur in Hambach in Lothringen, die V-Klasse (Großraum-Limousinen und Lieferwagen) exklusiv in der baskischen Industriestadt Vitoria.

Noch bis vor wenigen Jahren hatte Mercedes sämtliche PKW, die das Unternehmen auf dem Globus verkaufte, ausschließlich in Deutschland hergestellt. Der Produktionsstandort Schwaben galt als wichtiges Verkaufsargument. Doch der Werbeslogan «Made in Germany» mußte dem Label «Made by Mercedes» weichen. Und der Produktion folgten die Forschung und Entwicklung auf dem Fuße. In jüngster Zeit hat Daimler-Benz vier Forschungszentren im Ausland gegründet – zwei in den USA, ein weiteres im indischen High-Tech-Zentrum Bangalore und eines in Schanghai, dem industriellen Zentrum Chinas.

Wie kein anderes deutsches Unternehmen verbündet sich Daimler-Benz mit anderen internationalen Konzernen. Gemeinsam mit dem schwedisch-schweizerischen Elektrokonzern ABB baut das Unternehmen Lokomotiven (in Fabriken der übernommenen AEG). In der Luft- und Raumfahrt ist Daimler-Benz Partner von British Aerospace, der französischen Aérospatiale und der spanischen Casa, den führenden High-Tech-Firmen ihrer Heimatländer. Und im Stammgeschäft Automobilbau machte Daimler-Benz nicht nur durch die Fusion mit Chrysler Schlagzeilen. Bei Brennstoffzellen, den abgasarmen Antrieben, die in wenigen Jahren die Autotechnik revolutionieren könnten, arbeitet das Unternehmen eng mit dem US-Konzern Ford zusammen.

So viel globale Umtriebigkeit macht konservativen Gemütern jeder politischen Couleur Angst. Die einen befürchten, transnationale Konzerne wie Daimler-Benz würden ihre Geschäfte, seitdem der Kapitalismus weltweit gesiegt hat, nach Belieben über den ganzen Planeten verschieben, Regierungen unter Druck setzen und den Arbeitnehmern Niedrigstlöhne abpressen. Die anderen diagnostizieren die Ursachen der vermeintlichen Standortflucht im angeblich überbordenden Wohlfahrtsstaat, der mit seinen überhöhten Löhnen, überhöhten Lohnzusatzkosten und überhöhten Steuern die Produktionsbetriebe geradezu aus der Bundesrepublik vertreibe.

Leitender Standortkritiker unter den Konservativen ist Hans-Olaf Henkel, Präsident des Bundesverbandes der Deutschen Industrie (BDI). Seine Tiraden, in der immergleichen Diktion, Schärfe und Unversöhnlichkeit vorgetragen, wirken freilich selbst auf Gleichgesinnte mit der Dauer etwas ermüdend. Doch der BDI-Präsident hat unter Journalisten, Professoren und Publizisten Helfer, die das Miesmachen in Wort und Schrift viel besser beherrschen. Die Kassandras übertreffen sich darin, die deutsche Wirtschaft in Grund und Boden zu jammern – und mit ihr gleich die ganze Gesellschaft und Politik.

«Scheitert Deutschland?» fragt etwa der Berliner Historiker Arnulf Baring im Titel seines Buches, das 1997 auf die Bestsellerlisten geriet. «Der deutsche Niedergang» ist bündig ein Pasquill des Schriftstellers Christian Graf von Krockow überschrieben. Auch Konrad Adam, Redakteur der *Frankfurter Allgemeinen Zeitung*, weiß es ganz genau: «Die Republik dankt ab.»

Ganz soweit ist es freilich noch nicht. Die Globalisierung schreitet in Wahrheit weniger rasch und dramatisch voran, als ihre Apologeten wünschen und ihre Kritiker befürchten. Viele Menschen in der Bundesrepublik, vor allem durch Produktionsverlagerung und Stellenkürzungen betroffene Arbeitnehmer, haben unter ihr zu leiden. Aber mehr Bürger noch profitieren von der «entgrenzten» Ökonomie.

Das aber übersehen die Krankschreiber und Schwarzmaler. Statt dessen befördern sie zahlreiche Mythen, in denen sie dem Standort Deutschland eine unheilbare Malaise und den baldigen Untergang attestieren. Deutschlands erste Welt AG Daimler-Chrysler bezeugt aber anschaulich, wie monströs, realitätsfern und unhaltbar solche Legenden zu einem großen Teil sind.

Mythos 1: Die deutsche Wirtschaft ist nicht mehr wettbewerbsfähig

Unternehmer, Managementberater und Verbandspräsidenten waren sich Mitte der neunziger Jahre einig. Die deutsche Wirtschaft könne im globalen Wettbewerb nicht mehr mithalten:

- «Deutschland wird 1997 Weltmarktanteile verlieren.» Das prophezeite Hans Peter Stihl, Präsident des Deutschen Industrie- und Handelstages (DIHT), am 2. Januar 1997.

- «Unsere Perfektion führt zu Produkten, die keiner will.» So äußerte sich Herbert Henzler, Chef der deutschen Tochtergesellschaft der amerikanischen Consulting-Firma McKinsey, am 13. November 1995.

- «Wir verdienen unser Geld mit auslaufenden Produkten.» Das behauptet Hans-Olaf Henkel, Präsident des Bundesverbandes der Deutschen Industrie (BDI), am 18. Juni 1997.

- «Deutsche Produkte sind im internationalen Vergleich immer noch zu teuer.» So ließ sich Michael Fuchs, Präsident des Bundesverbandes des Deutschen Groß- und Außenhandels (BGA), am 9. Oktober 1997 vernehmen.[1]

Es kam freilich alles anders, als die hochbezahlten Fachleute vorhergesagt hatten. In jedem Punkt waren die Standortkritiker binnen kurzem widerlegt. Vielfach hätten die Wirtschaftsfunktionäre schon zu dem Zeitpunkt, als sie ihre Unkenrufe äußerten, wissen müssen, daß ihre Prognosen verfehlt, ihre Warnungen überzogen waren.

«Die Deutschen verlieren Weltmarktanteile»

Nach der deutschen Einheit war der Anteil der Bundesrepublik am weltweiten Handel tatsächlich deutlich geschrumpft. Die westdeutsche Industrie hatte plötzlich in Ostdeutschland einen gewaltigen ungesättigten und leicht zugänglichen Markt unmittelbar vor der Haustür. Statt ins Ausland lenkten die Unternehmen ihre Waren nun vermehrt in die jungen Bundesländer.

Doch rasch kam der Sonderboom, den die Wiedervereinigung ausgelöst hatte, zu einem Ende. In Ostdeutschland setzte eine arge Wirtschaftskrise ein, Konsum und Nachfrage ließen nach. Die Industrie besann sich wieder auf die alten Märkte im Ausland. So stiegen die deutschen Exporte seit 1995 erneut steil an, um mindestens zehn Prozent im Jahr. 1997 kletterten die Ausfuhren der Bundesrepublik real (ohne Inflation) um elf Prozent auf 887 Milliarden Mark. «Das war das stärkste Umsatzwachstum im Auslandsgeschäft der deutschen Wirtschaft seit der Wiedervereinigung», stellte die Deutsche Bundesbank fest, die nicht eben als Standort-Enthusiast bekannt ist.[2]

Exportweltmeister war 1997, wie eh und je, der deutsche Maschinenbau. Die Ausfuhren schnellten um 14 Prozent auf 156 Milliarden Mark empor. «Wir waren auf den Weltmärkten erfolgreich wie nie zuvor», schwärmte Michael Rogowski, der damalige Präsident des Branchenverbandes VDMA, im März 1998; er kündigte an, aufgrund der anhaltend schäumenden Nachfrage aus dem Ausland würden die deutschen Maschinenbauer 1998, erstmals seit acht Jahren, wieder zusätzliche Arbeitsplätze schaffen. Es sei mit einem Zuwachs um rund 20000 zu rechnen.[3]

Auch in Elektrotechnik und Elektronik ist die Konjunktur im Export so gut, daß der Stellenabbau 1997, zumindest fürs erste, zum Stillstand kam. Ende des Jahres beschäftigte die Branche 850000 Menschen, 10000 mehr als zur Jahresmitte. Ein kleiner Beitrag zur Bekämpfung der Arbeitslosigkeit steht den

Elektrokonzernen gut zu Gesicht: 1997 schossen ihre Ausfuhren um knapp 16 Prozent auf 139 Milliarden Mark in die Höhe.[4]

Der wichtigste Motor der deutschen Exporte war zweifellos das Auto. 1997 kletterten die Ausfuhren der Kfz-Hersteller um sieben Prozent auf exakt 3035600 Personenwagen und Nutzfahrzeuge.[5] Das entsprach einem Gesamtwert von 160 Milliarden Mark. Und die gute Auslandsnachfrage wird, trotz Asien-Krise, voraussichtlich weiter anhalten. Das prognostiziert jedenfalls die amerikanische Marktforschungsfirma DRI/McGraw-Hill. Sie sagt voraus: 1999 erreichen die deutschen Automarken einen Anteil am Weltmarkt von 19 Prozent. 1993 waren es erst 15 Prozent.[6]

In nahezu allen Industriezweigen nehmen die Ausfuhren seit Mitte der neunziger Jahre erheblich rascher zu als die Einfuhren. Die Folge: Die Handelsüberschüsse schnellen empor. 1991, nach der deutschen Einheit, waren sie auf 21 Milliarden Mark gefallen. 1997 aber betrugen die Überschüsse im Warenhandel rund 130 Milliarden Mark – mehr als sechsmal soviel wie nur wenige Jahre zuvor. «Die deutsche Wirtschaft», resümiert die Bundesbank, «hat erstmals seit einer Reihe von Jahren wieder Marktanteile hinzugewonnen.»[7]

Der deutsche Anteil am Weltexport war in den vergangenen Jahrzehnten erstaunlich stabil. 1997 betrug die Quote 9,4 Prozent. Das war beinahe exakt genausoviel wie 1960, als sich Deutschlands Anteil am Weltexport auf 9,5 Prozent belief. Mal stieg der Anteil auf elf, dann fiel er wieder auf neun Prozent. Doch die leichten Schwankungen, oft durch Währungsturbulenzen ausgelöst, bieten keinerlei Rechtfertigung für aufgeregte Diskussionen über die vermeintlich verfallende Leistungsfähigkeit der deutschen Wirtschaft, die sich – bislang jedenfalls – zu den Gewinnern der Globalisierung rechnen darf. Andere Industrieländer haben dagegen unter der Internationalisierung der Wirtschaft nachhaltig gelitten. Großbritannien etwa, der erste Industriestaat der Geschichte, kam 1960 noch auf einen Anteil am Weltmarkt von 8,8 Prozent. 1997 war die Quote auf 5,1 Prozent gestürzt. Und die USA, in der Nachkriegszeit klar die industrielle Vormacht der Erde, hielten 1960 einen Anteil an den Weltexporten von mehr als 16 Prozent; 1997 war er deutlich unter 13 Prozent gerutscht.[8]

Möglicherweise sinkt in der näheren oder ferneren Zukunft auch der Weltmarktanteil Deutschlands. Denn Asien wird seine schlimme Krise in den kommenden Jahren überwinden und könnte dann erneut zum dynamischsten Wirtschaftsraum auf diesem Globus werden. Ein neues Wirtschaftswunder im Fernen Osten würde den internationalen Warenverkehr kräftig anschwellen lassen; der Zuwachs resultierte aber überwiegend aus regionalem Handel, dem Warenaustausch zwischen den asiatischen Staaten untereinander, ähnlich dem Binnenhandel der Europäischen Union. Die Bundesrepublik würde, wie bereits in der Vergangenheit, an dem neuen Boom in Fernost kaum teilhaben. Für einen intensiven Handel mit der Region ist die sprachliche, kulturelle und räumliche Distanz schlicht zu groß. In der Folge könnte also der Weltmarktanteil der Bundesrepublik fallen. Dies dürfte aber nicht als Indiz für eine nachlassende Konkurrenzfähigkeit auf dem Weltmarkt gewertet werden – solange es den Unternehmen gelingt, ihre Anteile in den traditionellen Exportländern zu halten, in den europäischen Nachbarstaaten und in den USA.

«Perfektionswahn macht die deutschen Erzeugnisse unverkäuflich»

Das «overengineering», der Drang zur ausgeklügelten technischen Lösung, ist in der Tat zuweilen ein Problem in den deutschen Technologie-Unternehmen. Vor allem im Anlagenbau und in der Elektrotechnik neigen die Deutschen dazu, hochkomplizierte Geräte zu konstruieren, die allen Anforderungen genügen, aber nur noch von Experten bedient werden können. Kein Kundenwunsch, so ausgefallen er sein mag, darf unberücksichtigt bleiben. Kein Störfall soll die Anlage, ob Eisenbahn, Kraftwerk oder Telefonvermittlungssystem, außer Betrieb setzen.

Doch auch wenn der deutsche Perfektionsdrang zuweilen die eine oder andere Blüte treibt, ist es ein Faktum, daß sich mit Gründlichkeit, Sorgfalt und dem Ehrgeiz, das Beste zu liefern, auf dem Weltmarkt gute Geschäfte machen lassen. So konnten die deutschen PKW-Hersteller ausgerechnet in Japan, dem wohl schwierigsten Automarkt der Welt, ihren Absatz kräftig steigern – er stieg von 1987 bis 1996 um 148 Prozent auf 184000 Stück. Die deutschen Autobauer lieferten 1996 mehr als die Hälfte aller ausländischen Personenwagen, die in Japan gekauft wurden.[9]

Dabei sind die japanischen Autokäufer wohl die anspruchsvollsten und mäkeligsten der Welt. Sie verlangen perfekte Verarbeitung und untertänigen Dienst am Kunden. In Japan ist es selbstverständlich, daß die Hersteller auch dann für Mängel aufkommen, wenn die Garantiefristen längst abgelaufen sind. So lassen die deutschen Hersteller die Autos, die sie nach Japan liefern, von den Qualitätsinspektoren erheblich kritischer beäugen als die Modelle, die sie den PKW-Fahrern in Deutschland oder anderen Ländern verkaufen. Zwei bis drei zusätzliche Kontrollen sind üblich – eine Tatsache, die die Autobauer den nichtjapanischen Kunden gern verschweigen.[10]

«Die deutschen Produkte sind Auslaufmodelle»

Der Frankfurter Pharmakonzern Hoechst gab im Dezember 1997 bekannt, er suche einen Käufer für sein Penicillin-Geschäft. Bei den «alten» Antibiotika, für die der Patentschutz längst abgelaufen ist, sei die Konkurrenz zu scharf geworden.

Gegen die billigen Penicillin-Anbieter aus China könne Hoechst nicht mehr bestehen.[11]

Statt des alten Penicillins bringen die Arzneimittelhersteller der Bundesrepublik aber unablässig neue Medikamente heraus, die sich auf dem ganzen Globus erfolgreich absetzen lassen. Zwar haben Konzerne wie Hoechst in den vergangenen Jahren bei der Forschung und Entwicklung arg nachgelassen. An ihrer Stelle springen jedoch innovative mittelständische Pharmahersteller ein.

Die deutsche Arzneimittelindustrie hat 1997 Medikamente im Wert von 21 Milliarden Mark exportiert, 25 Prozent mehr als ein Jahr zuvor. Der Handelsüberschuß mit dem Ausland kletterte auf einen historischen Höchststand von acht Milliarden Mark, 43 Prozent mehr als 1996. Verantwortlich dafür war nach Ansicht des Verbandes Forschender Arzneimittelhersteller die Entwicklung neuer Medikamente.[12]

Nicht allein in der Pharmaindustrie, auch anderswo sind deutsche Hochtechnologie-Industrien auf dem Weltmarkt erfolgreich: Bei Autoelektronik, Fabrikautomation, Medizintechnik und Telekommunikation zählt die Bundesrepublik unverändert zu den international bedeutendsten Anbietern. Das badische Softwarehaus SAP dominiert den Weltmarkt für Business-Software, für Computerprogramme, mit denen multinationale Konzerne ihre globalen Geschäfte steuern. Im zivilen Flugzeugbau gehört, neben Seattle in den USA und Toulouse in Frankreich, Hamburg inzwischen zu den drei weltweit wichtigsten Innovations-, Produktions- und Exportstandorten; in Hamburg-Finkenwerder werden die vielverkauften kleinen Airbusmodelle A319 und A321 gebaut.

Natürlich liegen die Deutschen auf vielen Gebieten der Zukunftstechnologien weit, weit zurück: Bei Computern sind sie ein Niemand, seitdem Siemens, Deutschlands letzter namhafter Hersteller von Personal Computern, 1998 bekanntgab, sich aus der Produktion von PC zurückzuziehen. Und bei der Entwicklung und Herstellung von Mikrochips wird die Bundesrepublik, das drittgrößte Industrieland der Erde, von jedem Tiger-Staat im Fernen Osten deklassiert.

Doch die Innovationsfähigkeit der deutschen Wirtschaft muß differenziert gesehen werden. Die Stärke der hiesigen Ingenieure sind nicht radikal neue Erfindungen, große Durchbrüche in Neuland. In den deutschen Labors werden jedoch oft nützliche Anwendungen für solche Neuheiten entdeckt, die anderswo entwickelt wurden. Amerikaner haben beispielsweise den Laser erfunden – deutsche Firmen aber sind international führend bei der Anwendung des Lasers in Medizin und Maschinenbau.

In einer gemeinsamen Studie haben fünf deutsche Forschungsinstitute 1997 die technologische Leistungsfähigkeit der Bundesrepublik geprüft. Danach kann Deutschland durchaus mithalten im Welthandel mit forschungsintensiven Gütern, bei denen definitionsgemäß mindestens 3,5 Prozent des Umsatzes für Forschung und Entwicklung aufgewandt werden.

Japan ist, kaum überraschend, globaler Champion. Das Land kam bei forschungsintensiven Produkten 1995 auf einen Anteil am Weltexport von 19,5 Prozent. Die USA hielten 18 Prozent. Auf Deutschland jedoch entfielen 17 Prozent der Weltexporte. Frankreich und Großbritannien erzielten hingegen lediglich Weltmarktanteile von jeweils 7,5 Prozent.[13]

Wir verdienen unser Geld mit auslaufenden Produkten? Die deutsche Industrie verkauft auf dem Weltmarkt beinahe genauso viele forschungsintensive Güter wie das gelobte Technologieland USA; dessen Wirtschaftsleistung ist allerdings mehr als dreimal so groß wie die der Bundesrepublik.

«Die deutschen Exporte sind zu teuer»

Zweifellos sind deutsche Waren im internationalen Vergleich nicht gerade billig. Das ist aber gerade nicht das entscheidende Kriterium. Denn ein hochentwickeltes Industrieland kann sich im globalen Wettbewerb nicht mit den niedrigsten Preisen behaupten, sondern nur mit Innovation und Qualität.

Den deutschen Unternehmen wurde in den neunziger Jahren freilich das Leben häufig durch heftige, unvorhersehbare Schwankungen der Wechselkurse in wichtigen Exportländern schwergemacht. Der amerikanische Dollar war 1995 im Jahresdurchschnitt nur 1,43 Mark wert; das bedeutete einen historischen Tiefstand. Unternehmen, die in die USA exportierten, bekamen für ihre Erzeugnisse, bei gleichbleibenden Dollar-Preisen, plötzlich sehr viel weniger Mark. Um ihre Kosten in Mark zu decken, mußten sie ihre Preise in Dollar heraufsetzen. Infolgedessen gingen die Verkäufe vieler deutscher Exporteure in den USA zeitweilig dramatisch zurück.

Dann aber begann der Dollar wieder kräftig zu steigen: 1997 wurde er im Jahresmittel mit 1,74 Mark notiert, in den ersten Monaten von 1998 bewegte er sich um 1,80 Mark herum. Das entsprach einem Wertzuwachs gegenüber 1995 von exakt einem Viertel und gab natürlich den deutschen Exporten einen kräftigen Auftrieb: Die Ausfuhren in die USA stiegen 1997 gegenüber dem Vorjahr um 27,5 Prozent. Viele Standortskeptiker sahen darin einen künstlichen, weil nicht dauerhaften Vorteil. Berufs-Unke Henkel sprach vom «süßen Gift» der D-Mark-Abwertung. Tatsächlich aber darf ein Dollar-Kurs von etwa 1,80 Mark, wie er zwischen Juli 1997 und Juni 1998 vorherrschte, als «fair» gelten; er spiegelt die Kaufkraftparität zwischen den beiden Währungen einigermaßen korrekt wider. Die Abwertung der Mark gegenüber dem Dollar verschleiert also keineswegs Kostennachteile am Produktionsstandort Deutschland.

Die deutsche Exportwirtschaft hat in den vergangenen Jahren freilich nicht nur unter dem kapriziösen Auf und Ab des Dollar gelitten. Folgenreicher noch waren die Kursverluste einiger wichtiger europäischer Währungen Mitte der neunziger Jahre. Der Fall der amerikanischen Währung riß die italienische Lira, die spanische Peseta und vor allem das britische Pfund mit. Die Einbußen für die deutsche Volkswirtschaft waren beträchtlich: Die Kursschwankungen innerhalb des Europäischen Währungssystems zwischen Dezember 1994 und April 1995 haben das Wirtschaftswachstum um einen ganzen Prozentpunkt gedrückt, wie Dieter Hundt schätzt, Präsident der deutschen Arbeitgeberverbände.[14] Zum Vergleich: Ein jährliches Wirtschaftswachstum von drei Prozent gilt in unseren Zeiten schon als viel.

Die Europäische Währungsunion wird die Wettbewerbsnachteile der deutschen Exportwirtschaft aufgrund unberechenbarer Währungsschwankungen weitgehend beseitigen. Das ergeben Modellrechnungen der Bundesbank: In der Vergangenheit hat eine Aufwertung der Mark gegenüber den wichtigsten Währungen der Welt um ein Prozent dazu geführt, daß die deutschen Ausfuhren um 0,7 Prozent gesunken sind. Stieg der Kurs der Mark also um zehn Prozent, dann gingen die Exporte um sieben Prozent zurück. Innerhalb von Euro-Land aber gibt es fortan keine Devisenturbulenzen mehr.

Denkbar ist freilich, daß künftig heftige Kursschwankungen zwischen Dollar und Euro auftreten. Eine Aufwertung des Euro schadet dem deutschen Außenhandel allerdings weit weniger als früher eine Aufwertung der Mark, weil mehr als die Hälfte der deutschen Ausfuhren auf die Teilnehmerländer der Europäischen Währungsunion entfallen. Nimmt der Wert des Euro gegenüber den wichtigsten verbleibenden Weltwährungen – Dollar, Pfund, Yen et cetera – um zehn Prozent zu, dann schrumpfen die deutschen Exporte lediglich um drei Prozent. Die potentiellen Einbußen sind also jetzt nicht einmal halb so hoch wie zu den Zeiten der Mark.[15]

Mythos 2: Die Arbeitsplätze wandern aus

Wo Uusikaupunki liegt, wissen vermutlich selbst die meisten Finnen nicht genau. Der Ort an der Westküste Finnlands beherbergt schließlich nicht einmal 20 000 Einwohner. In Uusikaupunki, etwa eine Stunde Autofahrt von der Provinzhauptstadt Turku entfernt, ist jedoch Finnlands einziger Autohersteller zu Hause, die Valmet Automotive Inc. Das Unternehmen hat sich auf Lohnfertigung, auf die Produktion kleiner Serien für ausländische Autohersteller spezialisiert. Valmet arbeitet unter anderem für französische und schwedische Auftraggeber.

Den bislang spektakulärsten Auftrag erhielt Valmet allerdings von Porsche aus Stuttgart. Seit dem August 1997 wird in Uusikaupunki der Sportwagen Boxster gefertigt, zwischen 5000 und 10 000 Stück laufen bei Valmet pro Jahr vom Band. Nach Audi und Volkswagen, nach BMW und Mercedes, nach Ford und Opel hat nun auch Porsche einen beträchtlichen Teil seiner Fertigung ins Ausland verlegt: Bei Valmet werden bis zu einem Drittel aller Boxster montiert, die Porsche jährlich herstellt.

Verabschiedet sich, Schritt für Schritt, eine ganze Industrie vom Produktionsstandort Deutschland? Wandert die wichtigste deutsche Exportbranche aus? Müssen Hunderttausende, ja Millionen von Arbeitern und Angestellten hierzulande um ihren Job fürchten?

Intellektuelle und Journalisten scheinen sich mit Vertretern der deutschen Industrie einig zu sein: Die Globalisierung führt zu neuer Massenarbeitslosigkeit. Vom «Exportschlager Arbeitsplätze» raunt beispielsweise BDI-Präsident Hans-Olaf Henkel. Die hohen Löhne, die hohen Steuern und die noch höheren Sozialabgaben zwängen die Unternehmen geradezu, ihre Fabriken in Deutschland stillzulegen und im Ausland neu aufzubauen.

Warum Porsche wirklich nach Uusikaupunki geht

Die Standortskeptiker möchten etwas genauer hinsehen. Der Fall Porsche zeigt exemplarisch, daß eine Auslagerung von Produktion in vielen Fällen keineswegs mit Gefahren für die Beschäftigung in Deutschland verbunden ist. Die Entscheidung des schwäbischen Sportwagenherstellers, in Finnland fertigen zu lassen, hatte nichts mit den vermeintlich zu hohen Arbeitskosten in Deutschland zu tun. Vielmehr war die Nachfrage nach dem neuen Boxster unerwartet hoch. Das Stammwerk in Stuttgart kam mit der Produktion nicht nach. Ein Hersteller exklusiver Fahrzeuge aber darf seine Kunden nicht allzu lange warten lassen, will er sie nicht verlieren. Porsche entschied, einen Teil der Boxster-Fertigung an einen Fremdhersteller zu vergeben. Die Wahl fiel auf Valmet, weil der Kleinserienhersteller ungewöhnlich flexibel und rasch reagieren konnte: Zwischen der Unterzeichnung des Vertrages und dem Anlauf der Produktion vergingen nur sieben Monate.

Solche Auslagerung der Produktion ist nun aber ganz und gar nicht mit einem Export von Arbeitsplätzen verknüpft. Im Gegenteil, sie schafft sogar zusätzliche Jobs. Denn bei Valmet findet nur die Endmontage des Boxster statt, womit in Uusikaupunki gerade einmal 300 Arbeiter beschäftigt sind. Alle Komponenten aber, von den Antriebsaggregaten über die Fahrzeugelektrik bis hin zu den Karosserieteilen, werden aus Deutschland angeliefert – per Schiff, per Lastwagen und, wenn es pressiert, auch per Flugzeug. Allein für die Produktion der Motoren, die in Uusikaupunki in den Boxster eingebaut werden, sind in Stuttgart 100 zusätzliche Arbeitsplätze geschaffen worden. Weitere 1100 neue Stellen entstanden bei den Zulieferern von Porsche in der Bundesrepublik.

Die Auslagerung von Produktion ist beileibe nicht immer ein Nullsummenspiel, bei dem der Gewinn des einen notwendigerweise zu einem ebenso hohen Verlust des anderen führt. Sie kann, das zeigt das Beispiel Porsche, durchaus zu einer «Win-Win-Situation» führen, also dazu, daß beide Seiten gewinnen.

Kleine Fluchten

In den vergangenen Jahren hat die deutsche Wirtschaft weit weniger Arbeitsplätze im Ausland geschaffen, als all das Globalisierungsgejammer in der deutschen Öffentlichkeit suggerieren könnte. Und von diesen im Ausland geschaffenen Stellen ist wiederum nur ein kleiner Teil auf die Auslagerung von Produktion aus der Bundesrepublik zurückzuführen.

Die Mehrzahl der Jobs bei den Auslandsfilialen deutscher Firmen geht dagegen überhaupt nicht auf Kosten der Arbeitsplätze in Deutschland. Im Gegenteil: Unternehmen, die im Ausland besonders aktiv sind, fördern damit die deutschen Exporte und sichern dadurch oft gerade die Beschäftigung in der Bundesrepublik.

In anderen Worten: Tempo, Ausmaß und Konsequenzen eines «Arbeitsplatzexports» sind alles andere als dramatisch. Das zeigen ganz deutlich ausgerechnet Statistiken und Erhebungen zweier Institutionen, die in der Öffentlichkeit eher als Warner vor dem Niedergang des Standortes Deutschland bekannt sind – die Deutsche Bundesbank und der Deutsche Industrie- und Handelstag (DIHT).

Deutsche Unternehmen haben schon immer in beträchtlicher Zahl Menschen in anderen Ländern beschäftigt. So hatten bereits 1985 Firmen mit direkter oder indirekter deutscher Kapitalbeteiligung 1,8 Millionen Mitarbeiter im Ausland. Diese Zahl stieg bis Ende 1990 auf 2,3 Millionen. Das heißt, in fünf Jahren hat die deutsche Industrie also lediglich eine halbe Million Jobs im Ausland geschaffen. Von Ende 1990 bis Ende 1994 kamen genau 308 000 weitere Stellen hinzu, das bedeutet einen jährlichen Zuwachs von 77 000 Arbeitsplätzen. Und auch in der zweiten Hälfte der neunziger Jahre ist keine dramatische Beschleunigung festzustellen. Das geht aus einer Umfrage hervor, die der DIHT 1996 bei 7200 Unternehmen aus Industrie, Baugewerbe und Verkehrswesen veranstaltete. Danach erhöht sich die Zahl der Arbeitsplätze, die deutsche Unternehmen im Ausland schaffen, von 1995 bis 1999 um jährlich annähernd 100 000.[16] Das ist nicht mehr und nicht weniger als in den achtziger Jahren auch.

Im Zuge der Globalisierung engagieren sich alle Industriestaaten zunehmend in anderen Ländern. Die Bundesrepublik bildet da keine Ausnahme. Sie bleibt bei der Expansion im Ausland aber eher hinter anderen Industrienationen zurück. Das zeigt ein internationaler Vergleich, den das französische Wirtschaftsministerium und die amerikanische Consulting-Firma Arthur Andersen 1996 veröffentlichten. Laut dieser Studie machte die Zahl der Mitarbeiter, die deutsche Firmen 1991 im Ausland hatten, gerade einmal 6,6 Prozent der Arbeitsplätze im Inland aus. In Frankreich hingegen waren es 9,3 Prozent und in der Schweiz 14 Prozent. In Schweden betrug die Zahl der Auslands-Jobs sogar 23 Prozent der Arbeitsplätze im Inland.[17]

Obschon die Unternehmen dieser drei Staaten prozentual weit mehr Arbeitsplätze im Ausland aufgebaut haben als die deutsche Wirtschaft, leiden Frankreich, Schweden und die Schweiz keineswegs unter einer höheren Arbeitslosigkeit als die Bundesrepublik. Der Grund ist ganz einfach: Auslands-Jobs entstehen in den wenigsten Fällen durch eine Verlagerung von Arbeitsplätzen aus dem Inland.

Das zeigt beispielhaft eine Untersuchung der Universität Mannheim für den kopfstärksten Zweig der deutschen Industrie, den Maschinen- und Anlagenbau, der Anfang 1998 knapp 930 000 Beschäftigte zählte. Für die Studie wurden 572 Unternehmen nach ihren internationalen Investitionsvorhaben befragt. Die Maschinenbauer gaben an, sie würden in den kommenden Jahren 135 000 Arbeitsplätze im Ausland schaffen. Dadurch würden aber nur 33 000 Stellen in den deutschen Betrieben entfallen. Grob gesprochen lautet der Schluß: Nur jeder vierte Job, den die befragten Firmen in anderen Ländern schaffen, ist ein «Export» aus Deutschland.

Die Unternehmen produzieren im Ausland, vor allem in Entwicklungs- und Schwellenländern, vielfach relativ einfache, technisch anspruchslose Maschinen für den einheimischen Bedarf, die sie in Deutschland niemals herstellen würden. Die Arbeitsplätze, die hierbei entstehen, könnten also in der Bundesrepublik gar nicht geschaffen werden.

Bei der Erhebung, die die Universität Mannheim gemeinsam mit dem Branchenverband VDMA durchführte, kam ebenfalls zutage, daß die Maschinenbauer bereits in den Jahren 1992 bis 1996 rund 36 000 Arbeitsplätze ins Ausland verlagert hatten. Dies hatte für die Betroffenen, die in Deutschland ihren Job verloren, natürlich schmerzliche Folgen. Doch im Verhältnis zum gesamten Stellenabbau im deutschen Maschinenbau ist diese Zahl, so hart das klingen mag, beinahe verschwindend gering. Von 1990 bis 1997 haben die Unternehmen in Ost- und Westdeutschland rund eine viertel Million Arbeitsplätze vernichtet. In der ehemaligen DDR waren die Maschinenbaubetriebe nach der Währungsunion mit dem Westen plötzlich nicht mehr wettbewerbsfähig; massenhaftes Firmensterben war die Folge. In den alten Bundesländern sahen sich die Firmen zu scharfer Sanierung gezwungen, um konkurrenzfähig zu bleiben.

Für die Massenarbeitslosigkeit in Deutschland sind Auslandsinvestitionen mithin nicht verantwortlich zu machen. 1997 waren im Jahresmittel 4,4 Millionen Menschen in der Bundesrepublik arbeitslos gemeldet. Dazu kam eine stille Reserve von etwa zwei bis drei Millionen. Allein durch Firmenzusammenbrüche, durch Konkurse und Gesamtvollstreckungen wurden 1997 mehr als eine Million Menschen in Deutschland arbeitslos – rund zwanzigmal soviel wie durch die Auslagerung von Arbeitsplätzen.

Ein Container voller Nähmaschinen, ein Aktenordner mit Schnittmustern

Es gibt viele Motive für den Gang ins Ausland. Die Flucht vor den vermeintlich übermäßig hohen deutschen Lohnkosten ist nur ein Grund unter vielen – und meist nicht der wichtigste. Die Landeszentralbank Nordrhein-Westfalen hat 1996 rund 500 Unternehmen nach ihren Motiven für Auslandsinvestitionen befragt. Die meisten Firmen gaben an, mit ihrem Kapital in andere Länder zu gehen, um dort neue Märkte zu erschließen oder vorhandene Marktpositionen zu sichern, nicht hingegen, um Arbeitskosten zu sparen.

Nur bei einem Drittel der befragten Unternehmen wurden durch das Auslandsengagement in geringem Umfang Arbeitsplätze in der Bundesrepublik abgebaut. Eine «reine» Verlagerung von Produktion gibt es laut der Untersuchung nur dort, wo die Fertigung relativ standardisiert und lohnkostenintensiv ist, also in der Textil- und Bekleidungsindustrie sowie in einigen Teilen der Metall- und Elektroindustrie.[18]

So verlegte die Siemens-Tochter Osram die Herstellung von Glühbirnen großenteils aus Berlin in das britische Städtchen Shaw, wo die Arbeitskosten zwei Drittel niedriger sind als in der deutschen Hauptstadt. Die Schirme der Traditionsmarke Knirps werden in China, Portugal und Lesotho gefertigt. Continental lagerte im großen Stil Reifenproduktion nach Portugal und Tschechien aus.

Solche arbeitsintensiven Industrien mit relativ anspruchslosen Technologien, die besonders abwanderungsgefährdet sind, haben Deutschland freilich bereits fast ganz verlassen. Der Exodus kommt allmählich zu einem Ende – weil einfach kaum noch etwas da ist, was abwandern könnte.

Die deutschen Stahlerzeuger hatten 1975 insgesamt noch 227 000 Mitarbeiter; 1996 arbeiteten an Hochöfen und Walzwerken nur mehr 86 000 Menschen. Die Werften in Ost- und Westdeutschland schickten seit 1990 zwei Drittel ihrer Belegschaft nach Hause. In der Konsumelektronik sank die Beschäftigung seit 1985 von 105 000 auf 35 000 Personen. Die Textilindustrie gab 1970 allein in Westdeutschland 498 000 Menschen Lohn und Brot; einschließlich der ostdeutschen Betriebe hatte die Branche 1996 nur noch 130 000 Mitarbeiter.[19]

Das ist ohne Zweifel eine dramatische Entwicklung. Doch das Desaster ließ sich voraussehen. Schon vor mehr als einem Vierteljahrhundert haben Wissenschaftler davor gewarnt, daß sich Industrien, die hauptsächlich an- und ungelernte Arbeitskräfte benötigen, aber wenig Kapital und Know-how, in einem hochentwickelten Industriestaat nicht halten lassen würden: um in einem Entwicklungsland eine Kleiderfabrik aufzubauen, brauche man nur einen Container voller Nähmaschinen und einen Aktenordner mit Schnittmustern.

In den sechziger und siebziger Jahren, als in der Bundesrepublik noch das Wirtschaftswunder herrschte, hätte Ersatz für die abwanderungsbedrohten Wirtschaftszweige geschaffen werden können und müssen. Die Verantwortlichen haben damals versagt.

Die fünf Reize fremder Märkte

Für Investitionen im Ausland sehen die deutschen Firmen viele Gründe. Sie haben alle mehr oder weniger mit der Erschließung neuer Märkte zu tun. Arbeitsplätze werden hierbei in der Bundesrepublik, wie gesagt, heute in den meisten Fällen kaum gefährdet, zum Teil sogar nachhaltig gesichert:

1. Umgehen von Handelshemmnissen: Volkswagen gründete bereits in der Nachkriegszeit Produktionsgesellschaften in Brasilien, Mexiko und Südafrika. Später kamen Fabriken und Montagewerke in Argentinien, China und Taiwan hinzu. In diesen sechs Ländern stellte VW 1996 insgesamt 1,2 Millionen Fahrzeuge her, erheblich mehr als im Stammwerk Wolfsburg.

Von Deutschland aus hätte Volkswagen die Märkte in der Dritten Welt jedoch nie beliefern können. Die meisten Entwicklungs- und Schwellenländer erheben auf die Einfuhr von PKW exorbitant hohe Zölle, die den Import nahezu unmöglich machen; in Brasilien beispielsweise sind dies 70 Prozent. Die Staaten wollen die Autokonzerne damit zwingen, im Lande zu produzieren, um dort dringend benötigte, hochqualifizierte und gut bezahlte Arbeitsplätze zu schaffen.

Diesem Ziel dienen auch die sogenannten *Local-Content*-Bestimmungen: Ein PKW-Hersteller muß einen festgelegten Anteil am Produktionswert, eben den *Local Content*, im Lande selbst erzeugen. So ist Volkswagen in China gezwungen, 80 Prozent der Wertschöpfung vor Ort zu erbringen. Lediglich komplizierte Komponenten wie bestimmte Motorenteile, die in der Volksrepublik nicht produziert werden können, dürfen aus Deutschland eingeführt werden.

In den sechs Produktionsgesellschaften von VW in den Schwellenländern arbeiten heute mehr Menschen als in allen deutschen VW-Werken von Mosel bis Wolfsburg zusammen. Volkswagen würde aber keinen einzigen zusätzlichen Arbeitsplatz in Deutschland geschaffen haben, wenn VW darauf verzichtet hätte, in den jungen Industrieländern zu produzieren.

2. Sichtbare Präsenz: Auch in den alten Industrieländern zahlt es sich aus, eine lokale Fertigung zu haben. Volkswagen hat in

Belgien, Spanien und Tschechien Marktanteile von jeweils mindestens 30 Prozent. In Belgien betreibt der Konzern eine große Fabrik; in Spanien übernahm VW 1986 den PKW-Hersteller Seat und in Tschechien 1991 Skoda.

Autos sind sehr auffällige Produkte. Die Käufer wissen im allgemeinen, wo der Wagen, den sie erworben haben, hergestellt wurde. Bewußt oder unbewußt geben viele Autofahrer PKW-Modellen den Vorzug, die im Lande selbst produziert wurden – sei es, daß sie der Qualität von Auslandsfabrikaten nicht recht trauen, sei es, daß sie mit ihrem Kauf ein klein wenig zur Sicherung der einheimischen Arbeitsplätze beitragen wollen.

3. Schutz gegen Wechselkursschwankungen: BMW produziert seinen Roadster weltweit exklusiv in den USA, in einer Fabrik, die eigens in Spartanburg im Bundesstaat South Carolina errichtet wurde. Als mit dem Bau begonnen wurde, herrschten auf den globalen Devisenmärkten wieder einmal heftige Gewitter.

Der Dollar war 1995 zeitweise weniger als 1,40 Mark wert. Bei diesem Kurs hätte BMW mit dem Export des Roadsters aus Deutschland in die USA, dem weitaus bedeutendsten Markt für diese Sportwagen, wohl niemals Geld verdienen können. Die Entscheidung, den Roadster im weltweit wichtigsten Markt herzustellen, sichert das Unternehmen auch künftig vor unberechenbaren Kapriolen von Dollar- und Euro-Kursen.

4. Aufspüren von Markttrends: Der Medienkonzern Bertelsmann lenkt einen seiner wichtigsten Unternehmensbereiche, das Geschäft mit Musik und Tonträgern, von New York aus. In der amerikanischen Metropole werden in der Pop-Kultur die Trends gesetzt; New York zieht junge Talente aus allen Ländern und Kulturen an. Am Sitz des Unternehmens, im westfälischen Gütersloh, lassen sich neue Talente und Trends schwerlich aufspüren. Bertelsmann muß dorthin, wo die Musik spielt.

5. Vorbereitung auf die Europäische Währungsunion: In nur drei Jahren, von 1995 bis 1997, hat die deutsche Wirtschaft laut der Bundesbank 159 Milliarden Mark Direktinvestitionen ins Ausland gelenkt. Das war mehr als in den gesamten achtziger Jahren.[20] Die plötzliche Kapitalflut läßt sich zu einem gut Teil mit der Europäischen Wirtschafts- und Währungsunion erklären, die am 1. Januar 1999 in Kraft trat. Vor diesem Termin wollten die Unternehmen rasch noch ihre Marktpositionen im zusammenwachsenden Europa sichern, indem sie Konkurrenten in anderen europäischen Ländern übernahmen.

Ludwigshafen am Yangtse

Die globalste Industrie Deutschlands ist die Chemie. Anders als Autohersteller, Elektrounternehmen und Maschinenbauer denken die Chemie- und Pharmakonzerne offenbar ernsthaft daran, den Standort Deutschland auf breiter Front zu verlassen.

Bereits von 1985 bis 1995 hat die Branche ihren Bestand an Auslandsinvestitionen auf 57 Milliarden Mark nahezu verdoppelt. In den kommenden Jahren planen BASF, Bayer und Hoechst neue Verbundstandorte in Lateinamerika und Ostasien, die jeweils mehrere Milliarden Mark verschlingen. So zieht BASF gemeinsam mit einem chinesischen Staatsbetrieb in Nanking am Yangtse einen Petrochemiekomplex hoch, der einmal ein zweites Ludwigshafen werden könnte.

Anders als in den meisten anderen Industrien, wandert in der Chemie auch die Forschung und Entwicklung (F + E) in beängstigendem Maße aus. 1995 wandten die deutschen Chemiekonzerne bei ihren Auslandsfilialen 4,5 Milliarden Mark für F + E-Investitionen auf. Sie gaben damit im Ausland etwa genausoviel Geld für Forschung und Entwicklung aus wie alle anderen deutschen Unternehmen *zusammen.*[21]

Gern verweisen die Konzernherren auf die angeblichen Kostennachteile am Standort Deutschland. «Dieses Unternehmen muß im globalen Wettbewerb bestehen, und das wird mir hierzulande mit hohen Steuern, hohen Lohnzusatzkosten, langwierigen Genehmigungsverfahren nicht sehr leichtgemacht», behauptet etwa Manfred Schneider, Vorstandsvorsitzender des Leverkusener Chemiekonzerns Bayer AG. «Diese Nachteile haben uns gezwungen und werden uns weiter zwingen, Arbeitsplätze abzubauen, um unsere internationale Wettbewerbsfähigkeit zu sichern. Wir werden auf absehbare Zeit in Deutschland keine zusätzlichen Jobs schaffen. Das ist die Realität, auf die ich nicht stolz sein kann.» [22]

Hohe Personalkosten dürften allerdings kaum das ausschlaggebende Motiv für den Auszug der Chemie sein. Ein neuer Arbeitsplatz in einer Chemie-Anlage, wie BASF sie in Nanking baut, kostet leichte eine Million Mark und mehr – rund viermal soviel wie eine Stelle in einer neuen Autofabrik. Bei den immensen Kapitalkosten, die diese Branche für neue Investitionen tragen muß, fallen die Löhne also kaum ins Gewicht. Die Chemie ist wesentlich kapitalintensiver als Automobilbau, Elektrotechnik oder Maschinenbau, Branchen, die längst nicht so energisch ins Ausland drängen und die zuweilen auch hierzulande noch neue Arbeitsplätze schaffen.

Ein wesentlicher Grund für die Massenflucht der Chemie aus Deutschland sind die hier geltenden Umweltschutzbestimmungen. Die scharfen Auflagen des deutschen Umweltrechts erlegen den Konzernen in der Tat hohe Kosten auf. BASF mußte 1997 allein beim Stammwerk Ludwigshafen Betriebskosten und Investitionen für Umweltschutzeinrichtungen in Höhe von 969 Millionen Mark aufwenden.

Freilich sind die Umweltkosten keineswegs so hoch, daß die Unternehmen sie nicht mehr tragen könnten. Der BASF-Konzern erzielte 1997 einen Betriebsgewinn von 5,3 Milliarden Mark. So gut wie die Großchemie verdient in der Bundesrepublik keine andere Industriebranche.

Heimkehr in Reue

Während sich in der Chemie die Abwanderung von Produktion und Forschung zu beschleunigen scheint, ist in vielen anderen Industrien der Trend, Betriebe ins Ausland zu verlagern, augenscheinlich gebrochen. Manche Unternehmen, vor allem aus dem Maschinen- und Anlagenbau, planen sogar die Rückkehr; einige Betriebe haben bereits Fertigungsanlagen im Ausland abmontiert und die Produktion in die deutschen Stammwerke zurückgeholt.

Dies belegt eine großangelegte Erhebung des Fraunhofer-Instituts für Systemtechnik und Innovationsforschung aus Karlsruhe. Das Forschungsinstitut befragt alle zwei Jahre Betriebe der Investitionsgüterindustrie nach ihren Produktionsstrategien. An der jüngsten Umfrage, die 1997 durchgeführt wurde, nahmen 1329 Firmen teil. Von diesen Unternehmen gaben 28 Prozent an, sie würden in den kommenden zwei Jahren, also 1998 und 1999, ihre Produktion zumindest zu einem Teil in ein kostengünstigeres Land verlegen. Das waren deutlich weniger als in der Umfrage von 1995. Damals sagten 32 Prozent der befragten Firmen, sie planten, Fertigung auszulagern. Von diesen Unternehmen hat im übrigen ein Fünftel seine Pläne nicht verwirklicht, sondern behielt die Produktion zu Hause. In der Erhebung von 1997 gaben überdies rund 50 Unternehmen an, sie hätten ausgelagerte Fertigung wieder zurückgeholt. Das waren vier Prozent der befragten Firmen. Weitere drei Prozent äußerten die Absicht, 1998 und 1999 Fertigungskapazitäten aus dem Ausland in die Bundesrepublik zu verlegen.[23]

Beispiele aus allen Zweigen der Industrie zeigen: Die Vorteile, die sich die Unternehmen von der Produktion in Billiglohnländern versprachen, waren vielfach nicht so groß wie erhofft. Die Nachteile am Standort Deutschland sind, genau besehen, kleiner als oft befürchtet wird.

So gründete beispielsweise die Firma Weru, der schwäbische

Hersteller von Kunststoffenstern und Türen, Anfang der neunziger Jahre eine Tochtergesellschaft in Polen. Die kalkulierten Einsparungen ließen sich aber nie realisieren. Unerwartet hohe Transport- und Verwaltungskosten machten den Arbeitskostenvorteil zunichte. Die polnische Tochtergesellschaft fertigt jetzt nur noch für den einheimischen Markt; die Produktion für Deutschland holte Weru hingegen zurück.[24]

Auch der Pflughersteller Lemken aus Alpen am Niederrhein hatte einst einen Teil seiner Komponentenfertigung ausgelagert, ins russische Kaliningrad. Inzwischen wird jedoch wieder in Deutschland produziert. Werksleiter Wolfgang Kreienbaum nennt für die Rücksiedelung ein ganzes Bündel von Gründen: Stahl, das Rohmaterial für die Komponentenfertigung, sei in Rußland mittlerweile erheblich teurer als in der Bundesrepublik. Bankenzusammenbrüche und ständige Gesetzesänderungen erschwerten zudem die Arbeit. Vor allem aber sei es schwierig, in Kaliningrad qualifizierte Mitarbeiter zu finden, obschon die Arbeitslosigkeit sehr hoch sei.[25]

Nicht nur in Osteuropa schwindet die Euphorie der Investoren. Auch aus dem Fernen Osten, der zweiten großen Billig-Region der Erde, kehren viele Firmen jetzt zurück. Der Batteriehersteller Varta verlegte beispielsweise Ende 1997 die Produktion von wiederaufladbaren Knopfzellen (Minibatterien für Armbanduhren, Computer oder Hörgeräte) aus Singapur in das Werk Ellwangen in Baden-Württemberg. Der ostasiatische Stadtstaat, wo die Einkommen heute doppelt so hoch sind wie in England, ist längst kein Niedriglohnstandort mehr. Andererseits ermöglichen es technische Fortschritte, die Knopfzellen nun hochautomatisiert und kostengünstig in der Bundesrepublik herzustellen.

Eines der spektakulärsten Investitionsvorhaben wurde 1996 in China gestartet. Das europäische Airbus-Konsortium und die chinesische Staatsfirma Avic vereinbarten damals, gemeinsam ein neues Düsenverkehrsflugzeug für rund 100 Passagiere zu entwickeln; die Maschine sollte in der Volksrepublik gebaut werden, wo sich die beiden Partner einen großen Markt für solche Regional-Jets versprachen.

Doch das Projekt, an dem auch der italienische Flugzeugbauer Alenia und die Firma Singapore Technologies aus Singapur beteiligt waren, wurde im Sommer 1998 abgeblasen. Die Teilhaber waren nach Ausbruch der Asien-Krise zu dem Schluß gekommen, daß der Absatz in China und den Nachbarländern voraussichtlich viel kleiner sein würde aus ursprünglich erwartet.

Nun baut Airbus die geplante Verkehrsmaschine für 100 Passagiere voraussichtlich ab Anfang des nächsten Jahrzehnts in Hamburg. Es ist eine verkürzte Version der A 319, des mit 130 Sitzplätzen heute kleinsten Modells von Airbus, das bereits im Werk Finkenwerder produziert wird.

Viele Unternehmen, die im Ausland investieren, gehen außerordentlich blauäugig vor. Das Fraunhofer-Institut ermittelte in jener Erhebung von 1997 zahlreiche unvorhergesehene Schwierigkeiten in Billiglohnländern, derentwegen Unternehmen ausgelagerte Produktion oft schon rasch wieder in die Bundesrepublik zurückholen.

Als häufigster Grund wurde mangelnde Flexibilität genannt: 62 Prozent der Rückkehrer hatten Probleme, in den Auslandswerken Liefertermine einzuhalten. 43 Prozent waren mit der Qualität in den ausländischen Produktionsstätten unzufrieden. Gut ein Drittel, 36 Prozent, hatte die Kosten unterschätzt, die mit der Koordination der Auslandsaktivitäten verknüpft waren. Kommunikations- und Verkehrsverbindungen sind in den Schwellenländern und den Reformstaaten noch weithin unterentwickelt.

Das Fraunhofer-Institut gelangte zu dem Resümee: Wer allein deswegen in fremde Länder geht, um den hohen Arbeitskosten in der Bundesrepublik zu entfliehen, läßt sich leicht von naiven Kalkulationen verführen, bei denen wichtige Faktoren übersehen werden – die zeit-, nerven- und kostenfressende Bürokratie in vielen Ländern, die höheren Logistik- und Transportkosten, der Bedarf an Nacharbeit. Viel höhere Erfolgsaussichten hat, wer nicht aus Kostengründen in andere Länder geht, sondern um dort neue Kunden zu finden.[26]

Dialektik des Job-Exports

Unternehmen, die sich besonders stark im Ausland engagieren, sichern Beschäftigung in Deutschland. Firmen aber, die überhaupt nicht in anderen Ländern investieren, streichen in der Bundesrepublik die meisten Stellen. Hätte die deutsche Wirtschaft in den vergangenen Jahren im Ausland keine neuen Jobs geschaffen, wäre die Arbeitslosigkeit in Deutschland heute mit einiger Sicherheit höher.

Das sind, zugespitzt formuliert, die – auf den ersten Blick paradoxen – Erkenntnisse, zu denen eine Analyse des Rheinisch-Westfälischen Instituts für Wirtschaftsforschung (RWI) kommt. Es hat 1996 die Beschäftigungsdaten von 80 deutschen Aktiengesellschaften ausgewertet.

Diese Unternehmen haben in der ersten Hälfte der neunziger Jahre fast alle scharf rationalisiert. Von 1990 bis 1994 bauten die 80 untersuchten Firmen im Durchschnitt zwölf Prozent der Arbeitsplätze ab. Die Stellenkürzungen waren aber laut RWI weitgehend «autonom»: Sie standen kaum in einem ursächlichen Zusammenhang mit dem Auslandsengagement.

Das fand das RWI mit Hilfe ausgefeilter mathematischer Instrumente, sogenannter Regressionsgleichungen, heraus. Die Berechnungen ergaben: Wenn die untersuchten 80 Unternehmen ihre Beschäftigung im Ausland um zehn Prozent erhöhten, dann nahm ihre Mitarbeiterzahl im Durchschnitt auch im Inland um vier Prozent zu. Entließen sie hingegen im Ausland Leute, sank der Personalstand in der Bundesrepublik ebenfalls.

Diese Formel darf jedoch nicht einfach auf die gesamte deutsche Wirtschaft übertragen werden. Die RWI-Rechnung ignoriert viele Faktoren, die auf die Beschäftigung einen Einfluß haben. Der Autor der Studie, Roland Döhrn, glaubt allerdings feststellen zu dürfen: «Diejenigen Unternehmen, die im Ausland kräftig expandierten, gehören keineswegs zu denen, die im Inland ihre Beschäftigung überdurchschnittlich einschränkten. Im Gegenteil entwickelte sich bei ihnen auch die Zahl der Mitarbeiter im Inland im allgemeinen günstiger als in den Unternehmen, die sich nur wenig im Ausland engagierten.»[27]

Der Grund hierfür wurde bereits mehrfach genannt: Deutsche Unternehmen investieren nicht hauptsächlich im Ausland, um Arbeitskosten zu sparen, sondern um neue Märkte zu erobern, die ihnen sonst verschlossen blieben. Dann aber werden Arbeitsplätze im Ausland vor allem in Vertrieb, Kundendienst und Lagerhaltung geschaffen.

Und selbst wenn Industrieunternehmen im Ausland nicht nur Vertriebsnetze aufbauen, sondern dort auch eine Produktion aufziehen, können damit in Deutschland Arbeitsplätze geschaffen oder gesichert werden. Denn meist wird lediglich die Endmontage ins Ausland verlegt, bei der die Anforderungen an die Qualifikation der Arbeitskräfte im allgemeinen nicht allzu hoch sind. Die werthaltigen Komponenten aber, zu deren Produktion erfahrene Facharbeiter nötig sind, kommen weiterhin aus deutschen Betrieben.

Das läßt sich besonders gut an zwei Beispielen aus der Autoindustrie beobachten. So hat BMW ein Dutzend kleiner Montagewerke in jungen Industrie- und Schwellenländern errichtet. In diesen Staaten können ausländische Autohersteller, wie erwähnt, nur verkaufen, wenn sie einen Teil der Wertschöpfung im Lande selbst erzeugen, also zumindest die letzten Produktionsschritte in den Absatzmarkt verlegen. Die Komponenten für die Limousinen, die BMW in Malaysia, Mexiko und anderen Ländern zusammenschrauben läßt, produziert das Unternehmen aber komplett in Bayern. Zum Teil werden die Autos sogar probeweise montiert, wieder auseinandergenommen und dann, in Containern verpackt, verschifft. Das außerordentlich umständliche Verfahren schafft zwar in den Empfängerländern manche Arbeitsplätze, vernichtet aber keinen einzigen in Deutschland.

Opel will gemeinsam mit dem japanischen Autobauer Suzuki ein sogenanntes Minicar herausbringen, einen Kleinstwagen mit nur einem Liter Hubraum. Das Auto ist vor allem für Käufer in Osteuropa gedacht. Opel wird den Kleinwagen daher in Polen produzieren, Suzuki in Ungarn. Die Motoren für die beiden Minicar-Fabriken aber kommen aus den deutschen Opel-Werken.

Im Zuge der Globalisierung verlagert Opel zunehmend Produktion in die billigeren Länder Ost- und Südeuropas ebenso wie in die jungen Märkte Lateinamerikas und Ostasiens. Konstruiert werden die Autos, die in anderen Kontinenten hergestellt werden, aber in Rüsselsheim.

Die amerikanische Muttergesellschaft General Motors hat Opel die Verantwortung für die Entwicklung aller Kleinwagen und Mittelklassemodelle übertragen, die der Konzern weltweit verkauft. 8000 Menschen sind damit im Internationalen Technischen Zentrum in Rüsselsheim beschäftigt.

Opel ist aber nicht nur für die Modellentwicklung zuständig. In Rüsselsheim werden auch die hocheffizienten Fabriken entworfen, in denen etwa in Brasilien, China oder Polen künftig Opel-Wagen vom Fließband rollen. Vorbild dafür ist das Opel-Werk im thüringischen Eisenach, das das britische Wirtschaftsforschungsinstitut EIU 1996 zur produktivsten Autofabrik Europas kürte.

Lediglich die minderqualifizierten Arbeitsplätze, etwa die Jobs der Fließbandarbeiter bei Opel, sind von der Globalisierung potentiell bedroht. Wenn die zwischen den Tarifpartnern geschlossenen Standortverträge in den kommenden Jahren auslaufen, wird Opel in der Produktion wieder kräftig Arbeitsplätze abbauen. Die Ingenieure, Techniker und Produktionsfachleute im Entwicklungszentrum Rüsselsheim aber profitieren von der Internationalisierung des Autogeschäfts.

Ähnliche, zwiespältige Tendenzen zeigen sich in allen Zweigen der Metallindustrie. 1995 befragte der Zentralverband Elektrotechnik- und Elektronikindustrie (ZVEI) 303 Mitgliedsfirmen nach ihren Plänen und Motiven für Auslandsinvestitionen. Gejammert wurde zwar viel bei der Erhebung. «Der Druck, mit einfachen Produkten in Billiglohnländer auszuweichen, wächst von Jahr zu Jahr», äußerte eines der befragten Unternehmen. Über «höchste Lohnkosten, höchste Reglementierung, höchste Energiekosten, kürzeste Arbeitszeiten» und «zuviel Bürokratie» in Deutschland klagten viele Firmen.

Andere Betriebe stellten der Bundesrepublik jedoch ein ganz ordentliches Zeugnis aus. «Dank intelligenter Produkte mit hoher Wertschöpfung ist der Standort Deutschland finanzierbar», stellte eine der teilnehmenden Firmen in der ZVEI-Umfrage fest. «Wir bauen Fertigung in Deutschland aus», versicherte ein anderes Unternehmen. Der «Aufbau von Arbeitsplätzen im Ausland führt nicht zu einem Abbau im Inland», konstatierte eine dritte Firma.[28]

Die Erhebung des ZVEI kam zu dem gleichen Schluß wie die zitierte Studie des RWI: In der Elektroindustrie ist in den vergangenen Jahren scharf rationalisiert worden. Relativ wenige Stellen haben aber jene Unternehmen gestrichen, die kräftig im Ausland investierten. Sie bauten im Erhebungszeitraum nur 14 Prozent ihrer Arbeitsplätze im Inland ab.

Die meisten der 303 befragten Unternehmen – 190 Firmen – haben von 1990 bis 1995 keinen einzigen zusätzlichen Mitarbeiter im Ausland eingestellt. Davon aber hatten die Arbeitnehmer in den deutschen Betrieben gar nichts. Im Gegenteil: Die 190 «Nesthocker» reduzierten die Belegschaft im Inland sogar um durchschnittlich 20 Prozent – also um knapp ein Drittel mehr als die Elektrofirmen, die sich im Ausland engagierten.

Die Nesthocker vermochten es nämlich nicht, ihre Umsätze nennenswert zu erhöhen. Ihre Verkaufserlöse nahmen von 1990 bis 1995 im Schnitt lediglich um sieben Prozent zu. Die anderen, auslandsaktiven Unternehmen konnten hingegen ihre Umsätze kräftig erhöhen: Sie stiegen von 1990 bis 1995 um insgesamt 28 Prozent auf 135 Milliarden Mark. Um mehr als 40 Prozent stiegen sogar die Ausfuhren.[16]

Daraus läßt sich klar der Schluß ziehen: Auslandsinvestitionen verdrängen keineswegs Exporte aus Deutschland. Sie scheinen sie sogar nicht unerheblich zu fördern. Würde die deutsche Wirtschaft gezwungen, ihre Investitionen im Ausland einzuschränken, damit die Beschäftigung in der Bundesrepublik gesichert wird, würde voraussichtlich das genaue Gegenteil eintreten: Die deutschen Exporte sinken, statt zu steigen; die Arbeitslosigkeit nimmt zu, statt zu verschwinden.

Mythos 3: Das Auslandskapital flieht

Soviel Geld wurde nie zuvor in den Kauf einer deutschen Firma investiert: Für 18 Milliarden Mark erwarb der Schweizer Pharmakonzern Roche 1997 den Konkurrenten Boehringer Mannheim, einen weltweit führenden Anbieter von Diagnostika, von Mitteln zum Nachweis von Krankheiten. Lediglich die 1998 beschlossene Fusion von Chrysler und Daimler-Benz hatte dem Wert nach ein größeres Volumen.

Nach dem Zusammenschluß kündigte Roche an, daß zwischen 4000 und 5000 Arbeitsplätze in den fusionierten Firmen gestrichen würden, um Kosten zu sparen. 1300 Stellen würden davon bei Boehringer Mannheim entfallen. Gleichzeitig gab der Schweizer Pharmakonzern aber auch bekannt, daß er in den bayerischen Labors von Boehringer neue, hochqualifizierte Jobs schaffen werde. Rund 400 Arbeitsplätze in der Forschung und Entwicklung würden aus Basel nach Bayern verlegt. Darüber hinaus gab Roche bekannt, in Grenzach in Baden-Württemberg werde eine Fermentationsanlage zur Erzeugung von Vitamin B gebaut. Die Anlage, die 133 Millionen Mark kostet, ersetzt zwei ältere, unproduktive Werke in Baden-Württemberg und in Japan.

Die Übernahme von Boehringer Mannheim, die Verlegung von Forscher-Arbeitsplätzen nach Bayern und der Bau der Fermentationsanlage in Baden-Württemberg – dies darf als dreifacher Vertrauensbeweis des Schweizer Pharmakonzerns Roche in den Produktions- und Forschungsstandort Deutschland gelten. Doch die Unkenschreie der Standortkritiker werden nach solchen Nachrichten kein Dezibel leiser.

Lies, Damned Lies, and Statistics

Politiker wissen es genau. Journalisten wissen es noch genauer. Und Wirtschaftsfunktionäre wissen es am allergenauesten: Die deutsche Industrie schleust immer mehr Kapital ins Ausland. Gleichzeitig investieren Auslandsunternehmen kaum noch in der Bundesrepublik.

Zum Beweis werden, einem Mantra gleich, stets die gleichen Zahlen der Deutschen Bundesbank zitiert. Die Statistiken scheinen zu beweisen: Eine gefährliche, zunehmend breite Kluft tut sich bei den Direktinvestitionen auf, bei den langfristigen Investitionen in Fabriken, Firmenbeteiligungen und Unternehmenskäufen.

Von 1984 bis 1994 haben deutsche Firmen laut der Bundesbank insgesamt 226,1 Milliarden Mark im Ausland angelegt. Umgekehrt flossen in dieser Zeit lediglich 34,6 Milliarden Mark Direktinvestitionen aus dem Ausland in die Bundesrepublik. Deutsche Unternehmen investierten von 1984 bis 1994 anscheinend mehr als sechsmal soviel Kapital im Ausland wie umgekehrt Ausländer in Deutschland.[30]

Die Defizite scheinen obendrein in der jüngsten Zeit noch dramatisch zuzunehmen. 1995 exportierte die Bundesrepublik für 36,3 Milliarden Mark mehr Kapital, als sie importierte. 1996 betrug das Minus 48,6 Milliarden. Für 1997 meldet die Bundesbank gar einen Netto-Kapitalexport von 57,8 Milliarden Mark – der höchste Wert seit Bestehen der Bundesrepublik.[31]

Daraus läßt sich angeblich nur eine Schlußfolgerung ziehen: Das Kapital meidet Deutschland, weil die Löhne, die Steuern und die Sozialabgaben zu hoch sind. Und weil es zu viele Gesetze, zu viele Verordnungen und zu viele Bürokraten gibt, die arbeitsplatzschaffende Investitionen behindern. Das wissen sie alle ganz genau, die Standortkritiker aus Politik, Presse und Wirtschaft.

Nur die Statistiker, auf die sich die Bescheidwisser berufen, wissen es gar nicht so genau. Die Zahlungsbilanz, die die Deutsche Bundesbank regelmäßig ermittelt, steht in krassem Widerspruch zu internationalen Angaben. Das ergibt eine Gegenprüfung mit den Zahlungsbilanzstatistiken anderer Länder, die die Bundesbank 1997 selbst veröffentlichte.

Eurostat, das Statistische Amt der Europäischen Gemeinschaften, hat für den Zeitraum von 1984 bis 1994 die Zahlenwerke von 18 Mitgliedsstaaten der Organisation für wirtschaftliche Zusammenarbeit und Entwicklung (OECD) ausgewertet. Mit diesen Ländern wickelt die Bundesrepublik 95 Prozent ihres ausländischen Kapitalverkehrs ab. Die Ergebnisse der Eurostat-Analyse sind mithin repräsentativ.[32]

Die Euro-Statistiker kommen dabei zu einem erstaunlichen Ergebnis: Die Flut des abfließenden Kapitals ist bei weitem keineswegs so hoch wie vermutet, die Ebbe des hereinströmenden Kapitals längst nicht so niedrig wie bisher angenommen. Laut der deutschen Zahlungsbilanzstatistik flossen, wie oben erwähnt, von 1984 bis 1994 insgesamt 226,1 Milliarden Mark Investitionsmittel aus der Bundesrepublik ab. Laut der Eurostat-Auswertung aber waren es in diesen Jahren nur 166,0 Milliarden Mark. Zwischen den beiden Zahlen, die eigentlich gleich groß sein müßten, klafft eine Differenz von exakt 60,1 Milliarden Mark (siehe Tabelle A).

Noch größer ist der Unterschied auf der anderen Seite der Bilanz – bei den Kapitalimporten. Laut der Bundesbank flossen lediglich 34,6 Milliarden Mark Investitionsmittel in die Bundesrepublik. Laut Eurostat aber legten Ausländer in Deutschland 137,2 Milliarden Mark an – viermal soviel wie die deutsche Notenbank ausweist.

Laut der Bundesbank hat Deutschland von 1984 bis 1994 für 191,5 Milliarden Mark mehr Kapital exportiert als importiert. Das wäre in der Tat ein bedenkliches Manko. Würde sich diese Tendenz fortsetzen, müßten wir wirklich befürchten, daß die

Tabelle A:
Diskrepanzen zwischen den Kapitalströmen

Netto-Direktinvestitionen in Milliarden Mark

	Ausländische Investitionen in Deutschland		Deutsche Investitionen im Ausland	
	Laut Bundesbank	Laut Eurostat/OECD	Laut Bundesbank	Laut Eurostat/OECD
1984	0,8	2,8	9,4	5,0
1985	0,7	3,3	12,5	8,9
1986	2,5	4,7	19,4	9,1
1987	2,8	4,0	14,0	12,0
1988	0,6	1,3	18,3	9,2
1989	12,7	18,5	24,2	16,9
1990	2,9	26,1	32,1	16,5
1991	4,7	26,0	32,2	16,3
1992	5,6	18,3	25,0	18,3
1993	0,6	13,4	19,8	30,5
1994	0,9	18,9	19,2	23,4
Summe	34,6	137,2	226,1	166,0

Quelle: Deutsche Bundesbank: Monatsbericht Mai 1997, Seite 80.

deutsche Wirtschaft bald an Kapitalmangel zugrunde geht und die Massenarbeitslosigkeit dramatisch anwächst. Solche Sorgen brauchen wir uns aber kaum zu machen. Denn die OECD-Statistiken zeigen ein ganz anderes Bild: Danach beträgt das Defizit zwischen Kapitalimport und -export in Deutschland für die ganze Zeit von 1984 bis 1994 lediglich 28,8 Milliarden Mark. Das Minus ist also nur gut ein Siebtel so hoch, wie die Bundesbank meldet.

Und ein Defizit von 28,8 Milliarden Mark ist keineswegs ungewöhnlich hoch. Industriestaaten sind in der Regel auch Kapitalexportländer. Sie legen überschüssige Investitionsmittel in anderen Ländern an. Vor allem mit weniger entwickelten Staaten haben Industrienationen oft ein Defizit im Kapitalverkehr. Es sollte freilich nicht allzu groß werden. Aber diese Gefahr besteht für die Bundesrepublik augenscheinlich nicht. Deutschland nimmt beim Export von Kapital im internationalen Vergleich eher einen bescheidenen Mittelplatz ein. Japan und die USA verzeichneten von 1984 bis 1995, mit je gut 450 Milliarden Dollar, einen mehr als doppelt so hohen Abfluß von Investitionsmitteln wie die Bundesrepublik. Selbst Großbritannien, dessen Wirtschaftskraft deutlich kleiner ist als die Deutschlands, exportierte erheblich mehr Kapital (Tabelle B).

Tabelle B:
Kapitalexporte der Industrieländer

Direktinvestitionen im Ausland von 1984 bis 1995 in Milliarden US-Dollar

USA	456,6
Japan	455,0
Großbritannien	294,8
Deutschland	195,0
Frankreich	154,2
Niederlande	117,2
Schweiz	77,0
Schweden	72,7
Kanada	61,4
Italien	54,5
Belgien / Luxemburg	53,2
Australien	33,6

Quelle: Deutsche Bundesbank: Monatsbericht August 1997, Seite 72.

Es kann also keine Rede davon sein, daß das Kapital aus Deutschland flieht. Umgekehrt finden Auslandsunternehmen den Investitionsstandort Bundesrepublik nach wie vor attraktiv: Gemessen an anderen Industrienationen sind die Kapitalimporte Deutschlands keineswegs ungewöhnlich niedrig. Die Bundesrepublik belegt hier – genau wie beim Kapitalexport – einen Mittelplatz, der im großen und ganzen ihrer Bedeutung in der Weltwirtschaft entspricht (Tabelle C).

Tabelle C:
Kapitalimporte der Industrieländer

Direktinvestitionen aus dem Ausland von 1984 bis 1995 in Milliarden US-Dollar (nach Angaben der Investorenländer)

Großbritannien	232,6
USA	219,9
Japan	152,3
Niederlande	149,7
Deutschland	118,9
Frankreich	117,4
Schweiz	86,3
Belgien / Luxemburg	58,8
Kanada	38,7
Schweden	31,9
Italien	28,6
Australien	26,4

Quelle: Deutsche Bundesbank: Monatsbericht August 1997, Seite 72.

Zu neudeutscher Betroffenheit gibt die Entwicklung des internationalen Kapitalverkehrs mithin keinerlei Anlaß – jedenfalls nicht laut den Eurostat-Zahlen für die 18 wichtigsten OECD-Länder. Danach ist der Import von Investitionsmitteln nicht nur erheblich höher als die Bundesbank ausweist. Er nimmt überdies seit Mitte der achtziger Jahre außerordentlich kräftig zu; die Kapitalimporte wachsen ebenso dynamisch wie die Exporte.

Die ausländischen Direktinvestitionen in Deutschland betrugen 1985 gut drei Milliarden Mark. Fünf Jahre später kletterten sie auf 26 Milliarden Mark. 1994 war der Kapitalimport zwar wieder auf 19 Milliarden gesunken. Doch 1995 schnellten die Netto-Neuanlagen von Direktinvestitionen aus dem Ausland auf die Rekordmarke von 44 Milliarden Mark empor. Diese Zahl steht in scharfem Kontrast zu den Angaben der Bundesbank. Danach hätten Ausländer in Deutschland 1995 lediglich 17 Milliarden angelegt.

Wo sind die 27 Milliarden Mark geblieben, die offenbar aus anderen OECD-Ländern abgeflossen, aber nie in Deutschland angekommen sind? «Lies, damned lies, and statistics», pflegen die Angelsachsen zu sagen, wenn ihnen solche Differenzen unterkommen.

Das Bermuda-Dreieck

Internationale Finanzstatistiken sind immer nur bedingt aussagekräftig, selbst wenn sie korrekt geführt werden. Die Übernahme von Boehringer Mannheim durch den Schweizer Roche-Konzern wird beispielsweise weder in der Bundesbank- noch in der Eurostat-Statistik als deutscher Kapitalverkehr erfaßt.

Denn Roche überwies die 18 Milliarden Mark, die der Pharmakonzern für den Firmenkauf ausgab, nicht nach Deutschland. Die Schweizer haben nicht unmittelbar die operative Firma Boehringer gekauft, sondern die Holding-Gesellschaft Corange, in der die Eigentümer von Boehringer, die Familie Engelhorn, ihre Anteile zusammengefaßt haben. Corange aber hat den Firmensitz im Steuerparadies Bermudas.

Der globale Kapitalverkehr ist so kompliziert geworden, daß selbst erfahrene Fachleute sich nicht mehr zurechtfinden. Die grotesken Differenzen zwischen den Statistiken der Deutschen Bundesbank und den Zahlen von Eurostat, die zweistellige Milliardenbeträge erreichen, haben vielerlei Ursachen, die großenteils in unterschiedlichen Definitionen sowie der komplexen Finanzierung von Auslandsinvestitionen begründet sind.

Es ist international umstritten, was eine Direktinvestition überhaupt ist. Gehören alle Zahlungsvorgänge zwischen verbundenen Unternehmen im In- und Ausland dazu oder nicht? Nur langfristige oder auch kurzfristige Investitionen? Sind Gewinne, die eine ausländische Tochtergesellschaft wieder im eigenen Unternehmen investiert, eine Auslandsinvestition oder nicht? Gehören auch Patente und Lizenzen zu den Investitionen?

Die OECD und der Weltwährungsfonds bemühen sich, mit einheitlichen Standards Klarheit in den internationalen Wirrwarr zu bringen. Die Bundesbank hat zugesagt, sich den Bestrebungen zur Harmonisierung anzuschließen, um künftig die internationale Vergleichbarkeit ihrer Zahlen zu verbessern. Vermutlich ergeben die deutschen Zahlungsbilanzstatistiken dann ein günstigeres Bild. Nach ersten Proberechnungen kam die Bundesbank 1997 zu dem Ergebnis, daß die «grenzüberschreitenden Direktinvestitionen bei einer weiten Abgrenzung der Direktinvestitionen in den letzten Jahren höher waren, als dies in den bislang in der deutschen Zahlungsbilanz ausgewiesenen Zahlen zum Ausdruck kommt». Weiter stellen die Experten der Notenbank fest, diese Korrekturen schienen «überdies auf der Kapitalimportseite, also bei den ausländischen Direktinvestitionen im Inland, wesentlich höher auszufallen als auf der Kapitalexportseite».[33]

Die angeblich dramatisch wachsende Lücke zwischen dem Import und dem Export von Kapital scheint also, dies gesteht selbst die Bundesbank ein, weitgehend eine Fiktion zu sein.

Es ist mithin intellektuell unredlich, weiterhin zu behaupten, ausländisches Kapital würde die Bundesrepublik meiden. Die einfachste empirische Evidenz zeigt, daß dies nicht der Fall ist.

Flüchtlinge und Immigranten

Seit Anfang der neunziger Jahre haben viele ausländische Konzerne ihr Engagement in Deutschland allerdings in der Tat kräftig abgebaut. Vor allem in der krisengeschüttelten Unterhaltungselektronik-Branche ziehen sich Auslandsunternehmen auf breiter Front aus der Bundesrepublik zurück.

Der holländische Philips-Konzern etwa kappte 1996 abrupt die Bindungen zur Fürther Tochterfirma Grundig. Die französische Thomson-Gruppe, der die deutschen Marken «Nordmende», «Saba» und «Telefunken» gehören, legte nacheinander fast alle Werke in der Bundesrepublik still. Das finnische Unternehmen Nokia («Schaub-Lorenz») beschäftigte 1988 in Deutschland rund 8000 Menschen; 1998 waren es nur mehr gut 2000.

Doch der Rückzug der Auslandskonzerne ist keineswegs eine globale Verschwörung gegen den Standort Deutschland. Der finnische Mischkonzern Nokia gibt vielmehr weltweit das Geschäft mit Fernsehern, Hi-Fi-Anlagen und Videorekordern auf, nicht allein in Deutschland. Im ehemaligen TV-Werk Bochum produziert Nokia immerhin noch Mobilfunktelefone.

Zu den ärgsten Job-Killern in Deutschland gehört der schwedisch-schweizerische Elektrokonzern ABB. Ende 1991 beschäftigte das Unternehmen in der Bundesrepublik genau 41471 Menschen. Fünf Jahre später zählte ABB Deutschland nur mehr 27092 Mitarbeiter. Wie kaum ein anderer Konzern auf der Erde verlegt ABB Arbeitsplätze in Billiglohnländer. Von

1990 bis 1996 hat das Unternehmen insgesamt 59000 Jobs in den westlichen Industrieländern gestrichen; gleichzeitig baute ABB in Osteuropa und Ostasien 56000 neue Arbeitsplätze auf.[34]

Betroffen war davon freilich nicht nur Deutschland; ebenso strich der Konzern in anderen westeuropäischen Ländern und den USA Arbeitsplätze, um sie anderswo neu zu schaffen. Auf die Bundesrepublik, wo das Unternehmen eine seiner größten Landesgesellschaften hat, entfiel nur etwa ein Viertel des weltweiten Stellenabbaus im ABB-Konzern.

Dennoch bleibt der Verlust selbstverständlich eine schlechte Nachricht, der allerdings eine gute an die Seite zu stellen wäre. Denn bislang läßt sich noch für jedes Unternehmen, das sich aus Deutschland zurückzieht, mindestens eines finden, das sich hier neu engagiert oder seine bestehenden Aktivitäten vertrauensvoll ausbaut. Der Philips-Konzern sah keine Zukunft mehr für seine Tochtergesellschaft PKI in Nürnberg. Die US-Firma Lucent Technologies übernahm den Hersteller von Telekomtechnik und sicherte dadurch in Franken die Beschäftigung von 650 Menschen. Die US-Konzerne DEC und NCR haben ihre deutschen Computerwerke stillgelegt. Doch der japanische Konkurrent Fujitsu begann Anfang der neunziger Jahre, in Sömmerda in Thüringen Personal Computer (PC) zu bauen – auf den Trümmern des DDR-Kombinats Robotron. Und die US-Firma Compaq produziert jetzt PC in Dresden.

Allüberall erblicken Auslandsunternehmen in der Bundesrepublik Chancen, wo deutsche Firmen nichts als schrumpfende Märkte und rote Zahlen sehen. Das Interesse ausländischer Konzerne an deutschen Betrieben ist sogar sprunghaft gestiegen, keineswegs gesunken, wie von Standortskeptikern immer wieder zu hören ist. Darauf deutet eine Statistik hin, die die Unternehmensberatung M & A International aus Königstein bei Frankfurt zusammengestellt hat. Danach hat die Zahl der Firmenübernahmen durch Ausländer von 1994 bis 1997 um genau 90 Prozent zugenommen. Besonders aktiv sind amerikanische Unternehmenskäufer. Sie steigerten ihre Akquisitionen allein im ersten Halbjahr 1997 um 80 Prozent auf 108 Firmen.[35]

Der vielfache Charme des Standortes D

Auslandsunternehmen kaufen in der Bundesrepublik aber nicht nur en gros Firmen auf. Sie gründen auch neue Betriebe und schaffen damit Arbeitsplätze. Ende 1994 waren in Unternehmen mit ausländischen Eigentümern in Deutschland knapp 1,7 Millionen Menschen beschäftigt. Das waren 200000 mehr als 1985, obschon die Auslandsunternehmen in den zurückliegenden Jahren genauso scharf rationalisiert haben wie ihre deutschen Konkurrenten.[36]

Künftig könnte die Beschäftigung in den Auslandsunternehmen, angesichts der offenbar weiterhin kräftig steigenden grenzüberschreitenden Kapitalströme, erneut zunehmen. Die Schwerpunkte ausländischer Direktinvestitionen liegen auf fünf Gebieten:

1. Liberalisierte Versorgungsbetriebe: Die deutsche Versorgungsindustrie wurde in den vergangenen Jahren weitgehend aus staatlicher Obhut entlassen. Bei Müllentsorgung und Stromerzeugung, bei Telekommunikation und Wasserversorgung soll künftig freier Wettbewerb herrschen. Firmen aus Ländern, die ihre Infrastruktur früher als Deutschland privatisiert haben, tragen ihre Erfahrung jetzt hier auf den Markt.

Der amerikanische Stromversorger Southern Company beispielsweise beteiligte sich 1997, zusammen mit zwei deutschen Elektrizitätswerken, an der Berliner Bewag. Die französische Gesellschaft Lyonnaise des Eaux übernahm gemeinsam mit einem deutschen Konzern die Wasserwerke von Rostock. Und

Telekombetreiber aus Großbritannien, Skandinavien und den USA wollen dem ehemaligen Staatsmonopolisten Deutsche Telekom bei Mobilfunk und Festnetzen die angestammten Turfs streitig machen. Anders als in anderen Zweigen der Versorgungswirtschaft, wo die Deregulierung im allgemeinen zum Abbau von Beschäftigung führt, hat der freie Wettbewerb in der Telekommunikation neue Dienstangebote mit sich gebracht, wodurch auch zusätzliche Arbeitsplätze entstehen.

2. *Neue Dienstleistungen:* Freundlichkeit, Höflichkeit und Dienst am Kunden sind nicht gerade das Metier der Deutschen. Viele neue Service-Industrien wären ohne Ausländer in Deutschland wohl nie entstanden. So haben amerikanische und britische Fast-food-Ketten bei uns die sogenannte Systemgastronomie eingeführt. Tacos, Burger und Pizza aus der Pfanne mögen nicht jedermanns Geschmack sein, sie schaffen aber Zehntausende neuer Jobs. Marktführer McDonald's hat 1996, in den eigenen Bulettenbratküchen sowie den Franchise-Betrieben, 5660 neue Stellen eingerichtet. Auch künftig will das US-Unternehmen jährlich bis zu 5000 neue Arbeitsplätze in Deutschland schaffen. Die Löhne, die McDonald's seinen Hamburger-Flippern zahlt, liegen jedoch selbst bei den Festangestellten netto häufig unter den Sozialhilfesätzen.[37]

Daneben entstand in Deutschland aber auch eine ganz andere Service-Branche durch die Initiative ausländischer Firmen – die Unternehmensberatung, wo überwiegend hochbezahlte Akademiker beschäftigt werden. Die 20 großen, überwiegend amerikanischen Consulting-Gesellschaften, die in Deutschland Strategieberatung anbieten, haben ihre Expertenstäbe 1997 um 22 Prozent auf 6800 Personen aufgestockt. Die 25 Firmen, deren Geschäft EDV-Beratung ist, vermehrten ihre Mitarbeiterzahl um 23 Prozent auf 20000.[38]

3. Traditionsreiche Markenunternehmen: In den Konsumgüterbranchen sind in den letzten Jahren viele alteingesessene Unternehmen in Bedrängnis geraten. Sie verfügen oft aber über klangvolle Marken, deren Strahlkraft weit über die Grenzen der Bundesrepublik hinausreicht. Auslandsunternehmen, die sich bei den Verbrauchern erst noch einen Namen machen müssen, kaufen gern solche finanziell angeschlagenen Betriebe mit kommerziell verwertbaren Marken auf.

So erwarb eine Firma aus Malaysia die traditionsreichen Schreibgerätehersteller Geha und Pelikan. Der schwedische Konzern Electrolux übernahm von der zerschlagenen AEG die Sparte Hausgeräte mit dem Recht, deren Namen nutzen zu dürfen. Und die koreanische Samsung-Gruppe kaufte den Kamerahersteller Rollei auf, dessen guter alter Name bei Liebhabern nach wie vor Emotionen auslöst.

Oft sind die Erwerber aber einzig an den Marken interessiert, nicht am Unternehmen selbst. Die Produktion wird Schritt für Schritt in Niedriglohnländer verlegt.

4. Kapitalintensive Industriezweige: In vielen Industriebranchen ist die Kapitalintensität mittlerweile so hoch, daß die Löhne daneben fast völlig bedeutungslos sind. So kostet in der Petrochemie oder der Chip-Herstellung ein Arbeitsplatz leicht eine Million Mark und mehr. In diesen Industriezweigen spielen Arbeitskosten bei der Standortwahl daher nahezu keine Rolle.

So entschied der amerikanische Elektronikkonzern Motorola, eine geplante neue Fabrik für Mobilfunktelefone weder in den USA noch in China zu bauen, sondern in Flensburg. Den Ausschlag gaben die hohe Qualifikation und die Sorgfalt der Facharbeiter in Deutschland. Bei der hochautomatisierten Produktion von Mobilfunktelefonen machen die direkten Lohnkosten nur fünf bis acht Prozent der Herstellkosten aus.

Zudem errichtet Motorola gemeinsam mit Siemens eine

Halbleiterfabrik in Dresden. Dort wird erstmals eine neue Chip-Technologie angewandt, das 300-Millimeter-Wafer-Verfahren. Das Bundesforschungsministerium, das das Projekt fördert, schätzt, daß das Werk inklusive der Zulieferbetriebe bis zu 13 000 Arbeitsplätze schafft oder sichert.[39]

Ebenfalls in Dresden errichtet der amerikanische Elektronikkonzern Advanced Micro Devices (AMD) eine Chip-Fabrik, in der ab 1999 Mikroprozessoren der höchsten Leistungsklasse produziert werden. Der US-Konzern wählte für sein Halbleiterwerk den Standort Dresden, weil es dort noch in großer Zahl Elektronikingenieure und -facharbeiter des alten DDR-Kombinats Robotron gibt.

Die Entscheidung wurde AMD, ebenso wie Motorola und Siemens, freilich mit reichlich gewährten Subventionen versüßt. So sind für das Werk von AMD Investitionen von mindestens 2,8 Milliarden Mark vorgesehen. Der Bauherr selbst bringt davon nur den kleinsten Teil auf – 350 Millionen Mark. Die Banken haben Kredite von 1,65 Milliarden Mark bereit gestellt; die Darlehen werden zu 65 Prozent von der Bundesregierung und vom Freistaat Sachsen verbürgt. Überdies gewähren Bund und Land Investitions- und Zinszuschüsse von zusammen 700 Millionen Mark. Mit 100 Millionen Mark unterstützt der Staat ferner ein Forschungs- und Entwicklungszentrum, das zu der Chip-Fabrik gehört.[40]

Dresden entwickelt sich zu einem der wichtigsten europäischen Zentren der Mikroelektronik. Zu verdanken hat dies die sächsische Metropole vor allem Investoren aus dem Ausland.

5. *Wissensintensive Branchen:* Die deutsche Forschung hat zwar ein gut Teil ihrer einstigen Weltgeltung eingebüßt. Auf manchen Gebieten aber sind die Ingenieure, Techniker und Wissenschaftler der Bundesrepublik nach wie vor international führend.

Unternehmen aus dem Ausland versuchen zunehmend, dieses Reservoir anzuzapfen. Sie verlegen ihre Forschung und Entwicklung in die Bundesrepublik, kaufen Spezialfirmen mit wertvollem Know-how auf oder suchen hier Kooperationspartner für wissenschaftliche Dienstleistungen.

So baut AMD in Dresden, wie erwähnt, nicht nur eine riesige Chip-Fabrik. Der amerikanische Elektronikkonzern siedelte in der sächsischen Landeshauptstadt auch sein europäisches Entwicklungszentrum an, das Dresden Design Center (DCC). Dort wird an neuen Chips gearbeitet, die die Übertragung großer Datenmengen über konventionelle Telefonleitungen beschleunigen. Bis 2002 sollen im DCC 200 Arbeitsplätze für Chip-Entwickler entstehen.

Der koreanische Autobauer Daewoo Motors hat bis Mitte der neunziger Jahre ausschließlich Auslaufmodelle anderer PKW-Hersteller nachgebaut. Jetzt will Daewoo eigene Autos entwickeln. Für die Konstruktion der Motoren ist eine Tochtergesellschaft in Hallbergmoos bei München verantwortlich.

Zu den weltweit innovativsten Unternehmen in der Medizintechnik zählt der amerikanische Elektronikkonzern Hewlett-Packard. Die Firma ist auch in der Bundesrepublik sehr expansiv. Von 1991 bis 1997 entstanden bei der deutschen Hewlett-Pakkard und ihren inländischen Zulieferbetrieben rund 9000 neue Arbeitsplätze. Im Herbst 1996 übertrug die amerikanische Muttergesellschaft der Tochterfirma in Böblingen die Zuständigkeit für einen wichtigen Geschäftsbereich in der Medizinelektronik – Klinische Informationssysteme und Monitore zur Patientenüberwachung. Auf diesem Gebiet ist die deutsche Hewlett-Packard nun weltweit verantwortlich für Forschung und Entwicklung, Fertigung und Marketing: «Daß wir den kompletten Bereich künftig von hier aus steuern, ist ein positives Signal für den Standort Deutschland und die langjährige erfolgreiche Arbeit der Medizinelektronik in Böblingen», sagte Jörg Menno Harms, Chef der deutschen Hewlett-Packard, zu dem Beschluß seiner Konzernoberen in den Vereinigten Staaten.[41]

Recht überraschend für die Öffentlichkeit verkündete die amerikanische Firma Ribozyme Pharmaceuticals im Juni 1998, sie wolle ihre gentherapeutische Forschung zu einem großen Teil nach Deutschland verlegen, nach Ost-Berlin. Rund 40 Wissenschaftler sollen dort unter anderem an Methoden der Bioinformatik arbeiten.

Die Biotechnologie, lange umstritten, beginnt nun auch in der Bundesrepublik aufzublühen. Das bedeutendste Unternehmen hierzulande ist die Firma Qiagen im rheinischen Städtchen Hilden. Ein türkischer Wissenschaftler, Metin Colpan, hat das Unternehmen 1985 gegründet, nachdem er sein Studium an der Universität Düsseldorf mit der Promotion abgeschlossen hatte.

Qiagen befaßt sich mit Technologien zur Separierung und Reinigung der Nukleinsäuren DNS und RNS, jener Substanzen, die die Vererbungsmechanismen regeln, und betrachtet sich auf diesem Gebiet als weltweit führend. Das Unternehmen, das im Frühjahr 1998 bereits mehr als 700 Mitarbeiter hatte, ist aus steuerlichen Gründen im holländischen Venlo registriert. An die Börse gebracht hat Colpan sein Unternehmen allerdings in New York, an der Computerbörse Nasdaq, die auf junge High-Tech-Firmen spezialisiert ist.[42]

Qiagen ist ein vorzügliches Beispiel dafür, wie Globalisierung zum Nutzen des Standortes Deutschland arbeitet: Der Unternehmer kommt aus der Türkei. Kapital besorgt er sich in den USA. Den Firmensitz verlegte er in die Niederlande. Die Wissenschaftler, Laboranten, Techniker und anderen Fachkräfte, die Qiagen beschäftigt, aber arbeiten fast alle in der Bundesrepublik.

Mythos 4:
Die Arbeit ist zu teuer

Seit Hans-Olaf Henkel 1995 Präsident des Bundesverbandes der Deutschen Industrie (BDI) wurde, scheint er monomanisch von einem Thema besessen: Die hohen Löhne, die hohen Lohnzusatzkosten und die hohen Steuern würden es den Unternehmen in Deutschland zunehmend schwermachen, profitabel zu arbeiten und gegen billigere Konkurrenten auf den Weltmärkten zu bestehen, behauptet er ein ums andere Mal. «Nur bei den Arbeitskosten und den Steuern sind wir noch Weltmeister», sagt Henkel. «Ansonsten hat der Abstieg in die zweite Liga bereits begonnen.»[43]

Der BDI-Präsident sollte es eigentlich besser wissen. Selbst sein alter Arbeitgeber, der amerikanische Computerhersteller IBM, dem Henkel bis 1995 als Topmanager diente, beweist schlagend, daß die angeblich überhöhten Personalkosten am Standort Deutschland die Betriebe keineswegs daran hindern, ordentliche Gewinne zu erwirtschaften. Dank scharfer Rationalisierung sind die Arbeitskosten heute so niedrig wie seit vielen Jahren nicht mehr.

Die Firma des Herrn Savonarola

Anfang der neunziger Jahre geriet IBM in eine schlimme Absatzkrise. Großrechner, die Stammprodukte des Unternehmens, waren immer weniger gefragt. Der Computerhersteller hatte es versäumt, für das wegbrechende Geschäft rechtzeitig Ersatz zu schaffen. Bei IBM Deutschland sank der Umsatz von 1991 bis 1997 um genau ein Fünftel auf 11,4 Milliarden Mark.

Das angeschlagene Unternehmen reagierte mit drastischem Personalabbau. Weltweit wurden rund 40 Prozent der einst knapp 400000 Arbeitsplätze gestrichen. Nicht ganz so scharf fielen die Stellenkürzungen in der Bundesrepublik aus. Von 1991 bis 1995 baute IBM Deutschland jeden dritten der 31500 Arbeitsplätze ab. Rund 5000 weitere Vollzeitstellen wurden in Teilzeit-Jobs umgewandelt.

Der Stellenabbau brachte dem Unternehmen immense Einsparungen. 1991 wandte IBM Deutschland insgesamt 4,4 Milliarden Mark für Personalkosten (Löhne und Gehälter, gesetzliche Sozialabgaben, freiwillige betriebliche Zusatzleistungen) auf; bis 1995 war dieser Aufwand um mehr als ein Viertel auf 3,2 Milliarden Mark reduziert worden. Und die Arbeitskosten sanken beträchtlich schneller, als der Umsatz fiel: 1991 machte der Personalaufwand knapp 30 Prozent des Umsatzes aus; 1995 waren dies nur mehr 26 Prozent. Gemessen an den Verkaufserlösen mußte IBM Deutschland also deutlich weniger für Löhne und Sozialleistungen aufbringen als noch vier Jahre zuvor.

Zwangsläufig ist IBM Deutschland jetzt wieder hochprofitabel: Während das Unternehmen in den Krisenjahren 1992 und 1993 noch Verluste von 443 beziehungsweise 582 Millionen Mark hinnehmen mußte, erzielte IBM Deutschland schon 1994 einen Gewinn nach Steuern von 898 Millionen Mark; 1995 kletterte der Jahresüberschuß sogar auf 912 Millionen Mark.[44]

Überdies hat die einstige Computerschmiede inzwischen einen neuen, zukunftssicheren Geschäftszweig aufgebaut – die Verwaltung fremder Rechenzentren. Vielen Unternehmen, selbst großen Konzernen, wächst die Elektronische Datenverarbeitung über den Kopf. Sie vertrauen das Management ihrer EDV-Abteilungen daher lieber Spezialisten an – etwa jenen Firmen, die die komplizierten Computer hergestellt haben.

IBM erzielt heute weltweit ein Viertel des Umsatzes mit EDV-Dienstleistungen. Auch in der Bundesrepublik blüht das Geschäft mit der Verwaltung externer Rechenzentren. IBM

Deutschland hat in dem neuen Unternehmenszweig allein 1998 rund 2400 neue Arbeitsplätze geschaffen – ungeachtet der laut ihrem Ex-Chef Henkel vermeintlich unbezahlbaren Lohnkosten.

Wie IBM stürzten zu Beginn der neunziger Jahre viele deutsche Unternehmen tief in die roten Zahlen. Zu hohe Löhne konnten die Manager dafür in den seltensten Fällen verantwortlich machen. Die Firmen hatten vielmehr in guten Tagen keine Vorsorge für schlechte Zeiten getroffen.

Dank einschneidender Sanierung – neudeutsch: «Re-Engineering» – gelang es den Betrieben, binnen weniger Jahre wieder Gewinne zu erwirtschaften. Äußerst hilfreich beim «Downsizing» waren dabei ausgerechnet Institutionen, die radikalen Neoliberalen ein Dorn im Auge sind – die Gewerkschaften, die Mitbestimmung, der Sozialstaat.

Bei den Arbeitskosten ist Deutschland heute global wettbewerbsfähig: Hierzulande sinken die Lohnstückkosten seit mehreren Jahren, während in vielen anderen Industriestaaten die Löhne deutlich schneller steigen als die Arbeitsproduktivität zunimmt.

Der große Umbau

Völlig unerwartet brach 1993 in Deutschland die schwerste Rezession seit der Nachkriegszeit los. Der Sonder-Boom, den die deutsche Einheit ausgelöst hatte, war plötzlich zu Ende. Die Hochkonjunktur der Wiedervereinigung hatte den Unternehmen in Westdeutschland ein hübsches Zusatzgeschäft eingetragen – und gleichzeitig tiefsitzende strukturelle Probleme in den Betrieben verdeckt.

In der Rezession mußten die Manager feststellen, daß ihre Firmen für den Wettbewerb zu faul, zu fett und zu langsam geworden waren. Ganz ähnlich wie IBM, nur ein wenig später, rutschten viele Unternehmen böse in die Krise. Auch erste Adressen der Industrie blieben nicht verschont. Die beiden führenden Autohersteller Daimler-Benz und Volkswagen mußten für 1993 jeweils weit mehr als eine Milliarde Mark Verlust melden.

Und wie bei IBM waren die Probleme großenteils selbstverschuldet und nur zum kleineren Teil durch übermäßig hohe Löhne verursacht. Das ließ sich klar in der Autoindustrie erkennen. Bereits drei Jahre vor der Rezession hatte das Massachussetts Institute of Technology (MIT), eine der angesehensten Hochschulen der USA, den deutschen Autoherstellern in einer großangelegten Untersuchung den Spiegel vorgehalten: Sie seien zu langsam in der Produktion, die Ingenieure bräuchten zuviel Zeit, bis sie ein neues Modell konstruiert hätten, die Qualität sei nicht auf Weltniveau. An den Kunden denke schon gar niemand.[45]

Die Autobauer nahmen sich die Kritik offenbar zu Herzen. Sie gingen bei den hochgerühmten japanischen Konkurrenten in die Schule. Und stellten dabei fest, daß diese ihnen nicht etwa deswegen so weit voraus waren, weil die japanischen Autowerker länger arbeiteten, fast nie Urlaub nahmen und weniger Lohn bezogen, sondern daß ihre Überlegenheit daher rührte, daß Japans Hersteller ihre Autos auf intelligentere Weise entwickelten und produzierten.

In einem Crash-Programm führten die deutschen Autobauer japanische Managementmethoden in Forschung und Entwicklung, Produktionsplanung, Fertigungsorganisation, Materialflußsteuerung und Qualitätskontrolle ein. Begriffe wie «Kaizen» (kontinuierliche Verbesserung), «just in time» (Produktion auf Abruf), oder «Kanban» (selbstorganisierte Fertigungslogistik) wurden auch in deutschen Betrieben zu Allgemeingut.

Den deutschen Autoherstellern gelang das zweite Wirtschaftswunder der Nachkriegszeit. Binnen weniger Jahre holten sie den Vorsprung der scheinbar unbesiegbaren Japaner ein: Die

Produktionszeiten wurden drastisch verkürzt. Um ein Exemplar des Golf III zusammenzubauen, brauchten die Autowerker bei VW einst 32 Stunden. Beim Golf IV, seit 1997 in der Produktion, werden nur mehr 20 Stunden benötigt. Bei Porsche verschlang die Montage des 911 vor wenigen Jahren noch 120 Arbeitsstunden; heute sind es 60 Stunden, genau halb so viele.

Auch der Aufwand für die Entwicklung neuer Modelle sank dramatisch. Bei Audi wird für die Konstruktion eines neuen PKW heute 60 Prozent weniger Zeit benötigt als zu Beginn der neunziger Jahre. Und bei Daimler-Benz verkündet Klaus-Dieter Vöhringer, im Vorstand für Forschung und Technologie zuständig: «Früher haben wir drei PKW-Modelle in zehn Jahren am Markt eingeführt. Heute sind es zehn Modelle in drei Jahren.»[46]

Um teure Produktionsanlagen besser nutzen zu können, kreierten Unternehmensleitungen und Betriebsräte vielerorts neue, flexiblere Arbeitszeitmodelle. So führte BMW im Werk Regensburg die rollierende Vier-Tage-Woche ein. Dabei arbeiten die Belegschaftsangehörigen umschichtig auch am Samstag, so daß die Fabrik jetzt 99 Stunden pro Woche statt wie zuvor 80 Stunden in Betrieb ist. BMW spart dadurch mehrere Hundert Millionen Mark pro Jahr ein.

Obendrein erklärten sich die Arbeitnehmervertreter damit einverstanden, daß die Beschäftigten flexibel in verschiedenen Betrieben eingesetzt werden können. 500 BMW-Mitarbeiter, die in Bayern zwischen den beiden Werken Dingolfing und Regensburg wohnen, zeigten sich bereit, mal in der einen, dann in der anderen Fabrik zu arbeiten. So können Spitzen aufgefangen werden, etwa beim Produktionsanlauf neuer Modelle, ohne daß wie früher unter hohen zusätzlichen Kosten Aushilfskräfte eingestellt werden müssen.

Um Entwicklungs- und Produktionskosten zu sparen, führten Autobauer wie VW das «Plattformkonzept» ein: Möglichst viele Modelle der gleichen Leistungsklasse beruhen auf derselben technischen Basis – auf denselben Achsen, Chassis, Getrieben, Lenkungen und Motoren, eben der Plattform. In äußerem Design und der Innenausstattung sollen sich die Varianten allerdings deutlich unterscheiden, um differierenden Kundenwünschen entgegenzukommen.

Das Plattformkonzept senkt die Kosten pro Fahrzeug um bis zu 2000 Mark: Es muß nicht bei jedem Auto alles neu entwikkelt werden. Auf dem Golf IV basieren nicht nur das Golf Cabrio, der Golf Van, der VW Bora und der VW Bora Kombi. Das Mittelklassemodell ist auch zu etwa 50 Prozent baugleich mit dem Audi A3, dem Audi TT und dem Audi TT Roadster sowie dem New Beetle, dem Seat Toledo und dem Skoda Octavia.

Die Runderneuerung bescherte den Autobauern gewaltige Einsparungen. Bei den Kölner Ford-Werken waren es allein 1997 fast eine Milliarde Mark: Um 450 Millionen Mark wurden die Material- und Fertigungskosten reduziert; der Personalaufwand sank um 300 Millionen Mark; und dank höherer Qualität der produzierten Autos mußte Ford 210 Millionen Mark weniger für Garantieleistungen ausgeben.[47]

Die Autoindustrie war Vorreiter des Re-Engineering; andere Branchen haben sich ebenfalls einem radikalen Umbau unterzogen. Die Elektroindustrie steigert ihre Produktivität um jährlich bis zu fünf Prozent. Die Hausgerätehersteller übernahmen das Baukastenkonzept der Autoindustrie. Die Deutsche Airbus halbierte die Durchlaufzeiten in der Fertigung. Zudem benötigen die Konstrukteure heute nur 27 Monate, bis sie eine neue Flugzeugvariante zur Marktreife gebracht haben; früher waren es 48 Monate.[48]

Der Umbau der deutschen Industrie forderte freilich einen gewaltigen Blutzoll: Nie zuvor seit Gründung der Bundesrepublik haben westdeutsche Unternehmen so viele Arbeitsplätze gestrichen wie in der ersten Hälfte der neunziger Jahre. So arbeiteten noch 1990 in den inländischen Werken des Auto-Ausrüsters Bosch 118 000 Menschen. Bis 1996 verloren 27 000 davon ihren Arbeitsplatz: Das Stuttgarter Unternehmen kürzte in Deutschland fast jede vierte Stelle, bevor es 1997 begann, wieder mehrere tausend neue Mitarbeiter einzustellen.

Siemens beschäftigte 1992 in den deutschen Betrieben insgesamt 253 000 Mitarbeiter. 1997 waren es nur mehr 197 000. Binnen nur fünf Jahren strich der Münchener Elektrokonzern 56 000 Stellen. Das entspricht der Einwohnerschaft so mancher bayerischen Kreisstadt.

Die meisten Arbeitsplätze gingen bei Deutschlands größtem Unternehmen Daimler-Benz verloren. In den Inlandsbetrieben verminderte sich die Zahl der Beschäftigten durch Stellenabbau, Werksstillegungen und den Verkauf von Betriebsteilen um 78 138 auf 225 266.[49]

Standortvorteil Sozialpartnerschaft

Insgesamt wurde in der deutschen Industrie von 1990 bis 1997 annähernd jeder fünfte Arbeitsplatz gestrichen. Daß diese radikale Schrumpfkur nahezu keinen einzigen Streik auslöste, liegt vor allem daran, daß Millionen von Arbeitsplätzen sozialverträglich abgebaut wurden. Hunderttausende älterer Arbeitnehmer, die in den Betrieben nicht mehr benötigt wurden, gingen in den Vorruhestand: Die Firmen überwälzten die Kosten für die Lösung ihrer oft selbstverschuldeten Probleme auf den Sozialstaat, den die Vertreter der Wirtschaft so gern diffamieren.

In der Krise entdeckten viele Manager plötzlich die Vorzüge der Mitbestimmung, die so manche unter ihnen massiv bekämpft hatten, als sie Mitte der siebziger Jahre von der Montanindustrie auf die übrige Wirtschaft ausgedehnt wurde. «Dieses System erleichtert den Arbeitsplatzabbau deutlich», sagt beispielsweise Stuart Walker, Chef des britischen Bauzulieferers RMC. Das Unternehmen hat in den neuen Bundesländern mehrere veraltete Betriebe übernommen, darunter ein marodes Zementwerk, und dort, in Kooperation mit den Arbeitnehmervertretern, 2000 von einst 3200 Stellen abgebaut.[50]

Die Praxis hat gezeigt: Oft ermöglicht es erst die Mitbestimmung, die Zukunft angeschlagener Unternehmen durch gemeinsame Anstrengungen von Betriebsräten und Unternehmensleitungen zu sichern. Dies ist eine zentrale Erkenntnis der Expertenkommission Mitbestimmung, die im Auftrag der Bertelsmann- und der Hans-Böckler-Stiftung die deutsche Sozialpartnerschaft kritisch unter die Lupe nahm; im Mai 1998 überreichte sie ihren Bericht Bundespräsident Roman Herzog.[51]

Neben Gewerkschaftsvertretern und Wissenschaftlern arbeitete in dem Gremium auch Dieter Kirchner mit, der als Hauptgeschäftsführer des Arbeitgeberverbandes Gesamtmetall in den siebziger Jahren noch zu den entschiedensten Gegnern der Mitbestimmung gehört hatte, heute aber die Vorzüge der Sozialpartnerschaft auch für die Unternehmen anerkennt. Er habe sich «vom Saulus zum Paulus» gewandelt, bekennt er.[52]

Überzeugt haben Kirchner und andere prominente Arbeitgebervertreter, die in der Expertenkommission mitwirkten, die zahlreichen Beispiele, die zeigen, wie sich die Mitbestimmung zu pragmatischen Lösungen nutzen läßt, um für bedrohte Betriebe und Branchen Auswege aus der Krise zu finden. Mit einfallsreichen Betriebsvereinbarungen und Standortsicherungsverträgen hätten es die Unternehmen verstanden, die Mitbestimmung als Vorteil zu begreifen, lautet das Fazit der Expertenkommission.

Die vielfach als Fortschrittshemmnis denunzierte Sozialpartnerschaft ist heute – ganz im Gegenteil – eines der dynamischsten Elemente in Gesellschaft und Politik. Das denkt sogar Dieter Hundt, Präsident der Bundesvereinigung der Deutschen Arbeitgeberverbände (BDA). Er sagt: «Die Tarifpolitik ist die treibende Reformkraft in Deutschland.» Der BDA-Präsident stützt seine These mit Argumenten aus der Praxis: Die Tarifverträge orientierten sich in der jüngsten Zeit nicht mehr starr an Pilotabschlüssen. Sie sind vielmehr paßgenau auf die unterschiedliche Konjunktur der einzelnen Branchen zugeschnitten. In der chemischen Industrie vereinbarten die Sozialpartner überdies ein Tarif-Splitting: Zum einen wurde eine mäßige lineare Tariferhöhung vereinbart, die für alle Unternehmen verbindlich ist. Zum anderen wurde zusätzlich eine Einmalzahlung festgelegt, die in voller Höhe nur von den wirtschaftlich starken Chemiefirmen zu leisten ist. Angeschlagene Unternehmen können sie ganz oder zum Teil aussetzen.[53]

Der vielleicht wichtigste Faktor waren die äußerst maßvollen Tarifabschlüsse in den zurückliegenden Jahren. So fallen etwa beim Autohersteller Opel in Rüsselsheim die Lohnerhöhungen für die gewerblichen Mitarbeiter Jahr für Jahr schmaler aus. Asymptotisch nähern sie sich dem Grenzwert Null: Noch 1994 stieg der Monatsverdienst der Autowerker im Schnitt um 353 auf 5071 Mark, 1995 aber erhöhten sich die Löhne nur noch um 239 Mark, 1996 betrug der Zuwachs 85 Mark, und 1997 stieg der Monatsverdienst der Opel-Arbeiter im Mittel lediglich um 58 auf 5453 Mark. Das war gerade einmal ein Plus von 1,1 Prozent gegenüber dem Vorjahr.[54]

Opel ist repräsentativ für die deutsche Industrie. Laut dem Statistischen Bundesamt erhöhten sich 1997 die tariflichen Stunden- und Wochenlöhne in den alten Bundesländern lediglich um 1,4 Prozent. 1996 waren sie noch um durchschnittlich 3,1 Prozent gestiegen. Die Tarifgehälter der Angestellten in der freien Wirtschaft und im öffentlichen Dienst, die 1996 um 2,9 Prozent zugenommen hatten, wurden 1997 sogar nur um 1,2 Prozent erhöht.

So schwach sind die Tariflöhne und -gehälter in Westdeutschland noch nie gestiegen, seit das Statistische Bundesamt 1958 begann, die Entwicklung von Löhnen und Gehältern zu erfassen. Der Tarifanstieg war zudem deutlich niedriger als die Inflation: Die Kosten der Lebenshaltung verteuerten sich 1997 um 1,8 Prozent. Daneben nahm auch die Belastung der Arbeitnehmer durch Steuern und Sozialabgaben schneller zu als die Bruttoeinkommen. Infolgedessen sind die Nettolöhne und -gehälter 1997 in den alten Bundesländern im Mittel um 2,2 Prozent gesunken, wie der Deutsche Gewerkschaftsbund ermittelte.[55]

Auch der Staat hilft den Unternehmen nach Kräften, ihre Kosten zu senken. So wurde die gesetzliche Lohnfortzahlung im Krankheitsfall von 100 auf 80 Prozent der Löhne und Gehälter abgesenkt. DIHT-Präsident Hans Peter Stihl schätzte 1998, daß das gekürzte Krankengeld der deutschen Wirtschaft eine jährliche Entlastung von 20 Milliarden Mark gebracht hat.[56]

Den Gewerkschaften ist es zwar gelungen, die Reduktion der Entgeltfortzahlung in mehr als hundert Tarifbereichen zu verhindern: Für rund 15 Millionen Beschäftigte setzten sie ein Krankengeld von 100 Prozent durch. Doch im Gegenzug mußten die Gewerkschaften Konzessionen hinnehmen: Bei der Berechnung der Lohnfortzahlung werden Überstunden nicht mehr angerechnet. Außerdem wurde vielerorts das Weihnachtsgeld gekürzt.

Das 100-Milliarden-Geschenk

Der massive Personalabbau, die mäßigen Lohnerhöhungen und die gekürzten Sozialleistungen haben den Unternehmen in der Summe gewaltige Kostenersparnisse eingebracht. Sie lassen sich am deutlichsten an der betrieblichen Lohnquote ablesen; dies ist der Anteil der Löhne und Gehälter einschließlich der gesetzlichen Lohnzusatzkosten und freiwilligen Leistungen am Umsatz eines Unternehmens.

Die Lohnquote hatte in den meisten Unternehmen im Rezessionsjahr 1993 einen Gipfel erreicht. Seither wurde sie freilich allerorten in die Tiefe gedrückt. Die Lohnquote ist heute, zumindest in den Großbetrieben, durchweg beträchtlich niedriger als 1993 (siehe Tabelle D). Sie liegt zumeist auch deutlich unter dem Niveau der achtziger Jahre.

Tabelle D: Sinkende Arbeitskosten

Umsatz und Personalaufwand in deutschen Industriekonzernen

	Umsatz 1997 (in Milliarden Mark)	Anteil der Personalkosten am Umsatz (in Prozent)		Eingesparte Personalkosten 1997 gegenüber 1993
		1993	1997	(in Mrd. Mark)
BMW	60,1	20,2	17,4	1,68
Hoechst	52,1	30,2	26,5	1,93
Bosch	46,9	36,0	30,7	2,49
Thyssen	40,8	31,8	25,2	2,69
Mannesmann	39,1	33,3	25,9	2,89
Bayer	55,0	34,9	29,2	3,14
BASF	55,8	26,5	20,3	3,46
Volkswagen	113,3	24,7	18,3	7,25
Siemens	106,9	43,2	35,6	8,12
Daimler-Benz	124,1	34,5	24,3	12,66

Lesebeispiel: 1993 mußte Daimler-Benz 34,5 Prozent des Umsatzes für Löhne, Gehälter und Lohnnebenkosten aufwenden. 1997 waren es – vor allem aufgrund massiven Stellenabbaus – nur 24,3 Prozent. Wäre 1997 der Anteil des Personalaufwands am Umsatz genauso hoch gewesen wie 1993, hätte Daimler-Benz 1997 Mehrkosten von 12,66 Milliarden Mark gehabt.

Quelle: Geschäftsberichte der Unternehmen.

So wandte beispielsweise der Stahl- und Maschinenbaukonzern Thyssen 1993 genau 31,8 Prozent seines Umsatzes für Personalkosten auf. Bis 1997 aber konnte das Düsseldorfer Unternehmen seine Lohnquote auf 25,2 Prozent drücken. Wäre sie 1997 immer noch so hoch gewesen wie 1993, hätte Thyssen 2,7 Milliarden Mark höhere Arbeitskosten gehabt.

Anders als viele Konkurrenten hat Volkswagen auf Massenentlassungen weitgehend verzichtet. Statt dessen einigte sich der Autohersteller mit den Betriebsräten auf kürzere Arbeitszeiten; durch die Einführung der Vier-Tage-Woche mit einer Arbeitszeit von 28,5 Stunden ließen sich in den deutschen Werken 30000 Arbeitsplätze retten. Es gab freilich keinen vollen Lohnausgleich. Unter anderem durch die Vier-Tage-Woche konnte VW so die Lohnquote von 24,7 auf 18,3 Prozent senken und dadurch im Jahr mehr als sieben Milliarden Mark einsparen.[57]

Die zehn Konzerne der Tabelle D konnten ihren Personalaufwand von 1993 bis 1997 um 46 Milliarden Mark senken. Die 100 größten Industrieunternehmen der Bundesrepublik sparten, ähnliche Relationen unterstellt, in diesen vier Jahren schätzungsweise mehr als 100 Milliarden Mark Arbeitskosten ein.

Die Schere öffnet sich

Spiegelbildlich zu den schrumpfenden Personalkosten stiegen die Gewinne der Unternehmen. Tabelle E enthält die Renditen der führenden deutschen Konzerne aus den Branchen Automobilbau, Chemie, Elektrotechnik, Maschinenbau und Stahl. Vier der zehn Firmen – Daimler-Benz, Mannesmann, Thyssen und Volkswagen – hatten noch 1993 hohe Verluste gemacht. 1997 jedoch erzielten alle Firmen auskömmliche Renditen.

Oft wird behauptet, die deutschen Konzerne verdienten nur deswegen so gut, weil sie in den vergangenen Jahren einen großen Teil ihrer Produktion und ihrer Arbeitsplätze in andere Länder mit niedrigeren Lohnkosten verlegt hätten. So schreibt die Deutsche Bundesbank in ihrem Geschäftsbericht für 1997: «Der in der Öffentlichkeit vielfach vorherrschende Eindruck einer recht profitablen Geschäftsentwicklung wird erheblich beeinflußt von den Abschlüssen publizitätspflichtiger, börsen-

Tabelle E:
Steigende Gewinne

Umsatzrenditen deutscher Industriekonzerne in Prozent (1)

	1993	1994	1995	1996	1997
Siemens (2)	3,3	2,5	2,9	3,5	3,3
Volkswagen	(3)	0,6	1,3	2,0	3,4
Daimler-Benz	(3)	2,6	(3)	2,3	3,5
BMW	2,7	3,1	2,9	3,1	4,1
Mannesmann	(3)	2,0	2,8	2,9	4,5
Bosch	0,9	3,3	4,6	4,1	6,0
Hoechst	3,2	4,7	6,7	7,9	7,0
Thyssen (2)	(3)	1,9	3,7	2,6	9,2
Bayer	5,7	7,5	9,2	9,3	9,9
BASF	3,8	6,0	9,9	10,0	10,4

(1) Anteil des Betriebsgewinns bzw. des Gewinns aus gewöhnlicher Geschäftstätigkeit am Umsatz.
(2) Geschäftsjahre 1992/93 bis 1996/97.
(3) Verlust.

Quelle: Geschäftsberichte der Unternehmen.

notierter Konzerne mit einem starken Auslandsgeschäft und kann nicht verallgemeinert werden.»[58]

Dies trifft aber nicht ganz zu. Nicht allein die großen, multinationalen Konzerne arbeiten mit Gewinn. Auch mittelgroße Unternehmen, die ausschließlich oder überwiegend in der Bundesrepublik produzieren, sind hochprofitabel. Die angeblich überhöhten Arbeitskosten hindern die Betriebe nicht daran, ihre Produktionskapazitäten auszubauen und neue Arbeitsplätze zu schaffen – in Deutschland.

Der Stuttgarter Sportwagenhersteller Porsche mußte im Geschäftsjahr 1992/93 einen Verlust von 239 Millionen Mark ausweisen. 1997/98 hatte sich das Defizit in einen Gewinn von 277 Millionen Mark verwandelt. Die Geschäfte laufen wieder so gut, daß das Unternehmen an seinen Standorten Zuffenhausen, Ludwigsburg und Weissach von Mitte 1996 bis Mitte 1997 exakt 414 zusätzliche Mitarbeiter einstellte.

Der Landmaschinenhersteller Claas hat in seinen drei westfälischen Stammwerken 1996 bereits mehr als 300 neue Arbeitskräfte eingestellt. In Schönebeck in Sachsen-Anhalt baut das Unternehmen nun ein weiteres Werk mit gleichfalls mehr als 300 Arbeitsplätzen.[59]

Dies sind nur zwei Beispiele von vielen. Deutschlands Industrie verdient insgesamt wieder sehr gut. Von den 100 größten Konzernen der Bundesrepublik haben 1997 lediglich vier Verluste gemacht – der Oberhausener Anlagenbauer Babcock, der Autohersteller Opel, die Kölner Baugesellschaft Strabag und der ostdeutsche Energieversorger Veag.[60]

Zwischen Unternehmergewinnen und Arbeitnehmereinkommen klafft eine immer breitere Lücke. 1995 stiegen die Gewinne aus Unternehmertätigkeit und Vermögen brutto um exakt zehn Prozent. 1996 betrug der Zuwachs laut dem Statistischen Bundesamt 4,6 Prozent. Für 1997 errechnete der Deutsche Gewerkschaftsbund (DGB) einen weiteren Anstieg der Unternehmergewinne von netto 10,4 Prozent.

Die Bruttoeinkommen aus abhängiger Beschäftigung stiegen dagegen 1995 in Westdeutschland aber nur um durchschnittlich 3,1 Prozent; 1996 nahmen sie um 2,0 Prozent zu und in der ersten Jahreshälfte von 1997 um lediglich 1,4 Prozent. «Ganz offensichtlich kann die Massenarbeitslosigkeit nicht auf zu hohe Löhne bei zu niedrigen Gewinnen zurückgeführt werden», sagt Michael Geuenich, Vorstandsmitglied des DGB.[61]

Ohne Preis kein Fleiß

Laut einer Studie der amerikanischen Investmentbank Morgan Stanley verdienen die Arbeiter in keinem Land der Erde so gut wie in der Bundesrepublik: 1995 betrugen die Arbeitskosten in der westdeutschen Fertigungsindustrie umgerechnet knapp 32 Dollar pro Stunde (siehe die rechte Spalte der Tabelle F). Sie waren damit ein Drittel höher als in Japan, fast doppelt so hoch wie in den USA und mehr als viermal so hoch wie in Süd-Korea.[62]

Freilich sind Vergleiche wie diese, die immer wieder zum Nachweis der deutschen Lohnkostennachteile angeführt werden, in höchstem Maße unfair. Das Jahr 1995 eignet sich denkbar schlecht für einen Kostenvergleich auf Basis von Dollar-Werten. Denn in diesem Jahr hatte der Kurs der amerikanischen Währung einen historischen Tiefstand erreicht: Der Dollar wurde im Jahresdurchschnitt mit 1,43 Mark notiert.

Zehn Jahre zuvor hingegen war die amerikanische Devise im Jahresmittel 2,93 Mark wert. Damals waren die deutschen Arbeitskosten, in Dollar umgerechnet, denn auch keineswegs exorbitant hoch. Sie lagen deutlich unter denen der USA und Kanadas, wie die linke Spalte der Tabelle F zeigt.

Von 1995 bis Mitte 1998 ist der Kurs des Dollar wieder gestiegen – um ein Viertel auf circa 1,80 Mark. Diese Aufwertung des Dollar hat die Lücke zwischen den amerikanischen und deutschen Lohnkosten von 1995 nahezu halbiert: Die Differenz beträgt nicht mehr rund 15 Dollar je Stunde, sondern nur noch acht.

Entscheidend für die internationale Wettbewerbsfähigkeit eines Produktionsstandortes sind allerdings nicht die *Löhne*, sondern die *Lohnstückkosten* – die Arbeitskosten je produzierter Einheit, je Auto, Maschine oder Tonne Stahl. Die Lohnstückkosten sind nun allerdings seit Mitte der neunziger Jahre in der Bundesrepublik deutlich gesunken. Denn die Löhne stiegen, wie gesehen, langsamer als die Produktivität. Neue Fertigungs-

Tabelle F:
Relative Lohnkosten

Arbeitskosten pro Stunde in der Fertigungsindustrie (einschließlich aller Nebenkosten; in US-Dollar)

1985		1995	
USA	13,01	Deutschland	31,88
Kanada	10,94	Japan	23,66
Deutschland	9,60	Frankreich	19,34
Australien	8,20	USA	17,20
Italien	7,63	Italien	16,48
Frankreich	7,52	Kanada	16,03
Japan	6,34	Australien	14,40
Großbritannien	6,27	Großbritannien	13,77
Spanien	4,66	Spanien	12,70
Süd-Korea	1,23	Süd-Korea	7,40

Quelle: Morgan Stanley / The Economist.

methoden haben die Leistungsfähigkeit der Arbeiter in den Fabriken, wie oben für die Autoindustrie gezeigt wurde, kräftig gesteigert. Und natürlich erhöhten die Massenentlassungen der vergangenen Jahre rein rechnerisch ebenfalls die Produktivität je Arbeitnehmer.

Auch in den neuen Bundesländern hat die Industrie ihre Effizienz gewaltig gesteigert. Dies zeigen Daten der Deutschen Bundesbank. Danach ist die reale Wertschöpfung je Erwerbstätigen von 1991 bis 1997 in Ostdeutschland um 222 Prozent emporgeschnellt. Die Bruttolöhne nahmen aber nur um 131 Prozent zu. Folglich sanken die Lohnstückkosten von 1991 bis 1997 nominal um insgesamt 33 Prozent. Real, nach Abzug der Preissteigerung, gingen sie immerhin noch um 28 Prozent zurück. Die Deutsche Bundesbank zieht das Fazit, daß die ostdeutsche Industrie sich inzwischen «gesundgeschrumpft» habe und die Lücke bei Lohnkosten und Produktivität gegenüber dem Westen «nahezu geschlossen» werden konnte.[63]

Auch in den alten Bundesländern ist bei den Lohnstückkosten ein Trendbruch festzustellen. In den siebziger Jahren nahmen sie noch um durchschnittlich 4,5 Prozent im Jahr zu. In den achtziger Jahren war der Zuwachs – mit jährlich 2,5 Prozent – bereits wesentlich geringer. In der ersten Hälfte der neunziger Jahre sind die Lohnstückkosten nur mehr um ein halbes Prozent pro Jahr gestiegen.[64] Und seit Mitte der neunziger Jahre ist sogar ein deutlicher Rückgang festzustellen. Laut dem Institut der deutschen Wirtschaft (IW) sind die Lohnstückkosten in der westdeutschen Industrie 1997 um 3,4 Prozent gesunken: Die Produktivität hat sich um 5,9 Prozent erhöht, die Arbeitskosten sind aber nur um 2,3 Prozent gestiegen.

Das Institut stellt fest: So stark wie 1997 sind die Lohnstückkosten in Deutschland noch nie gefallen. Selbst das wirtschaftsnahe IW muß zugestehen, daß die westdeutsche Industrie damit ihre Kostensituation auf dem Weltmarkt erheblich verbessert hat. Denn die Lohnstückkosten der anderen Industrieländer sind – im Durchschnitt – um acht Prozent gestiegen.

Der gegenläufige Trend hält voraussichtlich an: Die OECD prognostizierte Mitte 1998, daß die Lohnstückkosten 1999 in Deutschland ebenso sinken werden wie 1998. In den Mitgliedsstaaten der EU nehmen sie hingegen im Mittel weiter zu. Auch in den USA steigen die Lohnstückkosten kräftig an.[65]

Das Institut für Weltwirtschaft in Kiel hat im Sommer 1998 einen internationalen Vergleich von Arbeitsproduktivität und -kosten in elf europäischen Ländern vorgelegt, bei dem erstmals die Leitkurse für den Euro zur Basis der Berechnungen gemacht wurden (siehe Tabelle G). Die Wechselkursturbulenzen, die solche Vergleiche meist fragwürdig werden ließen, sind damit – jedenfalls für Euro-Land – ausgeschaltet. Laut der Kieler Studie liegt Westdeutschland zwar bei den Lohnkosten recht weit oben

Tabelle G:
Löhne und Produktivität in Europa 1997

Index: West-Deutschland = 100 (1)

Lohnkosten (2)		Produktivität (3)	
Belgien	107,6	Deutschland-West	100,0
Deutschland-West	100,0	Belgien	97,6
Frankreich	95,6	Frankreich	95,3
Deutschland-Gesamt	95,3	Deutschland-Gesamt	92,9
Niederlande	94,4	Österreich	90,9
Finnland	93,8	Niederlande	85,4
Österreich	89,5	Italien	85,3
Italien	79,9	Finnland	81,4
Deutschland-Ost	74,4	Großbritannien	71,7
Irland	71,8	Irland	69,5
Großbritannien	68,0	Spanien	62,0
Spanien	66,9	Deutschland-Ost	60,4
Portugal	37,4	Portugal	34,5

(1) Berechnet aufgrund aktueller ECU-Leitkurse.
(2) Bruttoinlandsprodukt je Erwerbstätigen in Prozent des westdeutschen Wertes.
(3) Bruttoeinkommen aus unselbständiger Arbeit pro Kopf in Prozent des westdeutschen Wertes.

Quelle: Institut für Weltwirtschaft Kiel.

– auf Platz 2 hinter Belgien. Es hat aber unter den elf Staaten auch die höchste Produktivität.

Aus den beiden Zahlenreihen läßt sich leicht ermitteln: Nur drei Länder weisen eine günstigere Relation von Produktivität und Arbeitskosten auf als die alten Bundesländer. In England, Italien und Österreich waren die Lohnstückkosten 1997 im Mittel niedriger als in West-Deutschland. In Frankreich leisten die Arbeitskräfte – im Verhältnis zu ihren geringeren Löhnen – genausoviel wie ihre deutschen Kollegen. In Belgien, Finnland, Holland, Irland, Portugal und Spanien sind die Lohnstückkosten jedoch höher als in West-Deutschland.[66]

Die Unternehmen müssen also für ihre Arbeitskräfte in Deutschland zwar mehr ausgeben als in den meisten anderen Ländern. Dafür erhalten sie im Gegenzug auch eine höhere und bessere Arbeitsleistung. Hoher Fleiß erfordert eben einen hohen Preis. Und in der Bundesrepublik ist er heute keineswegs *zu* hoch.

Mythos 5: Die Steuern sind zu hoch

Wohl kaum etwas in der Welt ist so kompliziert, verworren und vieldeutig wie das deutsche Steuerrecht. Zahllose, einander ergänzende, aber auch überschneidende und widersprechende Bestimmungen machen es nahezu unmöglich, genau anzugeben, wer wieviel Steuern zu zahlen hat. Das gilt insbesondere für die Abgaben, die Unternehmen auf ihre Gewinne abzuführen haben. Dieses Chaos im Steuerrecht erleichtert es Kritikern des Standorts D ungemein, Gespenster an die Wand zu zeichnen.

Meister der Horrormaler ist Claus-Dieter Jackstein, Geschäftsführer bei der deutschen Tochterfirma des amerikanischen Konsumgüterkonzerns Procter & Gamble und zugleich Vorsitzender des Steuerausschusses der Amerikanischen Handelskammer in der Bundesrepublik. Der Manager behauptet, daß Kapitalgesellschaften (Aktiengesellschaften und GmbH) in Deutschland bis zu zwei Drittel mehr Ertragsteuern zahlen müßten, als es in anderen Industriestaaten die Regel sei.

Auf Gewinne, die an die Anteilseigner ausgeschüttet werden, sind in der Bundesrepublik vier verschiedene Ertragsteuern zu entrichten, die sich laut Jackstein auf 47,2 Prozent summieren – Gewerbeertragsteuer, Körperschaftsteuer, Solidaritätszuschlag und schließlich noch Kapitalertragsteuer. Noch ärger werden Jackstein zufolge jene Gewinne besteuert, die Unternehmen einbehalten, um damit zusätzliches Kapitel zu bilden. Diese Erträge würden in Deutschland mit einem Steuersatz von 57,7 Prozent belegt. International üblich sei aber eine Gesamtbelastung der Gewinne mit nur 35 Prozent Steuern. Jackstein warnt: Die hohen Ertragsteuern würden Auslandsunternehmen aus Deutschland vertreiben.[67]

Ähnliche Rechnungen wie die Amerikanische Handelskammer stellte das industrienahe Institut der deutschen Wirtschaft (IW) aus Köln 1998 an. Danach mußten deutsche Unternehmen 1996 auf ihre Gewinne insgesamt 51,4 Prozent Steuern zahlen. Auf Löhne und Gehälter seien hingegen im Durchschnitt nur 19,0 Prozent Lohnsteuer fällig gewesen.[68]

Die Berechnungen der US-Handelskammer und des Instituts der deutschen Wirtschaft scheinen mit der Realität nicht viel zu tun zu haben. Wahr ist, daß die deutschen Steuern im internationalen Vergleich *nominal* recht hoch sind. Wahr ist aber auch, daß die Sätze, die die Unternehmen tatsächlich zahlen, beträchtlich niedriger liegen dank der vielen Möglichkeiten, die Abgaben ans Finanzamt völlig legal zu vermeiden. So sind die *effektiven* Steuern in der Bundesrepublik keineswegs höher als in den meisten anderen Industriestaaten.

Auf der Flucht vor dem Fiskus

Deutschlands Konzerne sind Meister im Vermeiden von Steuern. Das zeigt die Tabelle H. Dort sind die Ertragsteuern aufgeführt, die die 15 profitabelsten deutschen Industrieunternehmen laut ihren Handelsbilanzen tatsächlich entrichten. Alle Firmen erzielten 1997 einen Bruttogewinn von mindestens einer Milliarde Mark. Doch viele zahlten darauf prozentual weniger Steuern, als so manchem Angestellten vom Gehalt abgezogen werden.

Lediglich vier Konzerne führten 50 Prozent ihrer Gewinne oder mehr ans Finanzamt ab – die beiden Autohersteller BMW und Volkswagen, der Düsseldorfer Maschinenbauer Mannesmann und der Münchener Mischkonzern Viag. Deren hohe Steuersätze sind aber großenteils auf Sondereinflüsse zurückzuführen. So hatte etwa eine Steuerprüfung bei der Viag ergeben, daß in den Vorjahren zuwenig Steuern abgeführt worden waren,

Tabelle H:
Besteuerung von Unternehmensgewinnen

Ertragsteuern der 15 bestverdienenden deutschen Industriekonzerne 1997

	Gewinn vor Steuern (in Millionen Mark)	Ertragsteuern (in Millionen Mark)	Effektiver Steuersatz (in Prozent)
Daimler-Benz	4249	- 3982 (1)	----
Siemens (2)	3535	927	26,2
RWE (2)	3553	1188	33,4
Bertelsmann (2)	1537	515	33,5
Thyssen (2)	3340	1160	34,7
Veba	4973	1954	39,3
BASF	5331	2126	39,9
Bosch	2795	1136	40,6
Bayer	5108	2156	42,2
Henkel	1957	830	42,4
Hoechst	3157	1383	43,8
BMW	2528	1282	50,7
Mannesmann	1362	752	55,2
Viag	2935	1719	58,6
Volkswagen	3846	2485	64,6

(1) Steuererträge durch Sonderausschüttungen und aufgelöste Wertberichtigungen.
(2) Geschäftsjahr 1996/97.

Quelle: Geschäftsberichte der Unternehmen.

weshalb 1997 Nachzahlungen fällig wurden. Und bei Volkswagen wird der Ausweis von Gewinnen und Steuern in der Handelsbilanz seit Jahren durch die Auflösung von Rückstellungen verzerrt, für die hohe Nachentrichtungen fällig werden.[69]

Elf der 15 Spitzenverdiener unter Deutschlands Konzernen

liegen mit ihren Steuerzahlungen freilich weit unter jenen Sätzen, die das IW und die Amerikanische Handelskammer errechnet haben wollen. Procter & Gamble-Manager Jackstein hält 35 Prozent Ertragsteuern für das international übliche Maß. Die Norm besitzt auch in Deutschland Gültigkeit – zumindest für einige der größten und bestverdienenden Firmen. Der Düsseldorfer Stahlerzeuger Thyssen beispielsweise mußte für das Geschäftsjahr 1996/97 lediglich 34,7 Prozent Steuern zahlen. Der Gütersloher Medienkonzern Bertelsmann kam auf 33,5 Prozent. Beim Essener Stromversorger RWE waren es 33,4 Prozent.[70]

Als Deutschlands reichstes Unternehmen gilt Siemens. Für das Geschäftsjahr 1996/97 meldete der Elektrokonzern einen Bruttogewinn von 3,5 Milliarden Mark. Darauf zahlte Siemens gerade einmal 927 Millionen Mark Ertragsteuern – einen Satz von 26 Prozent.[71] Das ist gerade einmal die Hälfte des Steuersatzes, den das Institut der deutschen Wirtschaft so lautstark anprangert.

Daimler-Benz, Deutschlands größtes Unternehmen, offenbart den ganzen Skandal des chaotischen deutschen Steuerrechts mit seiner schier unendlichen Zahl von Schlupfwinkeln und Vermeidungsmöglichkeiten. Der Stuttgarter Autohersteller veröffentlichte in seinem Geschäftsbericht für 1997 wohl eine der staunenerregendsten Steuererklärungen, die je das Licht der Öffentlichkeit erblickten.

Der Bruttogewinn betrug in diesem Jahr 4249 Millionen Mark. Darauf hätte Daimler-Benz, wie der Konzern in einer sogenannten Überleitungsrechnung ausweist, eigentlich 2422 Millionen Mark Ertragsteuern zahlen müssen. Das hätte einem Satz von 57 Prozent entsprochen – ziemlich genau soviel wie die Amerikanische Handelskammer in ihrer Modellrechnung angibt.

Zu diesem Betrag rechnet Daimler-Benz zunächst sogar noch einige kleinere Beiträge hinzu: Die Posten «Änderung Steuersatz für latente Steuern im Inland», «Nicht abzugsfähige Aufwendungen» und «steuerlich nicht abzugsfähige Abschreibungen auf Geschäftswerte» erhöhen die Steuerlast um 259 Millionen Mark. Die Aufstellung ist vorbildlich.

Dann aber wird nur noch heruntergerechnet. Genau 909 Millionen Mark Steuern sparte Daimler-Benz, indem das Unternehmen Verlustvorträge aus den Vorjahren nutzte, um den steuerpflichtigen Gewinn zu vermindern. Ein weiteres, ähnliches Manöver – eine sogenannte Wertberichtigung auf latente Steuern – brachte sogar einmalige Steuererträge von 1962 Millionen Mark; die Buchhalter von Daimler-Benz nutzten dabei die Tatsache, daß nach den deutschen Rechtsbestimmungen die Steuern – grob gesprochen – nicht zwangsläufig in jenem Geschäftsjahr an das Finanzamt abgeführt werden müssen, in dem sie eigentlich fällig werden. Die Steuerzahlungen lassen sich also ein wenig zwischen den einzelnen Jahren hin und her schieben. Drei kleinere Posten, «Peanuts», führten zu weiteren Einsparungen von 147 Millionen Mark.

Die größte Steuererleichterung aber verzeichnete Daimler-Benz durch geschickte Nutzung des deutschen Körperschaftsrechts. Es unterscheidet ja zwischen einbehaltenen und ausgeschütteten Gewinnen. Erträge, die in Form von Dividenden an die Aktionäre gegeben werden, unterlagen 1997 einer Körperschaftsteuer von 30 Prozent. Gewinne, die als Rücklagen im Unternehmen verbleiben, mußten hingegen mit 45 Prozent versteuert werden.

Nun hat Daimler-Benz 1997 Gewinnrücklagen, die in den Vorjahren gebildet wurden, aufgelöst und als Dividenden ausgeschüttet. Dafür bekam das Unternehmen Steuern vom Staat zurück – die Differenz zwischen dem Satz für ausgeschüttete und dem für einbehaltene Gewinne. Durch diesen Steuerkniff konnte der Konzern 1997 insgesamt 3176 Millionen Mark einsacken. Experten nennen das Verfahren «Schütt aus – hol zurück!»

Das Ergebnis all der Rechenkünste ist verblüffend: Aus einem anfänglichen *Steueraufwand* in der Überleitungsrechnung von 2422 Millionen Mark wird unter dem Strich ein *Steuerertrag* von 3982 Millionen (wovon auf den Konzern selbst 3793 Millionen und auf Minderheitsgesellschafter von Tochterfirmen 189 Millionen Mark entfallen). Daimlers Bilanz muß jedem braven Lohnempfänger, jedem schwäbischen Hausvater absurd vorkommen: 1997 betrug der Gewinn *vor* Steuern 4249 Millionen Mark, *nach* Steuern aber 8042 Millionen Mark.

Es war nicht das erste Mal, das der Konzern mehr Geld vom Fiskus erhielt, als er an ihn zahlte. 1995 betrug das Plus 1,6 Milliarden Mark, 1996 712 Millionen. In den Jahren 1995 bis 1997 hat Daimler-Benz somit Steuererträge von zusammen 6,3 Milliarden Mark erzielt.[72]

Strategien der Vermeidung

Andere Firmen freilich verstehen es ebenfalls, den Dschungel der deutschen Steuervorschriften zu ihrem Vorteil zu nutzen. Die Konzerne haben unter anderem fünf Möglichkeiten, die Steuerlast zu drücken:

1. Sonderausschüttungen: Das Schütt-aus-Hol-zurück-Verfahren beherrscht nicht nur Daimler-Benz. Der Kfz-Ausrüster Bosch und der Stromkonzern RWE nutzten es 1997 ebenfalls. Der Chemieriese Hoechst sparte dadurch 197 Millionen Mark. Der Mischkonzern Veba vermied 1997 durch Sonderausschüttungen 224 Millionen Mark an Körperschaftsteuern.[73]

2. Verlustvorträge: In der Bundesrepublik können Verluste aus vergangenen Geschäftsjahren – im Unterschied zu anderen Industrieländern – in nahezu unbegrenzter Höhe dazu benutzt werden, den steuerpflichtigen Gewinn zu mindern. Daimler-

Benz etwa hatte durch verfehlte Firmenkäufe und Mißwirtschaft in den vergangenen Jahren gewaltige Defizite angehäuft. Ende 1997 betrugen die körperschaftsteuerlichen Verlustvorträge, obschon sie in den Vorjahren intensiv genutzt worden waren, noch 11,9 Milliarden Mark.[74] Nach der Fusion mit Chrysler kann Daimler, da die neue Firma ihren Sitz in der Bundesrepublik hat, die Verlustvorträge größtenteils noch auf Jahre hinaus nutzen, um den steuerpflichtigen Gewinn kleinzurechnen.

3. Abschreibungen: In kaum einem anderen Land bestehen so großzügige Regelungen für Abschreibungen wie in der Bundesrepublik. So wird für die Nutzung von Maschinen und Anlagen in den USA ein erheblich längerer Zeitraum angesetzt als in Deutschland. Immaterielle Gegenstände, etwa Computerprogramme, dürfen in Deutschland sofort nach dem Erwerb vollständig als Kosten von den Steuern abgesetzt werden; in den Vereinigten Staaten hingegen werden sie bis zu 40 Jahre lang abgeschrieben.

4. Rückstellungen: Ebenfalls im Gegensatz zu anderen Industrieländern ist es in Deutschland relativ einfach, in der Bilanz Rückstellungen für drohende oder auch nur vermutete Kosten und Risiken in der Zukunft zu bilden, etwa für Pensionszusagen an die Belegschaft, Prozeßrisiken oder zu erwartende Garantieleistungen gegenüber Kunden, die schadhafte Produkte gekauft haben. In den USA aber dürfen Rückstellungen nur gebildet werden, wenn mit dem Eintritt einer Zahlungsverpflichtung in der Zukunft fast sicher gerechnet werden muß.

Der Stromkonzern RWE zum Beispiel hat im Geschäftsjahr 1996/97 seine Rückstellungen um 3,2 Milliarden auf 45 Milliarden Mark aufgestockt; damit sollen unter anderem die künftige Stillegung von Kernkraftwerken und die Entsorgung von Brennelementen finanziell gesichert werden.[75] Ohne diese Rückstellungen wäre der zu versteuernde Gewinn von RWE 1996/97 annähernd doppelt so hoch gewesen wie tatsächlich in der Gewinn- und Verlustrechnung ausgewiesen.

Der Gesetzgeber hat zwar jetzt die Möglichkeiten für Rückstellungen etwas eingeschränkt. Doch auch künftig können die Unternehmen mit diesem Instrument, ebenso wie mit Abschreibungen, drastisch die Bemessungsgrundlage verkleinern, die das Finanzamt verwendet, um die Steuerpflicht zu berechnen.

In den USA und anderen Ländern sind zwar die nominalen Steuersätze erheblich niedriger als bei uns. Da aber der Gewinn wesentlich breiter definiert wird und in der Praxis dann auch reichlicher ausfällt, müssen die Unternehmen in anderen Industriestaaten – in absoluten Zahlen – letztlich oft mehr Steuern zahlen als bei uns.

5. Gesellschafter-Fremdfinanzierung: Auslandsunternehmen, die in Deutschland aktiv sind, finanzieren ihre inländischen Tochtergesellschaften großenteils nicht direkt – über die Ausstattung mit Eigenkapital –, sondern indirekt mit Krediten. Fachleute nennen dies «Gesellschafter-Fremdfinanzierung». Sie hat beträchtliche steuerliche Vorteile gegenüber der Eigenkapitalfinanzierung. Denn die Schuldzinsen, die die deutschen Tochtergesellschaften an ihre ausländischen Mütter zahlen müssen, können in Deutschland als Betriebsausgaben von der Steuer abgesetzt werden. Die Gewinne, die inländische Tochtergesellschaften auf ihr Eigenkapital erzielen, müssen hingegen erst in der Bundesrepublik versteuert werden, bevor sie als Dividenden an die Muttergesellschaften im Ausland überwiesen werden dürfen.

Die Möglichkeiten der Gesellschafter-Fremdfinanzierung sind in kaum einem Land so günstig wie in der Bundesrepublik. Produktionsgesellschaften können sich bis zum Dreifachen ihres Eigenkapitals mit Krediten ihrer Muttergesellschaften finanzieren, um Schuldzinsen noch von der Steuer absetzen zu dürfen. Bei Holding-Gesellschaften ist sogar das Neunfache zulässig.[76]

Dieses probate Mittel der Gesellschafter-Fremdfinanzierung, dessen Möglichkeiten im Standortsicherungsgesetz von 1994 noch erweitert wurden, nutzen die multinationalen Konzerne der Bundesrepublik nach Kräften. Der Trick geht so: Ein deutsches Unternehmen gründet in einem Land mit niedrigen nominalen Ertragsteuersätzen eine Finanzierungsgesellschaft. Diese wird großzügig mit Kapital ausgestattet. Dann leiht sich die Mutter in Deutschland Geld von ihrer Finanztochter. Für diesen Kredit zahlt sie banküblich Zinsen an die Auslandstochter. Und diese Zinsen lassen sich in Deutschland steuermindernd als Betriebsausgaben verbuchen.

Im Ausland fallen nun zwar umgekehrt Zinserträge an. Doch weil die Steuersätze dort sehr viel niedriger sind als in Deutschland, spart der Konzern mit dieser Transaktion unter dem Strich beträchtliche Steuern: Gewinne werden exportiert, um die Steuerlast zu senken. Besonders beliebt als Standorte für Steuersparkassen sind Belgien, die Niederlande, Irland und die Schweiz.

Die Nachteile des Steuerstandorts Deutschland sind mithin erheblich geringer, als von vielen öffentlich suggeriert wird. Gern unterschlagen die Interessenten, die gegen die angeblich übermäßige Steuerlast polemisieren, daß vor allem die Großunternehmen in jüngster Zeit kräftig entlastet worden sind: Die Gewerbekapital- und die Vermögensteuer sind abgeschafft worden. Die Körperschaftsteuer auf ausgeschüttete Gewinne wurde von 50 auf 45 Prozent gesenkt.

Unter dem Durchschnitt

Daten des Statistischen Amtes der EU (Eurostat) zeigen: Nicht nur bei den Unternehmenssteuern, auch bei der Gesamtbelastung mit Steuern und Abgaben nimmt die Bundesrepublik international keinen Spitzenplatz ein, sondern liegt im Gegenteil hinter den meisten anderen Industriestaaten zurück.

Die Steuerquote (Anteil aller Steuern am Bruttoinlandsprodukt) betrug 1996 für Deutschland 23,3 Prozent. Das war einer der niedrigsten Werte in der Europäischen Union. Lediglich Spanien hatte 1996 mit einer Quote von 22,4 Prozent eine geringere Steuerlast zu tragen. In Dänemark belief sich die Steuerquote hingegen auf gut 50 Prozent, in Schweden auf knapp 40 und in Großbritannien und Irland auf jeweils annähernd 30 Prozent (siehe Tabelle I).

Außerhalb der EU haben Amerikaner, Japaner und Schweizer eine geringere Steuerlast als die Deutschen zu schultern. Die Steuerquote betrug Mitte der neunziger Jahre in Japan etwa 18 Prozent und in der Schweiz und den USA jeweils rund 21 Prozent. Von den 15 bedeutendsten Industrieländern der Erde haben nur vier eine niedrigere Steuerquote als die Bundesrepublik, zehn hingegen eine höhere.

Und die Last der deutschen Steuerzahler ist im vergangenen Vierteljahrhundert im wesentlichen stabil geblieben. Die deutsche Steuerquote pendelte von 1970 bis 1996 meist zwischen 22 und 25 Prozent. Viele andere Industrieländer – Frankreich, Holland, Japan, Schweden und die Schweiz – verzeichneten in dieser Zeit jedoch einen Anstieg um je etwa drei bis vier Prozentpunkte. In Dänemark, Italien und Spanien schoß die Steuerquote gar je um rund zwölf Prozentpunkte in die Höhe. Senken konnten die Steuerlast allein Großbritannien und die USA, um jeweils etwa zwei bis drei Prozentpunkte.[77] Deutschland hat mithin unter den westlichen Industriestaaten sowohl eine der stabilsten als auch eine der geringsten Steuerquoten.

waren 1996 lediglich in Frankreich die Sozialabgaben höher als in der Bundesrepublik.

Die deutschen Abgaben sind aber unter anderem deswegen so hoch, weil Arbeitslosen- und Rentenversicherung mit sachfremden Leistungen überfrachtet wurden. So wurden die Kosten der deutschen Einheit zu einem großen Teil finanziert, indem der Staat beidhändig in die Sozialkassen griff. In der Folge kletterten die Beiträge zur Sozialversicherung auf ein Rekordniveau. Einschließlich der Arbeitgeberbeiträge mußten 1998 in der Bundesrepublik 42 Prozent der monatlichen Bruttoeinkommen der Arbeitnehmer an die Renten-, Kranken- und Arbeitslosenversicherungen abgeführt werden. Vor der deutschen Einheit waren es nur 32 Prozent.

Die immense Höhe der Sozialabgaben ist für viele Firmen, vor allem kleinere, ein wesentliches Hemmnis zur Einstellung neuer Arbeitskräfte. Die Löhne sind durch die zurückhaltende Tarifpolitik in den vergangenen Jahren zwar real gesunken. Doch die Lohnzusatzkosten stiegen weiter an. Die hohen Sozialabgaben stellen heute eines der ärgsten Hindernisse beim Abbau der Arbeitslosigkeit dar.

Doch Spielraum für eine einschneidende Reform der deutschen Sozialversicherungen ist vorhanden. Denn selbst unter Einbezug der Sozialbeiträge ist die Abgabenbelastung in Deutschland nicht übermäßig hoch. Die beiden rechten Spalten der Tabelle I zeigen deutlich, daß Deutschland bei der Gesamtbelastung mit Steuern und Sozialabgaben unter dem Durchschnitt der EU-Länder liegt. Einzig Großbritannien, Spanien und Irland haben eine niedrigere Abgabenquote (Anteil der Steuern und Sozialabgaben am Sozialprodukt) als die Bundesrepublik. Es sollte also möglich sein, die versicherungsfremden Leistungen aus den Sozialversicherungen herauszunehmen und durch Steuern zu finanzieren. So sind die Verbrauchssteuern in Deutschland erheblich niedriger als in vielen anderen Industrieländern.

Langfristig droht das heutige System der Rentenversicherung wegen der zunehmenden Überalterung unserer Gesellschaft ohnehin zusammenzubrechen. Vielfach wurde vorgeschlagen, im Zuge einer ökologischen Steuerreform die Leistungen der Sozialversicherungen zumindest teilweise durch Umweltsteuern zu finanzieren. Dies wäre ein denkbarer Weg. Drei Ziele ließen sich damit gleichzeitig realisieren: die Sanierung der Sozialkassen, der Schutz der Umwelt und die Sicherung des Standortes Deutschland.

Niedrige Steuern, Löhne und andere Kosten sind gewiß wichtig für die globale Wettbewerbsfähigkeit von einzelnen Unternehmen und ganzen Nationen. Solche quantitativen Größen dürfen jedoch keineswegs überschätzt werden. Erst in jüngster Zeit beginnen die Ökonomen zu entdecken, das andere, nicht quantitative Faktoren in mindestens ebensolchem Maße die Leistungsfähigkeit einer Volkswirtschaft beeinflussen. Dazu gehören vor allem sogenannte Cluster, Bündel von Unternehmen aus benachbarten Branchen, deren Tätigkeiten ineinandergreifen. Sie schaffen ein geballtes Wissen, das schwer an anderen Standorten zu kopieren ist.

Als weltweit bekanntestes Cluster kann das Silicon Valley in Kalifornien gelten. Eine Fülle kleinerer und größerer Firmen arbeitet dort an den neuesten Informations- und Kommunikationstechnologien. Informelle Zusammenarbeit zum gegenseitigen Wissensaustausch ist dabei gang und gäbe. Selbst im Zeitalter des Internet beruhen die Forschungskooperationen vielfach auf unmittelbarem persönlichem Kontakt. In der Bundesrepublik gibt es – wenn auch in kleinerem Maßstab als im Silicon Valley – ebenfalls solche Cluster, beispielsweise in Maschinenbau, Software und Umwelttechnik. Davon handelt das nächste Kapitel.

Small Is Beautiful
Die Chancen der Deutschen

Wer die Vergangenheit der Zukunft besichtigen möchte, muß nach Erlangen fahren. Am Rande der fränkischen Universitätsstadt liegt der größte Wissenschaftspark der deutschen Industrie. Der Münchener Elektrokonzern Siemens hat dort einen bedeutenden Teil seiner Forschung und Entwicklung angesiedelt.

Schneeweiße Forschungslabore, Büros und Versuchswerkstätten finden sich hier in fast unüberschaubarer Zahl. Selbst langgediente Angestellte wissen dem Besucher in dem riesigen Komplex oft nicht den rechten Weg zu weisen, obgleich die Anlage, in einer Mischung von Militärkaserne und Universitätscampus, recht strengen geometrischen Mustern folgt.

So hatten sich Futurologen und Forschungsbürokraten der Nachkriegszeit die Zukunft vorgestellt. Wissenschaftler würden nicht länger in idyllischen Studierstuben vor sich hin arbeiten. «Big Science» hieß das Stichwort – zentralisierte Forschung in großem Maßstab sollte die Technologien hervorbringen, die damals zur Sicherung von Wachstum und Wohlstand förderlich erschienen.

Leitbilder waren die Entdeckungen und Erfindungen, die im Zweiten Weltkrieg oder unmittelbar danach gemacht wurden – Atomkraft, Computer, Weltraumtechnik. Diese neuen Forschungs- und Anwendungsbereiche hatten eines gemein: Sie erforderten riesige Anlagen und Geräte, wie sie bis dahin gänzlich unbekannt waren.

Solche Technologien, dies war in der Nachkriegszeit allgemeiner Konsens, könnten am besten von großen Unternehmen in zentralen Einheiten bewältigt werden. Und diesem Credo folgt Siemens in Erlangen bis heute, wo in erster Linie an fossilen und nuklearen Kraftwerken sowie medizinischen Großgeräten gearbeitet wird.

«Atomkraft» und «Apparatemedizin» – dies sind nicht allein Reizworte für fundamentalistische Technologiekritiker. Denn heute herrscht weitgehend Übereinstimmung darin, daß die Großforschung der Vergangenheit überwiegend in technologischen Sackgassen und ökonomischen Holzwegen mündete. «Little Science» hat seit mindestens einem Vierteljahrhundert wieder Konjunktur, seit der Erfindung von Mikroprozessor, Personal Computer und Internet.

Großforschung, Großtechnologien und Großunternehmen scheinen aber auf unheilvolle Weise miteinander verknüpft zu sein. Keine Firma in Deutschland beschäftigt so viele Ingenieure, Techniker und Wissenschaftler wie Siemens. Doch kaum ein Konzern zeigt sich so wenig fähig, die technologischen Herausforderungen der Zukunft anzunehmen. Beharrlich betreibt das bayerische Schwergewicht «Big Science» auch dort, wo die Chancenlosigkeit von Großforschung bereits offenkundig ist.

So hält Siemens am Europäischen Druckwasserreaktor ERP fest, einem Gemeinschaftsprojekt mit der französischen Firma Framatome, obwohl in Deutschland und den meisten anderen Industriestaaten nicht die geringsten Aussichten bestehen, daß jemals wieder ein Kernkraftwerk gebaut wird. Bei der Sonnenenergie, deren wirtschaftlich profitable Nutzung nun allmählich in Reichweite rückt, zeigt der Konzern hingegen kaum Engagement; die einstige Weltmarktführung bei Solarzellen droht Siemens zu verspielen.

Im Sommer 1998 gab der Elektrokonzern darüber hinaus bekannt, daß sein großes Chip-Werk in England geschlossen würde, falls sich dafür kein Käufer fände. Peinlicherweise war die Fabrik erst 15 Monate zuvor in Anwesenheit von Königin Elizabeth II. eröffnet worden. Siemens gelingt es anscheinend nicht, mit nachhaltigem Gewinn Halbleiter herzustellen; auch in anderen Werken wurde die Chip-Produktion reduziert. Im November 1998 gab Siemens zudem bekannt, die Firma wolle ihr Chip-Geschäft ausgliedern und mittelfristig alle Anteile an der Börse verkaufen. Der Elektrokonzern verabschiedet sich damit ganz aus der Schlüsseltechnologie Mikroeletronik.

Petrefakte Mammuts wie Siemens prägen das Bild des Standorts Deutschland. Konzerne, das zeigen internationale Untersuchungen, bringen – im Verhältnis zum Forschungsaufwand oder der Zahl der Entwicklungsingenieure – weit weniger Erfindungen hervor als kleine und mittelgroße Betriebe. Sie sind überdies beim Umsetzen von Inventionen in marktfähige Produkte beträchtlich langsamer.

Großunternehmen vernichten oft sogar Innovationen, indem sie Patente anderer Firmen aufkaufen und in den Firmenarchiven vergraben, um erfolgreiche Novitäten zu verhindern und ihre eigenen, alten Produkte weiter verkaufen zu können. Konzerne bedeuten Stillstand statt Fortschritt, Kostendenken statt Expansion, Stellenstreichungen statt neue Arbeitsplätze.

Neue Technologien werden heute in der ganzen Welt vor allem durch kleine und mittelgroße Firmen vorangetrieben. Dies ist auch in Deutschland so. Träger von Innovationen sind gleichermaßen alte Mittelständler wie junge Existenzgründer. Auf sieben Gebieten hat die Bundesrepublik, insbesondere dank ihrer vielen neuerungsfreudigen kleinen und mittelgroßen Unternehmen, beste Chancen, im Wettbewerb auf dem Weltmarkt zu bestehen – und zu Hause Arbeitsplätze zu schaffen:

1. In der Mikroelektronik ist die Bundesrepublik äußerst schwach. Doch rund um den Chip springen deutsche Firmen gelenkig in Marktnischen; sie produzieren die Grundstoffe und Maschinen, die die Halbleiterhersteller benötigen. Zudem verstehen es Unternehmen in der Bundesrepublik gut, neue Technologien wie die Mikroelektronik in alte zu integrieren.

2. In der Informationstechnik zeichnet sich eine internationale Arbeitsteilung ab. Die USA beherrschen Schlüsseltechnologien wie Computerarchitekturen, Betriebssysteme und Mikroprozessoren. Die Japaner und die ostasiatischen Tigerstaaten dominieren die Produktion von elektronischen Massenerzeugnissen – Bildschirme, Speicherchips, Tastaturen. Die Europäer aber sind stark in Anwendungs-Software.

3. In der Biotechnologie hat die Bundesrepublik in den vergangenen Jahren einen Gründer-Boom erlebt. Mittlerweile gibt es hierzulande, gemessen an der Wirtschaftskraft, annähernd genauso viele junge Gentechnik-Unternehmen wie in den USA.

4. Nicht alle Technologien eignen sich freilich für kleine Unternehmen. Die Luft- und Raumfahrt übersteigt sogar die Ressourcen ganzer Länder. Die Europäer haben ihre Kräfte im Airbus-Konsortium gebündelt, das jüngst beim Verkauf neuer Flugzeuge den amerikanischen Rivalen Boeing überflügelte.

5. Deutschlands wichtigste Exportindustrie ist heute der Automobilbau. Besonders erfolgreich sind die einheimischen Hersteller in der Oberklasse. Mit den Gewinnen und dem technologischen Wissen, das sie beim Bau von Luxuslimousinen erzielt haben, könnten die deutschen Autobauer ihre Exporterfolge künftig bei umweltfreundlichen PKW wiederholen.

6. In der Ökotechnik ist die Bundesrepublik heute, knapp vor den USA und Japan, Weltmarktführer. Vorangetrieben werden die Innovationen vor allem durch die Umweltgesetzgebung, die in Deutschland erheblich schärfer ist als in vielen anderen Industrieländern.

7. Auch bei manchen innovativen Dienstleistungen hat die Bundesrepublik gute Chancen auf den globalen Märkten. Dazu ge-

hören beispielsweise das Management privatisierter Flughäfen, die Verkehrstelematik und der Teleservice für die Kunden deutscher Maschinen- und Anlagenbauer.

Ungeachtet aller immer wieder gepredigten Gefahren der Globalisierung hat die Bundesrepublik eine Fülle von Chancen, auf dem Weltmarkt neue Geschäfte zu machen, sich mit neuen Technologien gegen die zunehmend scharfe Konkurrenz zu behaupten, neue Produkte herauszubringen, neue Kunden zu finden, neue Service-Industrien aufzubauen – und neue Arbeitsplätze zu schaffen. Es sollte allerdings in der Öffentlichkeit mehr Klarheit darüber herrschen, wer Innovationen hervorbringt – nicht mumifizierte Konzerne, sondern unternehmungslustige kleine Firmen.

Der Geist in der Maschine

So arg wie die Landtechnik sind in Deutschland in jüngerer Zeit nur wenige andere Industrien gezaust worden. Seit Jahrzehnten steckt die Branche in einer schweren Absatzkrise. Die Zahl der landwirtschaftlichen Betriebe nimmt unablässig ab; 1997 kauften die deutschen Bauern so wenige neue Landmaschinen wie seit langem nicht.

Doch bei der Firma Claas in Harsewinkel ist von Krise wenig zu spüren. Der westfälische Familienbetrieb, dessen Umsatz Anfang der neunziger Jahre noch unter einer Milliarde Mark lag, meldet nun jährliche Verkäufe mit einem Volumen von annähernd zwei Milliarden. Das Traditionsunternehmen, 1913 gegründet und heute Europas größter Hersteller von Erntemaschinen, setzt auf den Export – und auf modernste Technik.

Im Sommer 1997 lieferte die Firma erstmals einen neuen Großmähdrescher namens «Lexion» aus. Die Maschine, deren Entwicklung mehr als 60 Millionen Mark verschlang, ist mit allerlei elektronischen Hilfen versehen, die den Bauern die Arbeit erleichtern sollen, so etwa Sensoren, die die Höhe des zu mähenden Getreides messen und entsprechend automatisch die Scheren justieren. Claas bezeichnet den Mähdrescher als den leistungsstärksten der Welt; der Lexion wird vor allem in die USA geliefert.

Die Geschäfte laufen so gut, daß das Unternehmen in Deutschland neue Arbeitsplätze schaffen kann. 1996 stellte der Landmaschinenhersteller in seinen westfälischen Produktionsstätten insgesamt 300 zusätzliche Mitarbeiter ein; im Stammwerk Harsewinkel soll die Belegschaft weiterhin moderat erhöht werden. Im Sommer 1998 gab Claas zudem bekannt, die

Firma wollen ein neues Werk in Sachsen-Anhalt zur Produktion von Feldhäckslern errichten. Dort sollen rund 300 Mitarbeiter beschäftigt werden.[1]

Claas zeigt in eindrucksvoller Weise, daß Familienbetriebe aus der tiefsten Provinz oftmals weit mehr Wagemut und Weitsicht besitzen als multinationale Konzerne. Mittelständler, nicht Großunternehmen, schaffen heute in der Bundesrepublik Arbeitsplätze. Dies läßt sich fast in allen Branchen der deutschen Industrie beobachten.

Auch hinsichtlich der Innovationsfähigkeit sind kleine Unternehmen den großen häufig überlegen. Geschickt nutzen Mittelständler neue technologische Chancen, neue Lücken auf dem Markt, die Konzerne nicht wahrnehmen oder die ihnen nicht lukrativ genug erscheinen.

In lockeren Allianzen schließen sich Mittelständler zusammen, um die Forschung und Entwicklung gemeinsam voranzutreiben. Solche «Cluster» von Firmen aus ineinandergreifenden Branchen finden sich bereits in der Frühzeit der Industrialisierung in vielen Regionen Deutschlands. Die gebündelte Kompetenz mittelständischer Betriebe bildet heute wie einst einen wichtigen Vorteil des Produktionsstandorts Deutschland im weltweiten Wettbewerb.

Die Weißen Raben

Konzerne streichen Stellen – Mittelständler schaffen neue Arbeitsplätze. In diesem schlichten Satz läßt sich, cum grano salis, die Beschäftigungsbilanz der deutschen Industrie für die vergangenen Jahre zusammenfassen. Ob Chemie, Elektrotechnik oder Maschinenbau – überall haben Großunternehmen seit 1990 jeweils Tausende, ja Zehntausende von Arbeitsplätzen wegsaniert.

Einige Konzerne mußten erkennen, daß sie beim «Re-engineering» das Messer zu tief angesetzt hatten, und begannen Mitte der neunziger Jahre, wieder neue Mitarbeiter einzustellen. Dazu gehören der Autohersteller Daimler-Benz, der Kfz-Zulieferer Bosch und der Maschinenbaukonzern MAN. Doch auch diese Firmen beschäftigen heute in ihren Inlandsbetrieben weit weniger Menschen als zu Beginn der neunziger Jahre.

Per saldo neue Arbeitsplätze geschaffen haben in Deutschland in den vergangenen Jahren nur kleine und mittelgroße Firmen. Die meisten von ihnen produzieren ausschließlich oder überwiegend in der Bundesrepublik. Anders als multinationale Konzerne haben diese Mittelständler auch kaum die Möglichkeit, zwischen billiger Auslands- und teurer Inlandsfertigung zu wählen. Dennoch bauen sie neue Arbeitsplätze auf oder halten zumindest die Beschäftigung in ihren deutschen Betrieben stabil.

Der Auto-Ausrüster Bosch strich von 1990 bis 1997 nahezu jeden vierten Arbeitsplatz in seinen inländischen Werken. Der Kfz-Zulieferer INA Wälzlager aus dem fränkischen Herzogenaurach hingegen baute die Beschäftigung kräftig aus: Allein von Anfang 1997 bis Mitte 1998 erhöhte das Familienunternehmen seine Belegschaft in den deutschen Betrieben um 1800 auf 12 800 Personen. Viele der neuen Mitarbeiter hatten zuvor bei Siemens im benachbarten Erlangen gearbeitet, wo ihre Jobs Sparprogrammen zum Opfer gefallen waren.

INA kann so großzügig neue Stellen in Deutschland schaffen, weil das Maschinenbau-Unternehmen seine Arbeitskosten durch ein «Bündnis für Arbeit» kräftig gesenkt hat. Die Belegschaft erklärte sich bereit, umschichtig auch am Samstag zu arbeiten. Die teuren Produktionsanlagen laufen jetzt länger; die Fertigungskapazitäten konnten um 20 Prozent ausgeweitet werden, ohne daß eine einzige neue Maschine gekauft werden mußte.[2]

Ganz ähnlich legte das Elektronikunternehmen Rittal aus Herborn mit flexibleren Arbeitszeiten die Basis für neue Arbeitsplätze. Je nach Bedarf arbeiten die Beschäftigten mal 37,5 Stunden pro Woche, mal 42,5 Stunden. Dadurch kann das hessische Familienunternehmen eilige Aufträge für seine Schaltschränke schneller erfüllen. Zudem können die Preise seit Jahren durch die bessere Auslastung der Produktionsanlagen, die die flexibleren Arbeitszeiten ermöglichen, stabil gehalten werden. Rittal stellt Jahr für Jahr mehrere Hundert zusätzliche Mitarbeiter ein.

Und nicht allein in Zukunftsindustrien wie der Elektronik bauen Mittelständler die Beschäftigung aus. Auch in alten, krisengeschüttelten und vermeintlich sterbenden Branchen verstehen es innovative kleine Firmen, Arbeitsplätze zu schaffen oder zu sichern. Die Erfolgsrezepte der «Weißen Raben» sind ganz einfach: höchste Qualität, technische Spitzenleistungen und einfallsreiches Marketing.

Europas größter Hersteller von Hausgeräten beispielsweise, der schwedische Konzern Electrolux, kündigte 1997 an, er werde 12000 der insgesamt 60000 Arbeitsplätze in Westeuropa streichen. Ein großer Teil der Stellenkürzungen entfällt auf die Bundesrepublik, auf die Tochterfirma AEG Hausgeräte in Nürnberg.

Konkurrent Miele hingegen hält die Beschäftigung in den deutschen Betrieben bei rund 14000 Mitarbeitern einigermaßen konstant. Das Familienunternehmen aus Gütersloh produziert, abgesehen von einem kleinen Werk in Österreich, ausschließlich in den westfälischen Stammbetrieben. Miele hat auf dem Markt Erfolg mit Qualität – mit Geschirrspülern und Waschmaschinen, die länger halten, nicht so oft repariert werden müssen und weniger Strom und Wasser verbrauchen als viele Konkurrenzerzeugnisse.

In der Konsumelektronik haben Konzerne wie Philips und Thomson in den vergangenen Jahrzehnten zusammen rund 100000 Arbeitsplätze in Deutschland gestrichen. Die Firma Sennheiser aber stellt regelmäßig neue Mitarbeiter ein; das Unternehmen aus Wedemark bei Hannover hat sich auf Höchstleistungs-Mikrophone und -Kopfhörer spezialisiert, die bei professionellen Musikern in aller Welt gefragt sind.

Die Textilindustrie scheint den Standort Deutschland beinahe ganz verlassen zu haben. Zu den letzten Überlebenden gehört die Firma Trigema aus dem schwäbischen Burladingen. Ihr Inhaber Wolfgang Grupp hat, wie er stolz jedem Journalisten berichtet, der dies hören will, noch nie eine betriebsbedingte Kündigung ausgesprochen, garantiert allen Kindern seiner Mitarbeiter einen Ausbildungsplatz und wird seiner Lebtage nicht einen einzigen Arbeitsplatz ins Ausland verlegen.

Grupp hat es verstanden, seinem Unternehmen durch geschicktes Marketing eine Zukunft zu sichern. Dank spektakulärer Werbeaktionen wurden die T-Shirts und Sportartikel, die Trigema herstellt, zu bekannten, begehrten Markenartikeln, für die Grupp gute Preise verlangen kann.

Konzerne bauen die Beschäftigung ab. Mittelständler weiten sie aus. Nirgends ist dieser Kontrast schärfer ausgeprägt als in der Chemie. Von 1990 bis 1998 sank die Zahl der Arbeitsplätze in diesem Industriezweig um fast ein Viertel auf eine halbe Million. Stellen gestrichen haben hauptsächlich die drei Konzerne Bayer, BASF und Hoechst. Arbeitsplätze geschaffen haben ganz im Gegensatz dazu die großen Mittelständler der chemischen Industrie – Heraeus, Merck und Wacker.

Das Geschäft der Großchemie beruht nach wie vor überwiegend auf Petrochemie – der Verarbeitung von Erdöl zu allerlei Zwischenerzeugnissen und Zehntausenden von Endprodukten. Im Unterschied dazu haben die Mittelständler die Produktion innovativer Vorprodukte für die Elektronikindustrie aufgenommen.

So expandiert das Metallurgie-Unternehmen Heraeus vor allem dank der Produktion von hochreinem Quarzglas. Dies ist der Grundstoff für die Herstellung von Glasfaserkabeln, die in der Telekommunikation zunehmend die herkömmlichen Kupferkabel ablösen. Für die Produktion von Quarzglas hat das Hanauer Familienunternehmen eigens ein neues Werk in Bitterfeld, im Chemiedreieck der untergegangenen DDR, gebaut. Dort waren Ende 1997 rund 300 Personen beschäftigt; weitere 200 Arbeitsplätze sollen in den nächsten Jahren hinzukommen.

Der Pharmahersteller Merck produziert neben Arzneimitteln ebenfalls allerlei Chemikalien für die Elektronikindustrie. Das Familienunternehmen aus Darmstadt stellt unter anderem die Flüssigkristalle her, die in den LCD-Bildschirmen (LCD steht für «Liquid Crystal Display») von Kleinst-Computern, von Laptops und Notebooks, Verwendung finden.

Kein Chemieunternehmen weitet die Beschäftigung in Deutschland jedoch so stark aus wie Wacker. Von 1995 bis 1997 hat das Unternehmen aus dem bayerischen Burghausen rund 1600 Arbeitsplätze geschaffen oder gesichert.

Wacker-Chemie, jeweils zur Hälfte im Besitz der namengebenden Familie und des Hoechst-Konzerns, erzeugt, neben Polymeren und Silikonen, vor allem hochreines Silizium, das Grundmaterial für Chips. In dieser Teildisziplin der Chemie zählt die Firma zu den drei international führenden Produzenten.

Die weltweite Krise der Halbleiterindustrie knickt zwar auch die Konjunktur der Siliziumhersteller. Wacker aber steuert voraussichtlich besser durch die Flaute als die Mitbewerber. Denn die Bayern verfügen über einen technischen Vorsprung: Wacker kann als erster Hersteller der Erde das Silizium in Scheiben («Wafer») mit einem Durchmesser von 300 Millimetern liefern. Die Konkurrenten schaffen, produktionstechnisch bedingt, nur Wafer mit einem maximalen Durchmesser von 200 Millimetern. Je größer aber die Wafer sind, desto billiger kommt die Chip-Hersteller die Weiterverarbeitung.

Wie bisher will Wacker auch künftig Jahr für Jahr mehrere Hundert neue Arbeitsplätze schaffen. Die Produktionskapazitäten in den beiden bayerischen Werken Burghausen und Wasserburg sollen in den kommenden Jahren erweitert werden. Überdies errichtet Wacker in der alten sächsischen Bergbaustadt Freiberg bei Dresden für 200 Millionen Mark ein neues Werk, das 1999 in Betrieb gehen soll.[3]

Gelenkige Spezialisten

Daß kleine Firmen oft weitaus innovativer sind als große – und ihre Neuerungen vor allem rascher auf den Markt bringen können – läßt sich sehr gut auch in der Elektronik beobachten. Dort stieg ein junges Unternehmen binnen kurzer Zeit zu einem ernsthaften Konkurrenten von Siemens auf: Die Firma Beckhoff aus Verl in Westfalen ist dem Konzern auf einem wichtigen Gebiet, der Industrieelektronik, technisch voraus.

Mitte der achtziger Jahre begann das Unternehmen, elektronische Steuerungen für den Maschinenbau zu entwickeln und zu produzieren. Früh setzte Beckhoff dabei auf Personal Computer als Basis der Steuerungen. Alteingesessene Anbieter wie Siemens bauen ihre Automationssysteme dagegen nach wie vor überwiegend auf Minicomputern auf.

PC-basierte Steuerungen haben beträchtliche Vorteile. Sie sind nicht nur erheblich billiger als Minicomputer; sie geben den Anwendern der Steuerungen auch größere Freiheit beim Programmieren. So gewann Beckhoff rasch viele neue Kunden: Die Elektronik aus Verl steuert häusergroße Pressen zur Fertigung von Karosserieteilen in der Autoindustrie, Abfüllanlagen für Erfrischungsgetränke und Maschinen zur vollautomatischen Produktion von Fenstern.[4]

Allüberall sehen junge findige Firmen Chancen, die die Großen augenscheinlich gar nicht wahrnehmen. Gelenkig springen sie in Lücken, die Konzernen als zu klein, zu reizlos oder zu wenig gewinnträchtig erscheinen.

Absolventen und Angehörige der Technischen Hochschule

Aachen beispielsweise gründeten 1984 die Firma Aixtron. Das Unternehmen produziert hochkomplizierte Anlagen, die dazu dienen, dünnste Kristallschichten herzustellen. Diese wiederum werden für Elektronikgeräte aller Art benötigt – für CD-Spieler, Solarzellen und die allgegenwärtigen Mobilfunktelephone.

Aixtron hat in seiner Nische inzwischen einen Anteil am Weltmarkt von etwa 35 Prozent. 1997 betrug der Umsatz 78 Millionen Mark, fast zwei Drittel mehr als im Vorjahr. Davon gingen 92 Prozent in den Export. Mitte 1998 arbeiteten bei Aixtron 150 Menschen. In den nächsten Jahren soll eine zweite Fertigungsanlage in Betrieb gehen, in der 100 bis 120 weitere hochqualifizierte Arbeitskräfte beschäftigt werden.[5]

Ganz ähnlich wie Aixtron hat Singulus Technologies eine lukrative, zunächst winzige, dann aber stürmisch wachsende Marktlücke entdeckt. Das Unternehmen fertigt Maschinen, mit denen innovative Ton- und Datenträger hergestellt werden – Compact Discs (CD) und Digital Versatile Discs (DVD). Die Kundschaft von Singulus besteht zur Hauptsache aus den großen Plattengesellschaften, von Bertelsmann über Sony bis zu Warner.

Das Unternehmen mit Sitz im nordfränkischen Alzenau hat den Umsatz 1997 glatt auf 175 Millionen Mark verdoppelt. Vor Steuern kam Singulus auf einen Gewinn von 46 Millionen Mark. Dies entspricht einer Bruttorendite von 26 Prozent – ein Traumergebnis für jeden Maschinenbauer.[6]

Anders als Beckhoff, Aixtron und Singulus kann die Stuttgarter Firma Meissner+Wurst auf eine lange Unternehmensgeschichte zurückblicken; mit Hochtechnologie allerdings befaßt sie sich erst seit kurzem. Das schwäbische Traditionsunternehmen hat sich auf sogenannte Reinsträume spezialisiert, in denen hochempfindliche Erzeugnisse hergestellt werden, die nicht durch herumfliegende Staubpartikel verschmutzt werden dürfen.

Früher hat Meissner+Wurst seine Reinsträume vor allem an

Arzneimittelhersteller geliefert. Bei der Produktion von Medikamenten können natürlich nicht die geringsten Verunreinigungen geduldet werden. In den vergangenen Jahren freilich wurden Chip-Fabriken zu den wichtigsten Kunden. Bei der Herstellung von Halbleitern muß die Umgebungsluft noch einmal um eine Größenordnung reiner sein als bei Arzneimitteln. Die Strukturen von Chips sind heute so fein, daß ein niederfallendes Staubteilchen wie ein Felsbrocken einschlägt.

Soviel Sauberkeit beherrschen auf der Welt, wie denn anders, nur Schwaben. Meissner + Wurst gehören bei der Reinraumtechnik, neben der amerikanischen Firma Applied Materials, inzwischen weltweit zu den Marktführern. In Europa hat das Unternehmen einen Marktanteil von 50 Prozent, in Ostasien (ohne Japan und Korea) von 45 Prozent und in den USA von immerhin noch zehn Prozent.

Der Umsatz stieg 1997, wie schon im Vorjahr, um 30 Prozent auf rund 960 Millionen Mark. 1994 beschäftigte Meissner + Wurst im Jahresmittel 847 Mitarbeiter, 1997 waren es 1585, beinahe doppelt so viele wie nur drei Jahre zuvor.

Ein Landsmann, der einstige baden-württembergische Ministerpräsident Lothar Späth, hat die stürmische Expansion von Meissner + Wurst aufmerksam beobachtet. Späth, seit der Wende Chef der Thüringer Firma Jenoptik, erwarb, um die Aktivitäten seines Technologiekonzerns zu erweitern, 1994 den Stuttgarter Reinstraumspezialisten.

Die ostdeutsche Muttergesellschaft bietet der übernommenen Firma neue Geschäftschancen. Das Stuttgarter Unternehmen arbeitet heute eng mit der Jenoptik-Firma Jenfab zusammen, die Automationsanlagen für die Chipherstellung produziert. Gemeinsam können die zwei Schwestern aus Ost- und Westdeutschland nun als Systemanbieter auftreten, also komplette Chip-Fabriken ausrüsten. Dazu ist keiner ihrer Konkurrenten in der Lage.[7]

Radikale Erfindungen, umwälzende Neuerungen, der Durchbruch in unbekanntes Territorium – dies ist kaum die Sache deutscher Mittelständler. Ihre Stärke besteht eher darin, Innovationen stetig zu verbessern und neue Technologien sinnvoll mit alten zu verknüpfen. Aus den USA kommen grundstürzende Inventionen wie Computer, Mikroelektronik und Laser – in Deutschland werden nützliche Anwendungen für diese Erfindungen entwickelt, sei es bei Optoelektronik, Robotern oder Werkzeugmaschinen.

Die Aachener Firma Parsytec gilt als Europas führender Hersteller von Hochleistungs-Computern. Sie sieht ihren Geschäftszweck allerdings nicht darin, immer neue Geschwindigkeitsrekorde für Supercomputer aufzustellen. Denn Rechengeschwindigkeit ist für den Anwender völlig bedeutungslos, wenn er sie nicht mit Hilfe geeigneter Software nutzen kann.

Der Computerbauer bemüht sich vielmehr darum, branchen- und kundenspezifische Lösungen für seine Hochleistungsrechner zu erarbeiten. So stellte Parsytec 1997 ein vollautomatisches System zur Qualitätskontrolle von Bandstahl vor. Das Inspektionssystem besteht aus Kameras, einem Computer und entsprechender Software. Die Kameras, von denen eine Batterie am Ende der Fertigungsstraße eines Walzwerkes installiert sind, nehmen fortlaufend Bilder des produzierten Flachstahls auf. Die Aufnahmen werden von dem Hochgeschwindigkeits-Computer zeitgleich ausgewertet. Das Inspektionssystem ist in der Lage, nicht nur kleinste Fehler auf der Stahloberfläche zu entdecken, sondern sie auch automatisch nach den Ursachen – etwa Haspelrutscher oder Walznarben – zu klassifizieren.[8]

Einsatzreife Systeme, nicht isolierte Produkte sind ebenfalls im Roboterbau zunehmend gefragt. Bis vor wenigen Jahren waren Autobauer die weitaus wichtigsten Kunden der Roboterhersteller; sie nahmen mehr als die Hälfte der Produktion ab.

Die Autokonzerne verfügen über genügend Kompetenz, um die gekauften Roboter zum Schweißen, Lackieren und Montieren in ihre Fließstraßen zu integrieren.

Jetzt aber buhlen die Roboterhersteller um kleine und mittelgroße Firmen, die sich angesichts des zunehmenden Konkurrenzdrucks gezwungen sehen, ihre Produktion zu automatisieren. Die Mittelständler wollen jedoch keine alleinstehenden Roboter, die sie erst für ihre spezifischen Zwecke adaptieren müssen, sondern komplette Lösungen.

Konsequent wie kein Konkurrent betreibt die Firma Reis aus dem fränkischen Obernburg den Roboterbau als Systemgeschäft. Das Unternehmen entwickelt und produziert komplette Fertigungszellen für kleine und mittelgroße Kunden. Mit diesem Konzept ist Reis höchst erfolgreich. Im Geschäftsjahr 1996/97 stieg der Umsatz um 20 Prozent auf 135 Millionen Mark.

Das Unternehmen kündigte im Frühling 1998 an, die Belegschaft in Obernburg, wo rund 600 Personen beschäftigt sind, kräftig auszubauen: In zwei Phasen sollen weitere 240 Mitarbeiter, vor allem Techniker und Ingenieure, eingestellt werden. Das entspricht einem Zuwachs von 40 Prozent.

Die Geschäftsleitung entschied sich, trotz der hohen Löhne, für den Standort Deutschland: Die Bündelung von Forschung, Entwicklung und Produktion in Obernburg erleichtert die Kommunikation zwischen den Mitarbeitern verschiedener Abteilungen; dadurch steigt die Effizienz der Firma beträchtlich.[9]

Reis spricht von Robotern gern als «Zwitter»: Die Handhabungsautomaten verdanken ihr Leistungsvermögen dem wohlorganisierten Zusammenspiel von mechanischen Systemen und ausgefeilten elektronischen Steuerprogrammen. Eine Schlüsselrolle spielen dabei die Sensoren, die dem Roboter helfen, zu «fühlen» und zu «sehen».

Besonders leistungsfähige Sensoren sind Laser-Scanner. Vor wenigen Jahren noch waren sie zu teuer, um in Roboter eingebaut zu werden. Heute kosten sie nur noch einige tausend

Mark; Laser-Scanner gehören nun zur Standardausrüstung von Handhabungsautomaten. Sie ermöglichen es einem Schweißroboter, die Kanten der Bleche zu orten, die er verschweißen soll.

Lange wurde der Laser als «Lösung auf der Suche nach einem Problem» verspottet. Heute gibt es für die Erfindung nützliche Anwendungen in Fülle. Neben der Chirurgie wird der Laser vor allem im Maschinenbau eingesetzt, etwa zum Zerschneiden von Blechen oder zur Oberflächenbearbeitung von Metallen.

Hier ist die Bundesrepublik international führend. Sie produziert mehr als ein Viertel aller weltweit hergestellten Laser.[10] Zu den führenden Herstellern von Laserstrahlquellen zählt die Hamburger Firma Rofin-Sinar. Das Unternehmen gehörte einst zu Siemens, wurde jedoch Mitte der neunziger Jahre an amerikanische Investoren verkauft. Der müde Münchener Elektrokonzern mag sich ärgern: Nachdem er sich von Rofin-Sinar getrennt hat, steigt der Umsatz dort jährlich um bis zu 30 Prozent.[11]

Geballte Kompetenz

Amerika ist das Land der Pioniere. Sie bewiesen ihren Mut, ihre Tatkraft und ihre Weitsicht bei der großen Landnahme im 19. Jahrhundert. Auch heute ist der Geist der amerikanischen Wirtschaft von Pioniermentalität geprägt. Nahezu alle technologischen Durchbrüche werden einzelnen Individuen zugerechnet: Seymour Cray steht für Supercomputer, Bill Gates für Software, Steven Jobs für die Erfindung des Personal Computer.

In Europa sind Heldenverehrung, Machismo und Personenkult freilich weit weniger verbreitet als in den Vereinigten Staaten. In der Alten Welt werden Innovationen eher als Gemeinschaftsleistung verstanden, als kollektive Anstrengung von Ingenieuren und Wissenschaftlern, Arbeitern und Managern, Erfindern und Anwendern, Lieferanten und Kunden.

Viele Industrien sind in Europa nur dank enger Zusammenarbeit von Unternehmen über Jahrzehnte hinweg entstanden. Die Firmen konnten eine weltweite technische Führung oft allein nur deswegen erlangen, weil sie zu einem wechselseitigen Geben und Nehmen bereit waren.

Modell dafür ist die Druckmaschinenindustrie in Deutschland. Seit vor mehr als einem Jahrhundert der Rotationsdruck erfunden wurde, dominieren deutsche Anbieter den Weltmarkt. Die Einführung des Rotationsdrucks setzte voraus, daß das Zeitungspapier eine höhere Qualität bekam: Es mußte reißfest sein und außerdem exakt eine gleichmäßige Dicke aufweisen. Beides war zuvor beim Bogendruck nicht nötig. Die Druckmaschinenbauer setzten sich mit den Herstellern der Papiermaschinen zusammen, um dieses Problem zu lösen.

Obendrein lief das Papier mit rasender Geschwindigkeit durch die Pressen, wodurch die bislang verwendeten Druckfarben verschmierten. Die Druckmaschinenhersteller mußten sich also auch mit den Erzeugern der Farben ins Benehmen setzen, damit der Rotationsdruck möglich wurde.[12]

Solche enge Zusammenarbeit hat bis auf den heutigen Tag überdauert. So stellt die Firma Polar-Mohr aus Hofheim die Schneidemaschinen her, die beim Drucken das Abschneiden der Seiten besorgen. Die Zusatzgeräte von Polar werden von den großen Druckmaschinenherstellern mit den eigenen Anlagen gleich mitverkauft. Das gilt ebenso für die Falzmaschinen, die die Firma Stahl aus Ludwigsburg fertigt: Wer druckt, muß auch schneiden und falzen.

Das kommende große Thema der Industrie ist der digitale Druck: Dabei entfällt ein ganzer Zwischenschritt des Druckprozesses – die Belichtung von Druckplatten. Die Druckmaschinenbauer nähern sich der Zukunftstechnologie durch neue Kooperationen. Die Firma König & Bauer-Albrecht zum Beispiel arbeitet beim digitalen Druck mit dem israelischen Unternehmen Scitex zusammen. Die Heidelberger Druckmaschinen

AG (Heideldruck) hat sich mit dem amerikanischen Photokonzern Kodak zusammengeschlossen – und darüber hinaus eine Gemeinschaftsfirma mit dem badischen Softwarehaus SAP gegründet, um integrierte Softwarelösungen für Medienunternehmen zu entwickeln. Die physischen Voraussetzungen für eine gedeihliche Zusammenarbeit scheinen gegeben: Heideldruck und SAP sitzen in Rufweite, beinahe Tür an Tür, vor den Toren Heidelbergs.

Die räumliche Nähe von Unternehmen aus verwandten, ineinandergreifenden Branchen ist ein Standortvorteil, den Ökonomen erst in jüngster Zeit erkannt haben. Auch im Zeitalter der grenzenlosen Telekommunikation und des Internets spielt die informelle Kommunikation auf engstem Raum eine bedeutende, oft selbst von den Beteiligten unterschätzte Rolle.

Die fruchtbarsten Ideen werden häufig beim Schwatz auf dem Flur, beim zufälligen Treffen auf einer Konferenz, beim gemeinsamen Umtrunk in der Kneipe geboren. Leute, die es wissen müssen, behaupten, einige der intelligentesten Erfindungen, die das Silicon Valley hervorgebracht hat, seien spätabends am Tresen des Wagon Wheel in Mountain View ausgebrütet worden, einem Lokal, in dem die Entwicklungs-Ingenieure der umliegenden Computerfirmen gern einkehren.[13]

Ebenso wie in der Druckindustrie arbeiten auch Vertreter anderer Branchen, etwa «Metall» und «Elektronik», eng bei der Entwicklung von Zukunftstechnologien zusammen. Ein frappierendes Beispiel liefert die eingangs erwähnte Landtechnik, der die wenigsten Laien überschäumende Innovationsfreude zutrauen.

Dort lautet das Stichwort für künftige Entwicklungen «Precision Farming»: Seit Jahrzehnten schrumpft die Zahl der Bauernhöfe. Zugleich nimmt ihre Größe zu. In der Folge kennen die Landwirte die Beschaffenheit ihrer Böden nicht mehr so gut wie früher. Die Landmaschinenhersteller versuchen nun den Bauern mit neuer ausgefeilter Technik, mit computergesteuerten und satellitengestützten Systemen zu helfen. So hat die eingangs erwähnte westfälische Firma Claas Mähdrescher herausgebracht, die mit einem sogenannten Global Positioning System (GPS) ausgerüstet sind.

Während des Mähens ermitteln Meßgeräte für jeden Quadratmeter eines Getreidefeldes den genauen Ernteertrag. Das GPS, das mit einem Satelliten verbunden ist, lokalisiert die Meßpunkte. Die Daten werden in einem Terminal in der Fahrerkabine des Mähdreschers auf einer Diskette gespeichert.

Zu Hause kann der Bauer am PC aus den ermittelten Daten eine Karte seines Getreidefeldes ausdrucken lassen, auf der für jeden Meßpunkt exakt die abgeernteten Getreidemengen aufgetragen sind. Aus dieser Ertragskarte errechnet der Computer automatisch eine Düngekarte, auf der genau festgehalten ist, welche Menge Dünger der Bauer im nächsten Jahr an welchem Punkt seines Getreidefeldes ausbringen muß, um die Ernteerträge zu optimieren. Er braucht dann nur die entsprechende Diskette in das Terminal seines Traktors zu stecken, und der Computer regelt automatisch den optimalen Düngeraustrag.

Mit Hilfe der digitalen Landtechnik können, sagt die Firma Claas, die Ernteerträge um 30 bis 50 Prozent gesteigert werden. Die computer- und satellitengestützte Landwirtschaft ist freilich nicht billig; vollelektronische Dünge- und Mähmaschinen kosten pro Stück mehrere hunderttausend Mark. Elektronische Landtechnik eignet sich daher vor allem für großflächige Landwirtschaft, wie sie in den USA oder der einstigen UdSSR verbreitet ist.

Claas bewältigte den Einstieg in die digitale Landtechnik durch die Kooperation mit ortsansässigen Elektronikunternehmen. Die ebenfalls bereits erwähnte Firma Beckhoff aus Verl, einige wenige Dutzend Kilometer von Claas in Harsewinkel entfernt, entwickelte die Hardware für die Bordelektronik der GPS-Mähdrescher. Die Computerprogramme steuerte das Softwarehaus Klöpper & Wiege aus Lemgo bei, wie Harsewinkel und Verl in Ostwestfalen gelegen.[14]

Technologien werden zunehmend komplex. Mittelständler können die Herausforderungen nur durch Kooperation mit anderen Unternehmen bewältigen. Oft aber funktioniert die informelle, spontane und wenig geregelte Zusammenarbeit zwischen dezentral agierenden, kleinen Firmen besser als die hochorganisierten internen Abläufe in zentralistischen, bürokratischen Konzernen. Dies zeigt sich nirgends klarer als in der Software, einer zentralen Industrie des kommenden Jahrhunderts.

Die Kunst der Anwendung

Die beiden Brüder schienen für ihr gemeinsames Vorhaben, den Bau innovativer Computer, beste Voraussetzungen mitzubringen. Ihre Fähigkeiten ergänzten sich ideal: Georg Färber, Professor für Informatik, steuerte das technische Wissen bei; Eberhard Färber, Betriebswirt von Profession, sorgte für die kaufmännische Sachkunde. Anfang der achtziger Jahre begannen die beiden, in ihrer Firma PCS Computersysteme in München sogenannte Work Stations zu entwickeln und zu produzieren.

Solche besonders leistungsstarken Arbeitsplatzrechner fanden damals großen Anklang bei Ingenieuren, Wissenschaftlern und anderen Benutzern, die viel Rechenkapazität benötigen. So blühte das Unternehmen der bayerischen Brüder kräftig auf. Die Lokalpresse fabulierte bereits von einem Silicon Valley an der Isar – und hatte dabei das Weltzentrum der Informationstechnik in Kalifornien im Blick.

Doch die Hoffnungen zerstoben bald. PCS konnte sich auf Dauer nicht gegen die übermächtigen Konkurrenten aus den USA behaupten. Die kalifornischen Work-Station-Hersteller profitierten nicht nur von der Spitzenforschung der Universitäten im Silicon Valley, wo viele der weltbesten Computerwissenschaftler lehren. Sie hatten schlicht auch beim Image einen nicht zu schlagenden Vorteil: Kaum ein Kunde traute deutschen Computerunternehmen Spitzentechnik zu.

Die Brüder Färber sahen sich gezwungen, ihre Firma wenige Jahre nach der Gründung zu verkaufen. Der Maschinenbaukonzern Mannesmann übernahm ihre Anteile und führte PCS noch eine Zeitlang fort, bis das Unternehmen schließlich aufgelöst wurde.

Georg Färber zog sich auf seine Professur zurück. Eberhard aber wagte einen zweiten Anlauf als Unternehmer. 1988 gründete er gemeinsam mit einem ehemaligen Manager von Siemens, Hans Strack-Zimmermann, das Softwarehaus Ixos mit Sitz im Münchener Vorort Grasbrunn.

Diesmal hatte Eberhard Färber Fortune: Seine Firma konnte sich auf dem Markt mit einem neuartigen Produkt durchsetzen: mit elektronischen Archiven, in denen Dokumente aller Art, Texte, Graphiken, E-Mail oder gesprochene Mitteilungen, abgelegt und vor allem rasch und zielsicher wiederaufgefunden werden können.

Das Softwarehaus erzielte bald ein Wachstum von jährlich bis zu 60 Prozent. Im Geschäftsjahr 1997/98 kam Ixos auf einen Umsatz von etwa 110 Millionen Mark und beschäftigte Mitte 1998 rund 450 Mitarbeiter, 150 mehr als ein Jahr zuvor.[15]

Globale Arbeitsteilung

Der zweifache Unternehmensgründer Färber, bei Computern kläglich gescheitert, bei Software hingegen nachhaltig erfolgreich, zeigt mit seinen gegenläufigen Erfahrungen klar, wo die Chancen der Deutschen in der Informationstechnik liegen und wo nicht.

Inzwischen hat sich weltweit eine klare Arbeitsteilung herausgebildet, eine Spezialisierung in der Triade Nordamerika, Ostasien und Westeuropa. Jede der drei großen Regionen der Weltwirtschaft weist auf bestimmten Gebieten der Informationstechnik eine besondere Kompetenz auf, die die anderen Regionen nicht oder zumindest nicht im gleichen Maße besitzen.

Die USA beherrschen die wissensintensiven Schlüsseltechnologien der Informationstechnik; dazu gehören Mikroprozessoren, Betriebssysteme sowie die zentralen Bausteine des weltweiten Computernetzes Internet. Japan und die asiatischen Tiger-Staaten produzieren die standardisierten Massenkomponenten, die in einem PC die Schlüsseltechnologien ergänzen – Bildschirme, Speicherchips, Tastaturen. Deutschland und die anderen Länder Europas aber haben sich auf Anwendungs-Software spezialisiert, ohne die Computer gänzlich nutzlos wären.

Wenn Kritiker wie der Historiker Arnulf Baring behaupten, die Deutschen seien zu begriffsstutzig gewesen, um die Bedeutung des Computers in der heraufkommenden Wissensgesellschaft zu erkennen [16], dann zeugt dies lediglich von der eigenen Unkenntnis der technologischen Entwicklung. Tatsächlich haben auch in der Bundesrepublik bereits in den fünfziger und sechziger Jahren zahlreiche Unternehmer begonnen, Computer zu bauen – darunter Heinz Nixdorf in Paderborn.

Nixdorf führte sogar eine grundlegende Neuerung in die Informationstechnik ein – die sogenannte Mittlere Datentechnik. Dies waren Minicomputer, die sich auch kleine und mittelgroße Unternehmen leisten konnten – im Gegensatz zu den bis in die siebziger Jahre vorherrschenden Großrechnern (Mainframes), die viele Millionen Mark kosteten.

Selbst dem behäbigen Elektrokonzern Siemens glückte es nach mehreren gescheiterten Anläufen schließlich, in der Computertechnik Fuß zu fassen, dank staatlicher Subventionen von mehreren Milliarden Mark. Wie Nixdorf und die vielen kleineren Computerhersteller Deutschlands schaffte es aber auch Siemens nicht, außerhalb Deutschlands und einiger weniger anderer europäischer Staaten nennenswerte Marktanteile zu erobern.

In den übrigen Ländern Europas blieben die Computerbauer ebenfalls weitgehend auf den Binnenmarkt beschränkt. Die Hersteller aus Großbritannien, Holland, Italien und den skandinavischen Ländern haben mittlerweile nahezu alle aufgegeben oder wurden von amerikanischen und japanischen Konzernen übernommen. Der staatliche französische Computerbauer Bull verkauft überwiegend an französische Behörden und Staatsbetriebe.

Das Scheitern der Europäer in der Computertechnik lag aber weder in Begriffsstutzigkeit oder Einfallslosigkeit noch in Mißmanagement begründet. Der Grund war vielmehr ein einschneidender Technologiebruch. Die Computer der ersten Generationen hatten alle herstellerspezifische Betriebssysteme. Auf den Rechnern der Firma X lief nicht die Software, die für Computer der Firma Y geschrieben worden war. Es war daher technisch schwierig und teuer, von einem Computerbauer zu einem anderen zu wechseln – sämtliche Programme für die Rechner mußten dann neu geschrieben werden. Das gab jedem Hersteller einen gewissen Schutz vor der Konkurrenz. Auch die kleinen Europäer konnten sich gegen die großen Amerikaner zunächst auf dem Markt behaupten.

Das alles änderte sich aber schlagartig mit dem Vordringen des Personal Computers. Im Gegensatz zu den Großrechnern und Minicomputern haben PC weltweit fast alle das gleiche Betriebssystem. Der Personal Computer ist ein standardisiertes Massenprodukt, das vor allem über den Preis verkauft wird.

Die «Intelligenz» eines PC steckt in lediglich zwei Schlüsseltechnologien – dem Mikroprozessor und der System-Software. Beide Komponenten sind bei rund 90 Prozent aller Computer identisch. Ihre Hersteller – die US-Unternehmen Intel und Microsoft – haben technisch bedingte Monopolstellungen auf dem Weltmarkt und erzielen deswegen auch exorbitant hohe Gewinne.

Die PC-Hersteller machen, überspitzt formuliert, nichts weiter, als diese zwei Schlüsselkomponenten auf mehr oder weniger gleiche Weise mit Standardbausteinen zusammenzumontieren. Sie sind völlig abhängig von den beiden Kernunternehmen der PC-Industrie Intel und Microsoft. Die geographische Nähe zu den Schlüssellieferanten gibt amerikanischen PC-Produzenten in der schnellebigen Computerindustrie einen Vorsprung auf dem Weltmarkt.

Während Betriebssystem und Mikroprozessor einen hohen Aufwand an Forschung und Entwicklung bedingen, kommt es bei den Standardkomponenten auf hohe Effizienz in der Fertigung bei gleichbleibend guter Qualität an. Das aber sind die Stärken asiatischer Elektronikkonzerne. So stammen die Speicherchips für Personal Computer überwiegend aus Japan oder aus Korea. Bei Monitoren und Tastaturen ist Taiwan weltweit führend. Singapur beherrscht den Markt für Laufwerke.

Die amerikanischen Monopole bei den Schlüsseltechnologien können europäische Unternehmen nicht brechen. Gegen die Billighersteller aus Asien, die unablässig von einem Niedriglohnland zum nächsten ziehen, haben sie gleichfalls keine Chancen. Die Europäer müssen sich auf das spezialisieren, was sie besonders gut können – nämlich Anwendungen für Innovationen finden und neue Technologien in eine gewachsene Umgebung integrieren. Und wie oben gezeigt, haben es die Deutschen in Bereichen, in denen sie traditionell stark sind, durchaus verstanden, die Mikroelelektronik innovativ in die angestammten Produkte einzubinden – von der Elektrotechnik bis zum Maschinenbau.

In der Informationstechnik liegt die Kompetenz der Europäer vor allem in der sogenannten Anwendungs-Software. Computer an sich sind dumm. Man muß ihnen detaillierte Anweisungen geben, was sie wie zu tun haben, damit sie ihren Nutzen entfalten können. Eines der wichtigsten Gebiete der Anwendungs-Software ist das sogenannte Enterprise Resource Planning (ERP). Hinter der umständlichen Bezeichnung verstecken sich komplexe Computerprogramme, die Unternehmen benutzen, um ihre Ressourcen, ihr Kapital, ihre Rohstoffe, ihre Maschinen und Anlagen, ihre Entwicklungskapazitäten und ihre Mitarbeiter weltweit optimal einzusetzen. Diese Software beeinflußt die Globalisierung der Wirtschaft heute weitaus intensiver als das Internet, das in aller Munde ist.

Und in diesem wichtigen Spezialbereich hat ein deutsches Unternehmen mit klarem Abstand die internationale Spitzenposition inne: Das Softwarehaus SAP, in dem badischen Städtchen Walldorf nahe Heidelberg ansässig, hält bei Business Software einen Anteil am Weltmarkt von 33 Prozent. Das ist exakt genausoviel wie die fünf nächstgrößten Mitbewerber – ein Unternehmen aus den Niederlanden und vier amerikanische Softwarehäuser – zusammen haben.[17]

Europas Antwort auf Microsoft

Den Baukränen im Gewerbegebiet von Walldorf wird keine Ruhepause gegönnt. Sobald ein neues Bürogebäude im Rohbau steht, schaffen Arbeiter die Kräne einige Dutzend Meter fort, um sie an der nächsten Baugrube neu aufzurichten.[18]

Bauherr ist stets dieselbe Firma. Das Softwarehaus SAP braucht Platz für seine neuen Mitarbeiter; allein in der ersten Jahreshälfte 1998 hat das Unternehmen mehr als 4000 Arbeitsplätze geschaffen, davon 1300 in der Bundesrepublik.

Im vergangenen Jahrzehnt lag das Wachstum der SAP nie unter 40 Prozent. 1997 schoß der Umsatz von 3,7 auf genau sechs Milliarden Mark empor. In den ersten sechs Monaten von 1998 nahmen die Verkaufserlöse abermals um gut 60 Prozent zu. So rasch wächst kein einziges anderes Unternehmen dieser Größe in Deutschland.

Vom Umsatz bleiben dem Softwarehaus gewöhnlich mehr als 20 Prozent als Gewinn. 1997 waren es gut eine Milliarde Mark. Auch die Rendite ist unerreicht unter den deutschen Großunternehmen.

Schließlich zählt SAP zu den erfolgreichsten deutschen Exporteuren: Seine Computerprogramme setzt der Software-Konzern nur zu 20 Prozent in Deutschland ab, zu 25 Prozent aber im europäischen Ausland und zu neun Prozent in Asien.

Größter einzelner Markt ist die informationstechnische Supermacht USA, wo SAP 44 Prozent des Umsatzes erzielt, nicht viel weniger als die Hälfte.

Die anhaltende Expansion schlägt sich auch in der Beschäftigung nieder: Ende 1996 hatte SAP weltweit 9202 Mitarbeiter, Ende 1997 waren es 12856, knapp 40 Prozent mehr. Zum Jahreswechsel kündigte die Firma an, 1998 weitere 5000 Arbeitsplätze zu schaffen. Das Ziel war bereits im September fast erfüllt, als die Mitarbeiterzahl die Marke von 18000 überstieg. Knapp die Hälfte der Beschäftigten arbeitet im Inland, obschon das Softwarehaus 80 Prozent seines Umsatzes im Ausland erwirtschaftet.

Zu den Kunden zählen vorwiegend Großunternehmen, zunehmend allerdings auch Mittelständler. Von den 500 größten Unternehmen der Erde haben bislang schon rund die Hälfte Software von SAP eingesetzt, darunter fast alle bedeutenden Autohersteller und viele EDV-Firmen wie etwa Microsoft.

Gegründet wurde die SAP 1972 von fünf jungen Software-Ingenieuren, die zuvor alle bei der deutschen Tochtergesellschaft des Computerherstellers IBM beschäftigt gewesen waren. Dazu gehörten Dietmar Hopp, heute Vorsitzender des Aufsichtsrats, Hasso Plattner, Sprecher des Vorstandes, und Klaus Tschira, Mitglied des Vorstandes der SAP. (Die beiden übrigen Gründer sind in der Zwischenzeit ausgeschieden.)

Die fünf arbeiteten bei IBM damals als sogenannte Systemberater für betriebswirtschaftliche Lösungen – und taten dabei immer wieder dasselbe. Denn Anfang der siebziger Jahre wurden Computerprogramme für jeden Auftraggeber individuell geschrieben. Den SAP-Gründern aber war bereits damals klar, welche grandiose Verschwendung von Arbeitskraft die individuelle Programmierung darstellte: Für jeden Kunden mußte das Rad neu erfunden werden. Hopp und seine vier Kollegen dachten, man müsse Standard-Software entwickeln, die von jedem Unternehmen in jeder Branche eingesetzt werden könne. Anders würden die Computerunternehmen den exponentiell wachsenden Aufwand für die Entwicklung von Computerprogrammen künftig gar nicht mehr bewältigen können.

Ihr Arbeitgeber wollte von diesen Ideen jedoch nichts hören. So kamen die fünf SAP-Gründer überein, ihren Plan auf eigene Rechnung und eigenes Risiko zu realisieren, und holten sich von IBM die Genehmigung, ihr dort erworbenes Wissen in ihrem eigenen Unternehmen zu verwerten. Im April 1972 wurde die Firma «Systeme, Anwendungen, Produkte in der Datenverarbeitung» gegründet, die heute nur noch unter ihrer Abkürzung SAP bekannt ist.

Hopp und seine vier Mitgesellschafter beschlossen, ihren Kunden die damals fortschrittlichste Technik zu bieten. Dazu zählte beispielsweise Realtime-EDV, Datenverarbeitung in Echtzeit. Damit konnten die Nutzer erstmals im Realzeit-Dialog mit dem Computer arbeiten. Zuvor mußten sie mindestens einen Tag warten, bis die eingegebenen Daten, meist über Nacht, verarbeitet worden waren.

Dies war eine kühne Entscheidung. Denn Anfang der siebziger Jahre besaßen selbst Großcomputer noch nicht genügend Rechenkraft, um im Echtzeit-Betrieb zu arbeiten. Erst um 1980 herum brachten IBM und Siemens Mainframes heraus, die über hinreichend Leistung für das neue EDV-Verfahren verfügten.

Ferner arbeitete SAP von Beginn an mit sogenannten relationalen Datenbanken, die es erlaubten, gespeicherte Daten in beliebigen Verknüpfungen abzurufen. Dies ist wichtig, wenn etwa ein Unternehmen neuen, überraschenden Trends auf seinem Markt oder in der Volkswirtschaft nachgehen will. Solche relationalen Datenbanken waren damals gerade von der Darmstädter Software AG herausgebracht worden. Zu dem Unternehmen unterhält SAP noch heute enge Beziehungen.

Drittens schließlich sollte die Software von SAP alle betriebswirtschaftlichen Anwendungen in ein einziges, einheitliches System integrieren. Die Programme sollten alle Funktionen in einem Unternehmen miteinander verknüpfen – vom Einkauf über die Produktion bis zum Vertrieb.

Früher als den Konkurrenten, die schon auf dem Markt waren, ging Hopp und seinen ehemaligen IBM-Kollegen auf: Der Kunde hat nur dann wirklich etwas von der Informationstechnik, wenn die Software den gesamten Mengen- und Wertefluß in einem Unternehmen zeitgleich darstellen kann. Isolierte Lösungen nutzen wenig.

Um sich kundig zu machen, welche betriebswirtschaftlichen Anforderungen die geplante Software zu erfüllen hätte, nisteten sich die SAP-Entwickler bei Pilotkunden in unmittelbarer Nachbarschaft zum Firmensitz in Walldorf ein. Hierzu gehörten etwa der Autozulieferer Freudenberg, die Firma Hartmann + Grünzweig (ein Hersteller von Dämmstoffen) und die deutsche Niederlassung des britischen Chemiekonzerns ICI.

Die Standard-Software, die SAP ab 1973 in einzelnen Teilen, sogenannten Modulen, auf den Markt brachte, wurde mithin nicht im Elfenbeinturm entworfen, sondern in engstem Kontakt zur Praxis, zu den Anwendern, die später mit den Computerprogrammen arbeiten müssen. Überdies gingen die fünf Jungunternehmer eine Kooperation mit der Managementberatungs-Gesellschaft Plaut ein, die der SAP mit ihrem Know-how aus der Beratung mittelständischer Firmen weitere Entwicklungsimpulse gab.

In den ersten acht Jahren ging es ganz langsam voran. «Die wachstumsschwachen siebziger Jahre sind auch dadurch erklärbar, daß eben noch nicht genug Firmen Computer hatten, deren Leistungskraft für unsere komplexe Software ausgereicht hätte», sagte Hopp, bis Anfang 1998 Vorstandsvorsitzender und danach Aufsichtsratschef der SAP. «Doch ich denke, es hat uns sehr gut getan, daß wir uns in dieser Zeit darauf konzentrieren konnten, unsere Produkte zu entwickeln – ohne die Probleme und Sorgen, die eine rasche Expansion ja auch mit sich bringt.»

Die SAP-Produkte sind auf ihre Weise sehr deutsch – gründlich und sorgfältig gearbeitet, aber nicht unbedingt immer auf dem neuesten technischen Stand. Die Kunden stört es nicht. Sie wollen nicht den technologischen Dernier Cri, sondern wanzenfreie Software, die funktioniert, ohne abzustürzen. Denn die SAP-Programme steuern die zentralen Funktionen eines Unternehmens.

Ein hypothetisches Beispiel illustriert, wie tief die Software von SAP in die Arbeit eines Unternehmens eingreift: Eine amerikanische Warenhauskette bestellt bei einem Sportartikelhersteller in Franken per E-Mail 100 000 Paar Turnschuhe. Die zuständige Sachbearbeiterin gibt den Auftrag in die Software R/3 von SAP ein. Das Computerprogramm stellt fest, daß in einem Großlager in New Jersey 40 000 Sportschuhe des bestellten Typs vorrätig sind, und übermittelt den Auftrag zur Auslieferung. Die Schuhe werden per Lastwagen zu den Filialen der Warenhauskette transportiert.

Gleichzeitig prüft die Software, in welcher der weltweit zwölf Fabriken des Sportartikelherstellers Kapazitäten frei sind, um die noch fehlenden 60 000 Paar Turnschuhe zu produzieren. Das R/3-Programm stellt fest, daß das Werk in Vietnam hierfür am besten geeignet ist. Allerdings müßten dort mehrere Dutzend Aushilfskräfte eingestellt werden, um den Großauftrag erfüllen zu können. Auch dies registriert die Software automatisch und richtet eine entsprechende Anforderung an die zuständige Personalabteilung.

Schließlich konstatiert die SAP-Software per Datenfernübertragung zum Lager des Werks Vietnam, daß dort nicht genügend Schnürsenkel zur Fertigung der 60 000 Turnschuhe vorhanden sind. Das Programm veranlaßt, daß die fehlenden Vorprodukte per Luftfracht aus einer Fabrik in Slowenien nach Vietnam gebracht werden.

Auch der Kunde, die amerikanische Warenhauskette, ist über diese Produktionsengpässe jederzeit unterrichtet. Per Order

Tracking weiß er stets genau, in welchem Stadium sich die Bearbeitung seines Auftrags befindet.

In der Hauptverwaltung des Sportartikelherstellers in Franken speist die SAP-Software die Produktionsdaten automatisch in die Buchhaltung ein. Schließlich wertet das Computerprogramm die Daten aus, um neue Geschmackstrends zu erkennen; der Großauftrag aus den USA bestätigt die Vermutung der Marketing-Fachleute, daß sich bei den Jugendlichen eine neue Modefarbe für Turnschuhe durchzusetzen scheint.

«Verglichen mit der Software von SAP sind die Anwendungsprogramme von Microsoft trivial», resümiert der amerikanische Unternehmensberater Michael Hammer. Wenn ein böser Dämon über Nacht alle Anwendungsprogramme von Microsoft auslöschen würde, dann müßten, so der Consultant, Manager und Sekretärinnen ihre Dokumente wieder wie früher mit der Schreibmaschine tippen. «Wenn aber die Anwendungsprogramme von SAP verschwänden, dann würde der weltweite industrielle Komplex plötzlich stillstehen», sagt Hammer.[19]

Der virtuelle Konzern

Die Software von SAP gehört zum Kompliziertesten, das die Informationstechnik bislang hervorgebracht hat. Um die Computerprogramme treffgenau auf die Bedürfnisse der Kunden zuzuschneidern, arbeitet SAP mit einer Unzahl anderer Unternehmen zusammen. Das Softwarehaus ist Nabel eines virtuellen Konzerns, der Hunderte von Partnerfirmen umfaßt.

So kooperiert das badische Softwarehaus mit fast allen internationalen Unternehmensberatungs- und Wirtschaftsprüfungsgesellschaften. Sie helfen SAP, die Eroberung neuer Märkte vorzubereiten. Denn niemand kennt Managementstil, Handelsrecht und Steuersystem in anderen Ländern besser als die multinational agierenden Unternehmensberater und Wirtschaftsprüfer. Sie stellen ihr Wissen SAP zur Verfügung, damit das Softwarehaus seine Programme den unterschiedlichen Anforderungen anpassen kann. Im Gegenzug dürfen sie die Software von SAP vertreiben oder bei den Kunden installieren – für viele der Firmen wie Arthur Andersen, KPMG oder Price Waterhouse ein einträgliches Zusatzgeschäft.

Die Software von SAP ist freilich so komplex, daß ein gewaltiger Arbeitsaufwand nötig ist, um die Computerprogramme in einem Unternehmen zum Laufen zu bringen. «Das ist ein Monstrum», sagt etwa ein EDV-Manager des Hausgeräteherstellers Miele, der Mitte der neunziger Jahre die neue Produkt-Generation R/3 anschaffte. Es kann zwölf Monate und länger dauern, bis die Software fehlerfrei funktioniert.

SAP überläßt die zeit-, geld- und nervenraubende Aufgabe der Installation gern Partnerfirmen. Dazu gehören beispielsweise Compunet aus Kerpen im Rheinland und Ploenzke aus Kiedrich in Hessen. Die beiden Unternehmen beschäftigen jeweils rund 3000 Menschen in der Bundesrepublik.

Weltweit arbeiten heute mehr als zwei Millionen Menschen mit Software von SAP. Sie alle mußten erst einmal lernen, mit den komplizierten Computerprogrammen zurecht zu kommen. Spezialisierte Firmen übernehmen die Einweisung und Schulung der Anwender. Dazu gehört beispielsweise die Tübinger Firma Integrata, die Ende 1998 rund 1000 feste und freie Trainer für die Qualifizierung von Computernutzern in Lohn und Brot hielt.

Trotz der erschlagenden Komplexität der SAP-Software sind aber viele Kunden mit der gebotenen Leistung noch nicht zufrieden; sie verlangen weitere Funktionen. Zahllose Zuliefererfirmen entwickeln deshalb spezialisierte Computerprogramme, die die Software von SAP ergänzen. Dazu gehört etwa die Firma IDS, die von August-Wilhelm Scheer, Professor für Wirtschaftsinformatik an der Universität des Saarlandes, gegründet wurde. Scheer und seine Mitarbeiter entwickelten ein Computermodell zur Simulation der Geschäftsprozesse in Unternehmen. Es wird vielfach zusammen mit SAP-Programmen installiert. IDS erzielte 1997 mit 600 Mitarbeitern einen Umsatz von 100 Millionen Mark.

Auch die elektronischen Archive, die das eingangs erwähnte Softwarehaus Ixos liefert, sind für die Integration in die R/3-Software vorgesehen. Und die israelische Firma Ofek-Tech bietet spezielle Software für den Handel an, die das entsprechende Produkt der SAP um zusätzliche Leistungsmerkmale ergänzt.

Schließlich arbeitet SAP auch mit den weltweit führenden Unternehmen der Informationstechnik zusammen, um Anschluß an die neuesten Entwicklungen zu halten. So half Microsoft der SAP, einen riskanten Technologiesprung zu bewältigen. Ursprünglich liefen die Programme der Deutschen nur auf Großrechnern. Dank Microsoft, dem Weltmarktführer für PC-Software, sind sie jetzt auch tauglich für Arbeitsplatzrechner und vernetzte PC-Systeme.

In der gleichen Weise will das badische Softwarehaus die Herausforderung des Internet bewältigen. Vorstandssprecher Hasso Plattner sagt voraus: «In der Zukunft wird das Internet mehr sein als bloß eine Technologie für Multimedia-Informationen. Die Nutzung des Internet als Plattform für betriebswirtschaftliche Anwendungen wird die Welt der Wirtschaft schon morgen radikal verändern – von der Produktion über den Verkauf bis zur Vertriebslogistik.»[20]

Auch hier schloß sich SAP mit einem kompetenten Partner zusammen. Im August 1997 gründete das Unternehmen mit dem amerikanischen Elektronikkonzern Intel ein Gemeinschaftsunternehmen namens Pandesic. Es bietet Computerprogramme für E-Commerce, den elektronischen Handel per Internet an. Das Software-Paket von Pandesic unterstützt die digitalen Versandhäuser unter anderem mit Marketing, Auftragsbearbeitung, Versand, Rechnungswesen sowie Zoll- und Steuerfragen.

Künftig werden Computer und Telefon, wie bereits seit langem prophezeit wird, eng zusammenwachsen. Auch diesen für ihr Geschäft wichtigen Trend möchte die SAP nicht versäumen. Im Juli 1998 gründete das Softwarehaus mit Deutschlands führendem Telekomausrüster Siemens eine Gemeinschaftsfirma, um die R/3-Software von SAP und das Kommunikationssystem Hicom von Siemens zusammenzuführen.

Alles in allem hatte SAP bis zum Sommer 1998 weltweit rund 600 Kooperationsabkommen mit Partnerfirmen geschlossen. Die SAP selbst hatte im September 1998, wie bereits erwähnt, 18000 Mitarbeiter. Außerhalb des Unternehmens waren weitere gut 40000 Fachleute mit der Installation, Wartung und Weiterentwicklung der SAP-Programme beschäftigt.[21]

SAP ist Mittelpunkt eines informellen Unternehmensverbandes mit annähernd 60000 Mitarbeitern, der den ganzen Erdball umspannt. In solchen virtuellen Firmen, in lockeren Netzen statt straff organisierten Konzernen, sehen viele Beobachter die Zukunft der Wirtschaft.

Jobmaschine Software

Die Erfolgsgeschichte der SAP stellt keineswegs eine staunenswerte Ausnahme dar. Innovationsfähigkeit, Unternehmergeist und Wagemut sind durchaus nicht, wie gelegentlich polemisch behauptet wird, im «Freizeitpark» Bundesrepublik ausgestorben, sondern heute so lebendig wie in den Gründerjahren des 19. Jahrhunderts oder während des Wirtschaftswunders der fünfziger Jahre.

Dies zeigt, wie kaum ein anderer Wirtschaftszweig, die Informationstechnik. Rund 20000 Softwarefirmen wurden in den vergangenen 25 Jahren in der Bundesrepublik gegründet.[22] Es sind Spezialisten für Aufgaben jeder Art darunter.

Die Firma Beta Systems etwa bietet Software an, mit der sich die Rechenzentren von Großunternehmen effizienter verwalten lassen. 1997 erzielte das Berliner Unternehmen einen Umsatz von 68 Millionen Mark – ein Fünftel mehr als im Jahr zuvor.

Die Brokat Informationssysteme entwickelte eine Verschlüsselungs-Software, mit der der Zahlungsverkehr per Internet vor Mißbrauch geschützt werden kann. Das Unternehmen, 1994 in Böblingen bei Stuttgart gegründet, stellt Monat für Monat zehn neue Mitarbeiter ein.

Die Firma Dr. Materna aus Dortmund hat sich auf Software für den Mobilfunk spezialisiert, die es erlaubt, auf dem Handy Aktienkurse und andere aktuelle Wirtschaftsmeldungen von Nachrichtenagenturen abzufragen. 1997 stockte das Unternehmen seine Belegschaft um rund 100 auf 500 Mitarbeiter auf.

Professor Georg Nemetschek rief in München ein Softwarehaus ins Leben, das CAD-Programme für Architekten und Bauingenieure entwickelt. Trotz der Flaute am Bau blüht die Firma: 1997 sprang der Umsatz der Nemetscheck AG um fast ein Viertel auf 141 Millionen Mark.[23]

Die Entwicklung und der Vertrieb von Software gehören zu den wenigen High-Tech-Branchen, in denen auch Unternehmen aus Ostdeutschland reüssieren. Da die Technologie so rasch voranschreitet, gehen die Wettbewerbsvorteile alteingesessener Firmen häufig rasch verloren. Andererseits brauchen Existenzgründer in diesem Wirtschaftszweig nicht viel Kapital, aber um so mehr gute Ideen, Risikobereitschaft und motivierte, qualifizierte Mitarbeiter – Ressourcen, die in den neuen Ländern oft reichlicher vorhanden sind als in den alten.

So zählt etwa Intershop Communications zu den expansivsten Softwarehäusern der Bundesrepublik. Die Firma wurde 1992 in Jena von Wilfried Beeck, Stephan Schambach und Karsten Schneider gegründet. Schambach, heute Chef des Unternehmens, war damals gerade 21 Jahre alt.

Intershop, eine ironische Anspielung auf die Kaufhäuser der

DDR, in denen nur Ausländer mit harten Devisen einkaufen durften, entwickelt Software für das Internet Shopping, den Einkauf per Bildschirm. Hier ist das Unternehmen Pionier in Europa und Marktführer dazu. Zu den wichtigsten Kunden (und Teilhabern) gehört die Deutsche Telekom.

Anfang 1997 hatte Intershop 80 Mitarbeiter. Im Herbst 1998 waren es schon rund 300 – mehr als dreimal soviel. Um in den USA Fuß zu fassen, verlegte Intershop-Chef Schambach den Sitz seines Softwarehauses zwar nach San Francisco. Fast die Hälfte der Mitarbeiter ist aber nach wie vor in Jena beschäftigt.[24]

Die Informationstechnik zählt zu den expansivsten Branchen Deutschlands. Von 1995 bis 1998 entstanden hier rund 120000 neue Arbeitsplätze. Insgesamt arbeiten heute, mit etwa 425000 Beschäftigten, fast viermal so viele Menschen in diesem weiter wachsenden Wirtschaftszweig wie in der sterbenden Stahlindustrie. Die höchste Dynamik verzeichnen Software und EDV-Dienste, wo das Wachstum jährlich 20 Prozent beträgt.[25]

Software hat für die deutsche Industrie zunehmend eine Schlüsselfunktion. Technisch anspruchsvolle Produkte bestehen zu einem immer größeren Teil aus Elektronik und damit auch aus Software – ob Autos, Flugzeuge oder Kraftwerke. Bei Vermittlungsanlagen für die Telekommunikation machen die Computerprogramme rund 75 Prozent des Verkaufswerts aus. «Die Softwarebranche ist damit das Rückgrat des Produktionsstandortes Deutschland und eine seiner Triebfedern, die wesentlich zu seiner weltweiten Geltung beiträgt», stellt Dieter Jaeschke fest, Vorstandschef des Berliner Softwarehauses PSI.[26]

Der Tiger von Bangalore

Oft wird befürchtet, die Softwarefirmen würden bald schon ebenso abwandern wie zuvor andere arbeitsintensive Industriezweige auch. Und im Gegensatz zu Automobilbau, Chemie oder Elektrotechnik bedarf es keiner riesigen Investitionen, um eine Software-Industrie aufzubauen. Alles, was ein Programmierer braucht, sind ein Personal Computer, ein Internet-Anschluß und ein Büro.

So haben Entwicklungsländer längst begonnen, in großem Maßstab Software-Industrien aufzuziehen. Schrittmacher ist dabei Indien. Das Land hat zwar die Breitenbildung vernachlässigt, verfügt aber über erstklassige Universitäten und technische Hochschulen, deren Absolventen großenteils genausogut qualifiziert sind wie Akademiker aus den Industrieländern.

Seit Anfang der achtziger Jahre haben sich deshalb im High-Tech-Zentrum Bangalore im südindischen Bundesstaat Karnataka zahllose Elektronikunternehmen aus den westlichen Industrieländern niedergelassen, darunter auch deutsche Firmen wie SAP und Siemens. Die Filialen erledigen ausgelagerte Programmierarbeiten für die Muttergesellschaften in den Heimatländern. Per Satellitenkommunikation können die benötigten Datensätze jederzeit in Sekundenschnelle von Kontinent zu Kontinent übermittelt werden.

Die indische Software-Industrie umfaßt mittlerweile mehr als 730 Unternehmen. Seit 1990 erzielte sie ein Wachstum, das im Jahresmittel mehr als 50 Prozent betrug. In der Branche arbeiteten 1997 rund 160000 Menschen.[27]

Nach dem Vorbild Indiens bauen nun andere Entwicklungsländer ebenfalls Software-Industrien auf – etwa Ägypten, Brasilien und Pakistan. Eine Gefahr für die hochentwickelten Industriestaaten bedeuten die jungen Software-Nationen jedoch kaum. Dafür sprechen mehrere Gründe.

Erstens sind Indiens Softwarehäuser vor allem mit relativ einfachen Programmierarbeiten beschäftigt. Ihr Hauptarbeitsgebiet bildet gegenwärtig noch das sogenannte Jahr-2000-Problem: In vielen Computersystemen älterer Bauart sind Jahreszahlen nur mit den letzten beiden Ziffern angegeben. Wenn zu

Silvester 1999 die zwei Ziffern von 99 auf 00 springen, streiken voraussichtlich viele Rechner, weil ein solcher Wechsel der Jahreszahl unsinnig ist.

Um das Problem zu beseitigen, müssen die fraglichen Computerprogramme Zeile für Zeile auf Datumsbezüge geprüft und die zweistelligen durch vollständige vierstellige Jahreszahlen ersetzt werden. Dies ist eine gewaltige Fleißaufgabe, aber kaum eine intellektuelle Glanzleistung, die Indiens Softwarehäuser irgendeinen Vorteil auf dem Weltmarkt verschaffen könnte.

Die eigentliche Entwicklung von Software ist eine sehr viel komplexere Herausforderung. Hierfür sind nicht nur Informatikkenntnisse auf dem Stand der Technik erforderlich, die Indiens Programmierer durchaus besitzen. Um Software zu entwerfen, die ihre Aufgaben wirklich erfüllt, müssen die Entwicklungsingenieure zudem genau wissen, wozu die Programme eingesetzt und wie sie von den späteren Anwendern benutzt werden. Dies setzt Kenntnisse und Erfahrungen voraus, über die die Software-Ingenieure in Indien fern vom Kunden kaum verfügen können.

Vor allem müssen die Software-Designer in komplexen Zusammenhängen denken können. Dies gilt insbesondere für die Business Software von SAP, in der alle Funktionen eines Unternehmens integriert sind. Die einzelnen Module der Software sind auf vielfältige Weise miteinander verknüpft. Das System, das sie bilden, muß mit einem Minimum an Reibungsverlusten funktionieren.

Das Denken in Systemen aber beherrschen – aus kulturellen Gründen – offensichtlich die Software-Ingenieure in Deutschland und anderen europäischen Ländern wesentlich besser als ihre Kollegen in Indien, in Ostasien und auch in den USA. So verlegen viele japanische Elektronikkonzerne ihre Abteilungen für Software-Architektur, für die Entwicklung der Grundlinien neuer Computerprogramme, in europäische Länder.

Für die Entwicklung von Software ist offenbar informelle

Zusammenarbeit auf engstem Raum eine unerläßliche Voraussetzung. Nicht ohne Grund konzentriert sich die Informationsindustrie weltweit im Silicon Valley. In der Business-Software scheint sich, ganz ähnlich, ein internationales Zentrum in Süddeutschland herauszubilden: Wichtige Partnerfirmen des virtuellen Konzerns SAP sind nur eine kurze Autofahrt von der Hauptverwaltung in Walldorf bei Heidelberg entfernt, so daß spontane, kurzfristig angesetzte Treffen zwischen den Programmierern kommod möglich sind.

Ein weiteres kommt hinzu: Software an sich ist oft wertlos. Der Anwender muß auch genau wissen, wozu sie dient, wie sie funktioniert und wie sie benutzt wird. Erst durch intensive Beratung und eingehende Schulung wird der Nutzen der Software für den Anwender erschlossen. «Der Mehrwert liegt nicht in der Software», konstatiert Gerhard Krüger, Professor für Informatik an der Universität Karlsruhe, «sondern entsteht hinterher im Unternehmen. Deshalb gibt es keine beliebig erweiterbaren Exportmöglichkeiten.»[28]

Trotz oder wegen des Gründer-Booms ist das Angebot an qualifizierten Programmierern zur Zeit weltweit äußerst knapp. EDV-Firmen empfinden es geradezu als Balsam für ihre brennenden Nachwuchsprobleme, daß die Entwicklungsländer so viele Software-Ingenieure ausbilden. Es sind also nicht in erster Linie die niedrigen Arbeitskosten, weswegen Elektronikkonzerne nach Bangalore gehen, sondern schlicht die Tatsache, daß sie zu Hause kaum noch gutausgebildete Arbeitskräfte finden. Allein in Deutschland waren Mitte 1998, laut dem ehemaligen Chef von IBM Deutschland, Hermann-Josef Lamberti, in der Informationstechnik 75 000 Stellen unbesetzt.

«Billig» sind indische Programmierer keineswegs mehr. Denn auch in Indien herrscht zunehmend Knappheit an erfahrenen Software-Ingenieuren. Mindestens 100 000 EDV-Fachleute sind aus Indien in die Industrieländer emigriert, vor allem in die USA, um dort besser bezahlte Stellungen anzunehmen. So steigen auch die Gehälter von Software-Ingenieuren in Indien Jahr für Jahr um 20 bis 30 Prozent. Ein Hochschulabsolvent kann mit einem Einstiegsgehalt von jährlich 150000 Rupien rechnen, umgerechnet etwa 6400 Mark. Das ist für deutsche Verhältnisse ein Hungerlohn, für Indien freilich eine ansehnliche Vergütung. Nach zehn Jahren Berufserfahrung klettern die Jahresgehälter dann allerdings auf eine Million Rupien oder 43000 Mark. Dies entspricht bereits annähernd dem Lohnniveau deutscher Facharbeiter.[29]

Gleichzeitig aber können die indischen Software-Ingenieure in einem Land mit ganz unzureichender Infrastruktur, wo beispielsweise der Strom regelmäßig ausfällt, natürlich längst nicht so produktiv sein wie ihre Kollegen in den Industrieländern. Die indischen Software-Häuser erzielten 1996 im Durchschnitt einen Pro-Kopf-Umsatz von rund 80000 Mark. Der deutsche Marktführer SAP kam im gleichen Jahr auf mehr als 400000 Mark – also das Fünffache. Unter dem Strich unterscheiden sich deshalb die Arbeitskosten der indischen Software-Industrie nicht wesentlich von denen in den westlichen Hochlohnländern.

Aufgrund der weltweiten, augenscheinlich noch kräftig zunehmenden Knappheit an Software-Ingenieuren besteht die Hauptsorge der deutschen EDV-Unternehmen darin, in ausreichender Zahl Nachwuchskräfte zu finden. Debis Systemhaus beispielsweise hat die Mitarbeiterzahl allein 1997 um 2530 auf 9521 erhöht. Ein weiteres Wachstum könnte daran scheitern, daß die Firma, wie ihr Chef Karl Heinz Achinger eingesteht, nur schwer genügend qualifizierte Fachkräfte bekommt.[30]

Vor allem kleine Firmen haben immense Probleme, junge Software-Ingenieure anzuwerben. Die großen Unternehmen, die bessere Gehälter zahlen können, sichere Zukunftsaussichten bieten und ein höheres Renommee besitzen, räumen den Markt ab. «SAP saugt hier die ganze Region leer», hat Peter Lockemann beobachtet, Professor für Informatik an der Universität

Karlsruhe. Er befürchtet, daß eine neue Bildungskatastrophe auf die Bundesrepublik zukommt. Viel zu wenige Abiturienten würden ein Studium der Informatik, Ingenieur- und Naturwissenschaften beginnen. Anfang des kommenden Jahrzehnts sei die Krise da.[31]

In kaum einem anderen Wirtschaftszweig entstehen in der Bundesrepublik so viele hochqualifizierte, gut bezahlte und krisenresistente Arbeitsplätze wie in der Software-Industrie. Die Ausweitung der Beschäftigung ist künftig allerdings in hohem Grade gefährdet – freilich kaum wegen der Risikoscheu oder Technikfeindlichkeit der Deutschen, sondern wegen der Unfähigkeit der Bildungspolitiker, genügend Studienplätze in den zukunftswichtigen Technologien einzurichten und hierfür auch Studenten zu begeistern.

Unternehmer aus der Retorte

Die Versuchung kam aus den USA. Das Pharmaunternehmen Exelixis fragte im Sommer 1997 bei der Tübinger Biologin Christiane Nüsslein-Volhard an, ob sie bereit sei, als Beraterin für den amerikanischen Arzneimittelhersteller zu arbeiten; sie solle helfen, gentherapeutische Heilmethoden zu entwickeln.

Der Professorin wurde mit einem Schlage klar, wie wertvoll ihr Wissen für die Arzneimittelindustrie ist: Nüsslein-Volhard erforscht am Max-Planck-Institut für Entwicklungsbiologie an Fruchtfliegen und Zebrafischen, wie Erbinformationen die Entwicklung von Organismen unmittelbar nach der Befruchtung beeinflussen. Für ihre bahnbrechenden Erkenntnisse, die großenteils auf den Menschen übertragbar sind, wurde sie 1995, als erste Frau Deutschlands, mit dem Nobelpreis für Medizin ausgezeichnet.

Nüsslein-Volhard beschloß, ihre Forschungsergebnisse auf eigene Rechnung zu verwerten und selbst ein Unternehmen zu gründen. Die Nobelpreisträgerin verband sich mit einem Partner, der nicht nur wissenschaftlich hochqualifiziert ist, sondern auch bereits erprobt als Manager – Professor Peter Stadler, Leiter der biotechnologischen Forschung des Chemiekonzerns Bayer.

Die beiden kamen überein, eine dritte Kapazität der Genforschung in ihre Firma aufzunehmen – Professor Klaus Rajewski von der Universität Köln. Er hat sich auf die Genetik von Mäusen spezialisiert und versteht hiervon laut seinen Kollegen mehr als irgend jemand sonst auf der Welt.

Im Frühjahr 1998 wurde die Artemis Pharmaceuticals GmbH in das Handelsregister von Köln eingetragen. Sie hat daneben einen zweiten Firmensitz in Tübingen. Nüsslein-Volhard wird im dortigen Max-Planck-Institut Forschungsarbeiten für neue Medikamente leiten, deren Entwicklung sich Artemis zum Ziel gesetzt hat. Das Unternehmen wird Ende 1999, wenn die Aufbauphase beendet ist, rund 50 Mitarbeiter beschäftigen. Die Hälfte sind promovierte Wissenschaftler.[32]

Die Bundesrepublik erlebt einen Gründer-Boom in der Biotechnologie; Artemis ist nur eine von Hunderten neuer Firmen. Die Aufholjagd gegenüber den heute führenden Nationen Großbritannien und USA hat begonnen; auch bei uns entdecken jetzt beamtete Wissenschaftler ihren Wagemut und den Reiz wirtschaftlicher Selbständigkeit.

Forscher gründen eine Firma

In kaum einer anderen Branche schießt die Zahl neugegründeter Firmen so steil in die Höhe wie in der Biotechnologie. Ende 1995 registrierte das Bundesforschungsministerium 75 Unternehmen, die sich auf die eine oder andere Weise mit der Manipulation von Genen beschäftigten.

Ein Jahr später waren es schon rund 150. Bis Ende 1997 hatte sich die Zahl abermals auf 300 verdoppelt. Mitte 1998 ermittelten die Statistiker in der Bundesrepublik gar 465 Biotech-Unternehmen. Dies bedeutet eine Zunahme von rund 450 Prozent in nicht einmal drei Jahren. Deutschland scheint auf gutem Wege, den internationalen Rückstand in der kommerziellen Nutzung der Bio- und Gentechnologie aufzuholen – von vielen Experten als Schlüsseltechnologie des 21. Jahrhunderts betrachtet.

Der damalige Forschungsminister Jürgen Rüttgers schätzte zwar noch Anfang 1998, daß die USA der Bundesrepublik 10 bis 15 Jahre voraus seien und ihr Vorsprung damit uneinholbar wäre. Tatsächlich aber liegen die Deutschen nicht mehr gar so weit zurück – jedenfalls nicht gemessen an der Zahl der Unternehmen. In den USA werden derzeit rund 1300 kleine und mittelgroße Biotech-Firmen gezählt.[33] Das sind etwa dreimal soviel wie es in der Bundesrepublik Mitte 1998 gab. Das amerikanische Sozialprodukt ist freilich auch rund dreimal so groß wie das deutsche.

Wie die Zahl der Firmengründungen entwickelt sich auch die Beschäftigung nahezu exponentiell. 1992 waren in der deutschen Biotechnologie (Wissenschaft und Wirtschaft) annähernd 20000 Menschen beschäftigt. Vier Jahre später waren es doppelt so viele. Im Jahr 2000 soll die Biotechnologie in der Bundesrepublik sogar 110000 Mitarbeiter zählen.

Dies sagen das Münchener Ifo-Institut und das Baseler Prognos-Institut in einem gemeinsamen Gutachten vom Herbst 1997 voraus. Danach arbeiten zur Jahrtausendwende 40000 Menschen in Biotech-Firmen. Weitere 40000 bis 50000 sind in Zuliefer- und Dienstleistungsbetrieben rund um die Biotechnologie tätig. 20000 Mitarbeiter werden in öffentlichen Forschungseinrichtungen beschäftigt sein.

Die Umsätze der Zukunftsbranche freilich sind noch recht schwach: 1996 erzielten die Biotech-Firmen und ihre Zulieferer rund 4,4 Milliarden Mark Verkaufserlöse. Dem standen Aufwendungen für Forschung und Entwicklung von 3,3 Milliarden Mark gegenüber.[34] Ein solch krasses Mißverhältnis ist einzigartig in der deutschen Wirtschaft. Die allermeisten Biotech-Firmen machen deswegen auch hohe Verluste.

Daran wird sich lange Zeit auch kaum etwas ändern. Denn es dauert gewöhnlich zehn bis zwölf Jahre, bis ein neu entdeckter Wirkstoff alle gesetzlich vorgeschriebenen klinischen Testphasen durchlaufen hat und die Zulassung als Medikament erhalten kann. Die Gesamtkosten bis zur Markteinführung belaufen sich regelmäßig auf bis zu 500 Millionen Mark und mehr.

Wegen der langen Entwicklungszeiten, hohen Investitionen

und ungewissen Erfolgsaussichten birgt die Biotechnologie weitaus größere Risiken als andere Hochtechnologien wie Multimedia oder Software. Dennoch verspüren auch in der Bundesrepublik viele Wissenschaftler ein Prickeln, wenn sie an die gewaltigen Chancen der Biotechnologie denken: Wer die Idee für ein neues Heilmittel hat, mit dem sich dereinst Aids, Krebs oder Schlaganfall wirksam bekämpfen lassen, wird sich nicht nur um die Gesundheit unzähliger Menschen verdient machen, sondern selbst Millionen und Abermillionen verdienen können.

Dem Lockruf erliegen immer mehr Professoren und Dozenten der Biologie, Medizin und Pharmakologie. Sie wollen ihre Entdeckungen auf eigenes Risiko zum Markt tragen, obschon der kommerzielle Erfolg wegen der langen Entwicklungszeiten und des oft vorgerückten Lebensalters der Existenzgründer mitunter erst zu erwarten steht, wenn die Jungunternehmer in Rente gehen.

Professor Jürgen Schrader, Direktor des Physiologischen Instituts der Universität Düsseldorf, gründete im April 1996 die Firma Cardiogene Gentherapeutische Systeme AG; er war damals bereits 53 Jahre alt. Das Unternehmen soll ein von Schrader patentiertes Verfahren weiterentwickeln, das dem Wiederverschluß von Blutgefäßen bei Herz-Kreislauf-Erkrankungen vorbeugt.

Wenn die Heilmethode Mitte des kommenden Jahrzehnts in der Medizin wie erhofft Verbreitung findet, sieht ihr Urheber bereits der Emeritierung entgegen. Für Kontinuität ist freilich gesorgt: Neben Schrader sitzt im Vorstand der Cardiogene Michael Ruhl, 22 Jahre jünger als Schrader. Ruhl, promovierter Biochemiker, bringt überdies Managementerfahrung mit: Er arbeitete zuvor beim Schweizer Pharmaunternehmen Sandoz und der amerikanischen Unternehmensberatung Booz Allen.[35]

Erfindungsgabe und Geschäftssinn

Bereits vor Christiane Nüsslein-Volhard unterzog ein deutscher Nobel-Laureat seine Befähigung zum Unternehmer einem Experimentum crucis: Manfred Eigen, Schöpfer eines physikalisch-chemischen Modells der Entstehung des Lebens und 1967 mit dem Nobelpreis für Chemie ausgezeichnet. 1993 gründete der Göttinger Biochemiker gemeinsam mit anderen Wissenschaftlern und mit bewährten Industriemanagern in Hamburg die Firma Evotec.

Es ist kein eigentliches Biotech-Unternehmen, sondern ein – allerdings hochinnovativer – Zulieferbetrieb. Evotec hat eine Technologie entwickelt, um die Suche nach Wirkstoffen in der Pharmazie zu beschleunigen. Das Verfahren erlaubt es, unter Millionen von ähnlichen Molekülen jene ausfindig zu machen, die für geplante Medikamente am ehesten in Frage kommen.

Herkömmliche Labors können pro Tag lediglich einige wenige tausend solcher Analysen durchführen. Die Anlage von Evotec bewältigt dagegen täglich 100 000 Proben. Die Hamburger Firma hat gegenüber ihrem wichtigsten Konkurrenten auf dem Weltmarkt, einem amerikanischen Labor, nach eigener Einschätzung einen technologischen Vorsprung von zwei Jahren.

Nobelpreisträger Eigen zählt zu den erfolgreichsten Unternehmern dieser Branche. Evotec ist eine der wenigen Biotech-Firmen, die heute schon profitabel arbeiten: 1997 erzielte das Unternehmen bei einem Umsatz von 17,7 Millionen Mark einen Gewinn von 2,2 Millionen. Anfang 1998 beschäftigte Evotec 104 Mitarbeiter; im Jahr 2000 sollen es 300 sein.[36]

Viele der professoralen Unternehmensgründer behalten, wie Eigen, Nüsslein-Volhard und Schrader, ihre Lehrstühle, um ihre gute Pension nicht zu gefährden. Horst Domdey, ehemals Direktor des Instituts für Biochemie an der Ludwig-Maximilians-Universität München, besitzt mehr Selbstvertrauen und Wagemut. Er bat den bayerischen Kultusminister um Entlassung aus dem Beamtenverhältnis, als er im April 1998 die BioM AG gründete.

Es ist bereits seine zweite Firma. 1994 half Domdey in Martinsried, dem Biotech-Dorf vor den Toren Münchens, die Medigene AG aus der Taufe zu heben. Das Unternehmen widmet sich der gentherapeutischen Bekämpfung von Herz- und Krebserkrankungen.[37]

Domdey, Eigen und Schrader scheinen die Renaissance einer Spezies zu verkörpern, die im 19. Jahrhundert an der Wiege vieler deutscher Unternehmen stand – des begabten Wissenschaftlers, der zugleich ein praktisches Geschick als Erfinder besaß und geschäftlichen Weitblick bewies.

Hierzu gehörte etwa der Physiker Ernst Abbe. Er schuf 1873 die Theorie der optischen Abbildung und konstruierte auf dieser Basis Mikroskope und andere optische Instrumente. Die Zeisswerke, deren Alleininhaber Abbe 1888 wurde, sind heute eines der weltweit führenden Unternehmen der Optik.

Emil Behring entdeckte 1890 das Gegengift zu Diphtherie und Tetanus. Er begründete damit einen neuen Zweig der Medizin, die Serumtherapie. 1901 wurde dem Serologen dafür der Nobelpreis für Medizin und Physiologie verliehen. Die Behring-Werke in Marburg bilden noch heute einen bedeutenden Teil des Pharmakonzerns Hoechst.

Werner Siemens, der Begründer der Elektrotechnik, verband in der vielleicht beeindruckendsten Weise wissenschaftliche Begabung, erfinderisches Talent und unternehmerische Fähigkeiten. Er erfand die Dynamomaschine, konstruierte die erste tatsächlich funktionierende Elektrolokomotive und trug zur Weiterentwicklung des Telegraphen bei. Der Siemens-Konzern hat zwar viel von der Innovationsfähigkeit, Risikofreude und Tatkraft seines Gründers eingebüßt, gehört aber immer noch zu den drei größten Konzernen Deutschlands.

Elektrotechnik, Pharmazie und Optik zeigen schlagend, in

welchem Umfang die deutsche Industrie ihr Entstehen der methodischen Verwertung wissenschaftlicher Erkenntnisse verdankt. Im 19. Jahrhundert hatte der Technologietransfer zwischen Universitäten und Unternehmen in Deutschland eine weitaus größere Bedeutung als in England und auch den USA. Später ging dieser Standortvorteil in einem zum Teil dramatischen Ausmaß verloren.

Zumindest auf dem Feld der Biotechnologie erlebt der Forscher-Unternehmer jetzt jedoch eine Wiedergeburt in der Bundesrepublik. Vermutlich sind in dieser jungen Industrie seit Mitte der neunziger Jahre mehr Firmen von Wissenschaftlern gegründet worden als in allen anderen Branchen der deutschen Wirtschaft zusammen.

Das Bundesforschungsministerium, das den größten Teil seiner Budget-Milliarden nach wie vor in die Großtechnologien von gestern lenkt, fördert nun mit vergleichsweise bescheidenen Mitteln auch die Biotechnologie. Eine zentrale Rolle spielt dabei der Bio-Regio-Wettbewerb: Mitte der neunziger Jahre haben sich in 17 Regionen der Bundesrepublik Universitäten und Unternehmen zu Förderkreisen zusammengeschlossen, um den Technologietransfer von der Wissenschaft in die Wirtschaft zu verbessern und die Infrastruktur für die Ansiedlung junger Biotech-Firmen zu schaffen.

Eine unabhängige Jury kürte Ende 1996 die drei Regionen München, Rhein-Neckar (Heidelberg, Ludwigshafen, Mannheim) und Rheinland (Aachen, Düsseldorf, Köln, Wuppertal) zu Siegern des Wettbewerbs. Die preisgekrönten Regionen werden ab 1997 bevorzugt vom Forschungsministerium gefördert. Binnen fünf Jahren erhalten die drei Sieger des Wettbewerbs insgesamt 150 Millionen Mark staatliche Zuschüsse.

Neben diesem Programm gibt es aber weitere Fördertöpfe. Insgesamt wurden junge Biotech-Firmen in den vergangenen Jahren mit 1,5 Milliarden Mark aus öffentlichen Quellen gefördert. «Diese staatliche Anschubfinanzierung gibt es in anderen

Ländern kaum», sagt Professor Stadler, Geschäftsführer der Artemis Pharmaceuticals GmbH.

Die öffentlichen Fördermittel haben die erwünschte Nebenwirkung erzielt und auch privates Kapital mobilisiert. Lange Zeit gab es in Deutschland kaum Wagniskapital zur Finanzierung junger, naturgemäß mit großen Risiken behafteter Unternehmen. Jetzt beginnt Risikokapital, neudeutsch «Venture Capital», reichlicher zu sprudeln. 3,3 Milliarden Mark wurden bis Mitte 1998 in der Bundesrepublik an Kapital für junge Biotech-Firmen aufgebracht.

Stadler benötigte für sein junges Unternehmen allein in der Startphase 20 Millionen Mark. «Es war überhaupt kein Problem, das Geld zusammenzubekommen», sagt er. Neben Zuschüssen des Bundesforschungsministeriums und eigenem Geld beteiligten sich Venture-Capital-Firmen mit sieben Millionen Mark. Nicht nur deutsche, auch amerikanische Wagnisfinanciers gaben Geld für Artemis.[38]

Lange Zeit fühlten sich die Genforscher in Deutschland verfemt. Doch nun treffen sie in der Öffentlichkeit für ihre oft hochriskanten Vorhaben auf immer mehr Verständnis. Die Bevölkerung beurteilt die Biotechnologie zunehmend differenzierter. Das Klonen von Menschen löst in breiten Schichten zu Recht entschlossene Ablehnung und Entsetzen hervor. Auch «novel food», gentechnisch manipulierte Nahrung, akzeptiert bei uns nur ein Viertel aller Menschen.

Doch Medikamente, die mit Hilfe von Gentechnologien hergestellt werden, stoßen bei einer deutlichen Mehrheit auf Zustimmung. 73 Prozent der Deutschen erwarten davon laut einer Umfrage aus dem Jahr 1998 therapeutische Fortschritte.[39]

Auch die Gesetze und Vorschriften, die die Arbeit von Biotech-Unternehmen einengten, sind gelockert worden. Sie bilden heute gewiß kein Hindernis für Investitionen am Standort Deutschland mehr. «Die Situation hat sich völlig geändert», räumt Artemis-Chef Stadler ein.

Medikamente statt Monstren

Mehrfach wurde schon darauf hingewiesen, daß amerikanische Forscher, überspitzt formuliert, nach radikalen Erfindungen trachten, während Ingenieure und Wissenschaftler in Kontinentaleuropa eher bestrebt sind, Innovationen behutsam zu entwickeln. Einsichtsvoller als ihre Kollegen in den USA (und wohl auch Großbritannien) berücksichtigen sie dabei ethische Bedenken. Nirgends läßt sich dies besser beobachten als in der Biotechnologie.

Die Disziplin ist durch fragwürdigste Experimente in den USA und anderen Ländern in Verruf geraten. Bekannt wurde 1997 das Klonschaf Dolly, das britische Forscher aus den Zellen anderer Tiere «gezüchtet» hatten. Anfang Juli 1998 kamen in Japan zwei geklonte Kälber zur Welt. Und eine Forschergruppe im amerikanischen Bundesstaat Oregon arbeitet daran, Affen durch Genmanipulation zu «kopieren».

Der Molekularbiologe Lee Silver von der Princeton University, eine der angesehensten Hochschulen der USA, glaubt, daß bereits im Jahr 2003 Menschen geklont werden *können*. Und er befürchtet, daß dies dann auch *tatsächlich geschieht* – in seinem Heimatland. «Auf die brutale Marktmentalität, die in Amerika vorherrscht, kann man nur mit Zynismus reagieren», sagt Silver. «Die Amerikaner werden bereit sein, für die modernen Fortpflanzungstechniken Geld zu zahlen. Deswegen wird Amerika das erste Land sein, in dem sich Menschen werden klonen lassen.»

In Europa ist dies, soweit das mit einiger Sicherheit gesagt werden kann, nicht zu befürchten. Auf kaum einem anderen Gebiet treten die Unterschiede in der Mentalität zwischen Amerikanern und Europäern schärfer hervor als in ihren Einstellungen zu dem, was in der Genetik erlaubt ist und was nicht. «Keine Frau in Europa darf ihre Eizellen verkaufen», sagt der Molekularbiologe Silver. «Aber in den USA geht alles, und im

Internet finden Sie amerikanische Frauen, die menschliche Eizellen verkaufen, nach Katalog und für 5000 Dollar.»[40]

Mit Ausnahme Großbritanniens arbeiten – soweit bekannt – in Europa nirgends Wissenschaftler an der Genmanipulation von Tieren, weder an den Universitäten noch in forschenden Unternehmen. Auch transgene Pflanzen stehen bei den jungen Biotech-Firmen nicht im Zentrum der Forschung, zumindest nicht in der Bundesrepublik.

In Nord- und Mitteleuropa konzentriert sich die Genforschung auf die Entwicklung von Arzneimitteln zum Nutzen der Menschheit. Medikamente statt Monstren wollen die Wissenschaftler hervorbringen. Geforscht wird vor allem an Pharmaka, die schwere, verkrüppelnde oder zum Tode führende Erkrankungen verhüten, lindern oder heilen sollen. Dazu gehören etwa Aids, Alzheimer, Arthritis, Diabetes, Krebs sowie Herz- und Kreislaufleiden.

Die bereits erwähnte Cardiogene AG aus dem rheinischen Erkrath arbeitet beispielsweise an Verfahren, die den Verschluß von Blutgefäßen verhindern sollen. Wenn Herzkranzgefäße verstopfen, droht über kurz oder lang ein Herzinfarkt. Um der tödlichen Gefahr entgegenzuwirken, können verengte Adern durch einen eingeführten Katheter erweitert werden.

Leider kommt es nach dieser sogenannten Ballondilatation in bis zu 40 Prozent der Fälle rasch zum Wiederverschluß der Gefäße; die Mediziner sprechen von «Restenose». Denn auf der Innenseite der Adern kann es zu Wucherungen der Epithel-Zellen kommen, die die Blutgefäße verengen. Ob die biochemischen Mechanismen ausgelöst werden, die das gefährliche Zellwachstum verursachen, entscheidet sich in den ersten zwei bis drei Wochen nach der Dilatation.

Eine zuverlässige Vermeidungstherapie gibt es bisher nicht. Diese will Cardiogene künftig bieten. Die Firma hat eine somatische Gentherapie entwickelt: «Therapeutische» Gene werden mittels spezieller Katheder in die Adern injiziert und dann mit

Hilfe von Transportmolekülen durch die Zellwände ins Innere der Epithelzellen geschleust; dort verhindern sie das bedrohliche Wachstum, das die Blutgefäße verschließt.

Mit dem Verfahren ließen sich nicht nur Kranzgefäße am Herzen offenhalten, sondern ebenso verstopfungsbedrohte Adern in Beinen, Nieren und dem Gehirn: Wird die Blutversorgung zum Hirn unterbrochen, droht ein Schlaganfall. Von verengten Blutgefäßen sind allein in Deutschland jährlich 170000 Patienten betroffen.[41]

Ganz ähnlich hat es sich die junge Firma Probiotec aus Halle an der Saale zur Aufgabe gemacht, zur Bekämpfung einer Volkskrankheit beizutragen. Das Unternehmen arbeitet an einem Mittel gegen die Zuckerkrankheit, das oral eingenommen werden kann. Die bisher üblichen Spritzen, mit denen sich Diabetiker das lebensnotwendige Insulin injizieren, werden dadurch überflüssig. «Unser Ziel ist die Pille vor der Mahlzeit», sagt Probiotec-Geschäftsführer Hans-Ulrich Demuth.

Demuth, der Probiotec 1997 gründete, hatte zuvor als Wissenschaftler am Hans-Knüll-Institut für Naturstoff-Forschung in Jena gearbeitet. Sein Partner Konrad Glund, ebenfalls Wissenschaftler, brachte in das gemeinsame Unternehmen mehrjährige Managementerfahrungen ein, die er in einer anderen Firma sammeln konnte.

Durchläuft ihr Medikament erfolgreich alle vorgeschriebenen Testphasen, dann hat Probiotec vielleicht einen «Blockbuster» (Demuth), ein Medikament, mit dem sich ein Milliarden-Umsatz erzielen läßt. Weltweit werden im kommenden Jahrzehnt mit Antidiabetika jährlich rund 20 Milliarden Mark umgesetzt. Davon wollen Demuth und Glund einen Anteil von fünf Prozent.[42]

Nicht alle Biotech-Unternehmen arbeiten unmittelbar an Medikamenten. Die Artemis Pharmaceuticals, die die Nobelpreisträgerin Nüsslein-Volhard gemeinsam mit den Professoren Rajewski und Stadler gründete, versucht die Entstehungsmechanismen von Krankheiten wie Alzheimer, Arthritis, Diabetes und Krebs aufzudecken, die heute nicht oder kaum geheilt oder gar verhütet werden können. Artemis betreibt wissenschaftliche Vorarbeiten, die, wenn erfolgreich abgeschlossen, später andere Unternehmen gegen Lizenzgebühren zur Entwicklung von Medikamenten nutzen können.

Alzheimer, Arthritis, Diabetes, Krebs: Auf dem Forschungsprogramm von Artemis stehen vier Geißeln der Menschheit, unter denen allein in Deutschland Millionen von Patienten leiden. Am weitesten fortgeschritten sind bei dem Unternehmen die Erforschung der Alzheimerschen Krankheit und der Knorpel-Degeneration, die zu Arthritis führt.

Die Gründer von Artemis wären allerdings schon froh, wenn sie nur bei einer dieser Krankheiten die Ursachen und die Fortentwicklung des Leidens so genau aufhellen könnten, daß eine Therapie möglich wird. Auch dies wäre ein weltweit beachteter Durchbruch. Firmenchef Stadler sieht durchaus Chancen, daß sein Unternehmen im Lauf des kommenden Jahrzehnts so groß wird wie Amgen oder Genentech, die heute führenden Gentechnik-Firmen der USA.[43]

Bedeutendstes Unternehmen der Biotechnologie in Deutschland ist heute die oben schon einmal erwähnte Firma Qiagen, die Anfang 1998 rund 700 Mitarbeiter beschäftigte. Qiagen hat bereits annähernd 300 meist patentgeschützte Innovationen auf den Markt gebracht, die an weltweit 25 000 Kunden aus Wissenschaft und Wirtschaft geliefert werden. Das Unternehmen des türkischen Wissenschaftlers Metin Colpan ist auf seinem Markt technisch führend und weltweit größter Anbieter – ein Beleg dafür, daß auch in der Bundesrepublik Spitzenleistungen in der Biotechnologie möglich sind.[44]

Eine riskante Symbiose

Von Vertretern der Industrie ist oft zu hören, restriktive Gesetzgebung, scharfer Widerstand politischer Gruppen und eine überwiegend kritisch eingestellte, schlecht informierte Öffentlichkeit seien die Gründe dafür, daß die Biotechnologie in der Bundesrepublik so spät aufzublühen begann. Tatsächlich tragen die Pharmakonzerne für den Rückstand eine mindestens ebenso große Verantwortung. Sie haben zu spät erkannt, welche Bedeutung diese Hochtechnologie im 21. Jahrhundert haben wird.

Die wenigsten deutschen Chemie- und Pharmakonzerne haben eigene Forschungsabteilungen für Biotechnologie aufgebaut, die internationalen Leistungsvergleichen standhalten. So arbeiten in den Biotech-Labors von Bayer lediglich 130 Wissenschaftler – eine verschwindend geringe Zahl für ein forschungsintensives Großunternehmen.

Das haben die schläfrigen Konzerne inzwischen wohl erkannt und suchen nun die Hilfe junger Unternehmen, um lange Versäumtes nachzuholen. Beinahe alle führenden deutschen Arzneimittelhersteller gehen Kooperationen mit Forschungsfirmen ein. Boehringer Mannheim arbeitet mit Morphosys in Martinsried zusammen. Chemie Grünenthal läßt bei Noxxon forschen. BASF hat seine Biotechnologie großenteils an die Lynx Bioscience in Heidelberg delegiert. Bayer kooperiert seit 1995 mit dem US-Unternehmen Myriad bei Gentherapien gegen Asthma, Demenz, Depressionen, Osteoporose und Übergewicht.

Deutschlands größter Arzneimittelhersteller Hoechst hätte ohne die Zusammenarbeit mit innovativen jungen Firmen wohl keine große Zukunft mehr. Bis Anfang 1998 hatte die Tochtergesellschaft Hoechst Marion Roussel (HMR), die in dem Konzern für das Pharmageschäft zuständig ist, im In- und Ausland insgesamt 15 Kooperationsabkommen für biotechnologische Forschung abgeschlossen.

Bereits seit Anfang der achtziger Jahre finanziert Hoechst Auftragsforschung an der amerikanischen Harvard University und deren Lehrkrankenhaus, dem Massachusetts General Hospital in Boston. Mit der US-Firma Cell Genesys befindet sich HMR in fortgeschrittenen Versuchen für ein Mittel gegen die Immunschwäche Aids. Anfang 1997 gründete Hoechst eine Gemeinschaftsfirma mit der amerikanischen Ariad Pharmaceuticals; sie wird an der Entschlüsselung von Erbinformationen arbeiten und wurde zunächst mit 85 Millionen Dollar (150 Millionen Mark) ausgestattet.

In Deutschland kooperiert Hoechst Marion Roussel unter anderem mit der Biopharma aus Heidelberg, einem Spezialisten für die Rekonstruktion von Knochen. Und im November 1997 vereinbarte HMR eine Kooperation mit dem jungen Biotech-Unternehmen Medigene aus Martinsried bei München. HMR und Medigene wollen zusammen den Einsatz von Impfstoffen erproben, mit denen sich die Ausbreitung von Tumoren im Körper stoppen läßt. Die Medikamente basieren auf sogenannten Vektoren oder «Gentaxis». Dies sind molekulare Transportsysteme, mit deren Hilfe Gene in Zellen eingeschleust werden können, um ein unkontrolliertes Wachstum zu verhindern. Medigene hat bereits eine Technologie für solche Tumorimpfstoffe entwickelt, kann die Medikamente jedoch nicht in jener Qualität herstellen, die für klinische Tests gesetzlich vorgeschrieben ist. Dies übernimmt nun Hoechst Marion Roussel.[45]

Deutschlands führender Arzneimittelhersteller ist seit vielen Jahren schon von einer chronischen Innovationsschwäche befallen. Hoechst beschneidet die eigene Forschung und Entwicklung und arbeitet statt dessen mit Firmen wie Medigene zusammen. «Die Risiken werden auf junge Biotech-Unternehmen verlagert», sagt Hans-Ulrich Demuth, Mitgründer der Firma Probiotec in Halle an der Saale.

Umgekehrt benötigen die jungen Biotech-Unternehmen die Pharmakonzerne als Geldgeber. Es dauert, wie erwähnt, mitunter zehn Jahre und länger, bis ein neu entwickelter Wirkstoff alle vorgeschriebenen Tests durchlaufen hat und von den Gesundheitsbehörden als Medikament zugelassen wird. Die Kosten steigen im Lauf der Zeit exponentiell an. Unternehmer Demuth schätzt, daß bei dem oralen Antidiabetikum, das er Anfang des kommenden Jahrzehnts herausbringen will, allein die Klinische Phase III «50 bis 100 Millionen Mark» kosten wird.[46]

Aufgrund des enormen Finanzbedarfs für marktfähige Medikamente bildet sich in der Biotechnologie eine Arbeitsteilung zwischen jungen Forschungsfirmen und alten Pharmakonzernen heraus. «Mittlerweile basiert die moderne Pharma-Innovation zu einem erheblichen Teil auf Kooperationen und strategischen Allianzen zwischen den Pharmakonzernen und den Biotechnologie-Forschungsfirmen. Dabei bringen beide Partner ihre jeweiligen Stärken ein», konstatiert Artemis-Geschäftsführer Peter Stadler.

Die Biotech-Firmen übernehmen die Frühphase der Arzneimittelforschung. Ihre Gründer haben engeren Kontakt zu den Hochschulen als die Manager der Konzerne. Sie erkennen daher rascher neue Entwicklungen in der akademischen Forschung. Überdies können die Jungunternehmer, in der Regel selbst ausgewiesene Wissenschaftler, sehr viel leichter andere hochqualifizierte Forscher für eine Mitarbeit gewinnen als die Bürokraten, die an der Spitze von Großunternehmen stehen.

Die Konzerne haben hingegen die Erfahrung und das Kapital, um Medikamente zur Marktreife zu bringen. Sie verfügen außerdem über die Produktionsstätten, um Medikamente in der gesetzlich vorgeschriebenen Qualität zu erzeugen. Schließlich besitzen multinationale Konzerne die Logistik, um neue Pharmaka weltweit zu vertreiben.

Junge Biotech-Firmen sehen sich daher häufig gezwungen, auf die Entwicklung marktgängiger Arzneimittel zu verzichten. Sie beschränken sich auf wissenschaftliche Dienstleistungen für die Pharmakonzerne und auf die Entwicklung von Wirkstoffen und Verfahren, die die Großunternehmen in Lizenz nehmen. Viele der kleinen Forschungsfirmen sehen ihre Zukunft in sogenannten Plattformtechnologien. Das sind grundlegende Innovationen, die sich für eine Vielzahl verschiedener biotechnologischer Forschungsprobleme nutzen lassen. Darunter fallen zum Beispiel Antikörper-Technologien, Bioinformatik und Biosensoren.[47] Für diese Strategie haben sich unter anderem die beiden deutschen Biotech-Unternehmen Morphosys und Noxxon entschieden.

Die Technologie-Entwicklung ist freilich ein riskantes Geschäft. In der Biotechnologie ist der Fortschritt so rasant, daß neue Verfahren oft nach wenigen Jahren schon veraltet sind. Dagegen kann ein einmal eingeführtes Medikament meist so lange mit hohem Gewinn produziert und verkauft werden, wie der Patentschutz läuft – 18 Jahre. Nur Firmen, die über eine kritische Masse an Kapital und Kompetenz verfügen, können in diesem Rattenrennen mithalten.

Auf Dauer überleben werden nur jene deutschen Biotech-Firmen, denen es glückt, sich rasch und nachhaltig auf den Auslandsmärkten festzusetzen. Die Biotechnologie zählt, wie die konventionelle Pharmazie, zu den globalsten Zweigen der Wirtschaft. Deshalb sind die Chancen hier größer als in anderen Industrien. Die Risiken allerdings auch.

Europäische Lernkurven

Europas größte Fluglinie ist British Airways (BA). Die Gesellschaft hatte ihre Düsenmaschinen stets in den USA gekauft, beim Luftfahrtkonzern Boeing. Im Sommer 1998 aber schwenkte die Airline zur Konkurrenz um: BA gab bei Airbus, fest und zur Option, insgesamt 188 Kurz- und Mittelstreckenflugzeuge in Auftrag. Die Maschinen des europäischen Luftfahrtkonsortiums kommen im Flugbetrieb, dies haben die Buchhalter von BA ausgerechnet, billiger als die rivalisierenden Boeing-Modelle.

1998 war das bislang erfolgreichste Jahr in der Geschichte von Airbus. Vor BA hatte bereits US Airways einen spektakulären Großauftrag für 30 Langstreckenflugzeuge des Typs A-330 erteilt. Fluggesellschaften aus Lateinamerika bestellten zusammen 100 Maschinen. Die spanische Iberia und Schweizer Swissair vergaben 1998 gleichfalls bedeutende Orders an Airbus.

Boeing droht die klare Führung auf dem Weltmarkt zu verlieren, obwohl der Flugzeugbauer 1995 mit dem amerikanischen Konkurrenten McDonnell Douglas fusionierte. 1998 verbuchte Airbus bis zum August 322 Festbestellungen; Boeing hingegen konnte nur 308 Aufträge landen. Die Europäer haben gute Aussichten, ihr Ziel zu verwirklichen, Anfang des kommenden Jahrhunderts dauerhaft einen Anteil am Weltmarkt für große Verkehrsmaschinen (ab 130 Sitzplätze) von 50 Prozent zu erobern.[48]

Ein ungleiches Quartett

Es war ein steiler und steiniger Aufstieg. Bis Anfang der achtziger Jahre war das Airbus-Konsortium in der Weltluftfahrt ein «Nobody», wie Dietrich Russell, Mitglied der Geschäftsleitung, einräumt.[49] Damals dominierten die amerikanischen Luftfahrtkonzerne das Geschäft: Boeing lieferte rund 60 Prozent aller weltweit verkauften Düsenverkehrsmaschinen, McDonnell Douglas knapp 30 Prozent, Airbus hingegen lediglich rund zehn Prozent. Überdies konnten die Europäer ihre Maschinen fast nur auf dem eigenen Kontinent absetzen; in den USA und auf anderen Überseemärkten blieben sie lange ohne Fortune.

Anfang der neunziger Jahre aber buchte Airbus Industries schon jeden dritten Auftrag, den die Fluglinien weltweit zu vergeben hatten. Zug um Zug gewannen die europäischen Flugzeughersteller auch in den USA, dem weitaus wichtigsten Luftfahrtmarkt der Erde, große Fluglinien als Kunden. 1997 gingen bei Airbus 460 Bestellungen für neue Flugzeuge ein, 41 Prozent mehr als im Jahr zuvor.

Diese glänzende Erfolgsgeschichte hat Airbus geschrieben, obschon die Unternehmensgruppe auf einer «unmöglichen» Konstruktion beruht. Airbus Industries ist eine Groupement d'Intéret Economique (GIE), eine französische Rechtsform, die am ehesten einem deutschen Konsortium gleichkommt.

Gegründet wurde die GIE 1970 von deutschen und französischen Luftfahrtunternehmen; Aérospatiale und Daimler-Chrysler Aerospace AG (Dasa) halten heute jeder 38 Prozent an Airbus Industries. 1972 kam die spanische Casa hinzu, die mit vier Prozent beteiligt ist. 1979 wurde British Aerospace mit einem Anteil von 20 Prozent aufgenommen.

Die vier Partner haben einen ganz unterschiedlichen rechtlich-wirtschaftlichen Status. British Aerospace ist ein privates Unternehmen, ebenso die Dasa, deren wichtigstes Vorläuferunternehmen die 1988 aus öffentlichem Besitz entlassene MBB

Messerschmitt-Bölkow-Blohm ist. Casa wurde Mitte der neunziger Jahre ebenfalls privatisiert. Als letzter Airbus-Partner blieb Aérospatiale in Staatsbesitz.

Die Mitgliedsfirmen sind untereinander eine ökonomisch nicht immer sinnvolle Arbeitsteilung eingegangen. Die GIE Airbus Industries selbst ist nur für Verkauf und Koordination zuständig. Dort arbeiten lediglich 2400 der insgesamt rund 50000 Beschäftigten der Gruppe. Entwicklung und Produktion liegen jedoch bei den Partnern. Casa ist für die Höhenleitwerke der Airbus-Maschinen verantwortlich. British Aerospace entwikkelt und produziert die Tragflächen, Dasa die Flugzeugrümpfe und Aérospatiale die Cockpits.

In einer langen Anfangsphase war Airbus auf Subventionen angewiesen. Nicht nur Entwicklung und Produktion wurden bezuschußt, sondern auch der Verkauf. So umwarb das Konsortium, um auf dem amerikanischen Markt Fuß zu fassen, mit günstigen Finanzierungsangeboten kapitalschwache US-Fluglinien.

Die Subventionen riefen die amerikanischen Flugzeughersteller auf den Plan, die die Fördermittel als unfairen Wettbewerbsvorteil anprangerten. Airbus hielt dem entgegen, daß auch die Luftfahrtkonzerne der USA indirekt – durch Aufträge des Pentagon und der NASA – vom Staat finanziell unterstützt würden. Beim Bau der Langstreckenflugzeuge B-747 (dem «Jumbo») und der DC-10 haben die Hersteller beispielsweise Innovationen verwendet, die ursprünglich für Militärtransporter entwickelt (und vom amerikanischen Verteidigungsministerium bezahlt) wurden.

In einem Abkommen zwischen der Europäischen Union und den USA wurde der Streit um die Subventionen 1992 beigelegt. Airbus steht mittlerweile finanziell auf eigenen Füßen. Lediglich für die sehr aufwendige Entwicklung neuer Modelle nimmt das Konsortium noch – rückzahlbare – Darlehen der Mitgliedsländer in Anspruch. Von 1992 bis 1998 hat Airbus nur mehr direkte Staatshilfen in Höhe von 242 Millionen Dollar, umgerechnet etwa 435 Millionen Mark, erhalten. Im gleichen Zeitraum aber zahlten die Mitgliedsfirmen des Konsortiums an ihre Regierungen zusammen zwei Milliarden Dollar alter Subventionen zurück.[50]

Wo der Staat dem Markt überlegen ist

Die Erfolgsgeschichte des Airbus zeigt lehrbuchhaft, wie Europa einen scheinbar hoffnungslosen internationalen Rückstand aufholen kann. Die Luftfahrt gehört heute zu den wenigen Hochtechnologien, in denen die Alte Welt einen Handelsüberschuß aufweist. Und am Beispiel Airbus läßt sich überdies klar erkennen, daß Industriepolitik in bestimmten Fällen durchaus gerechtfertigt, notwendig und zielführend ist.

Natürlich kommen keineswegs alle High-Tech-Branchen für eine gezielte öffentliche Förderung in Frage. In den meisten Technologien – ob Computer, Software oder Unterhaltungselektronik – ist der Staat, weil viel schwerfälliger als der Markt, hoffnungslos überfordert. Hilfreich und nützlich aber ist ein Eingreifen der öffentlichen Hand bei sogenannten strategischen Industrien. Dies sind Technologien, die einerseits eine volkswirtschaftliche Schlüsselrolle haben, die jedoch andererseits wegen hoher Eintrittsschwellen nicht (oder nicht allein) Sache privater Unternehmen sein können.

Sofern strategische Technologien fünf Anforderungen genügen, ist eine gezielte Industriepolitik möglich und notwendig. Die Luft- und Raumfahrt erfüllt die Kriterien beinahe idealtypisch:

1. *Volkswirtschaftliche Schlüsselrolle:* Die Luft- und Raumfahrt strahlt in eine Vielzahl anderer Branchen hinein, aus denen sie Komponenten und Vorprodukte bezieht. So beschäftigt Airbus

in der Bundesrepublik rund 40 Zulieferbetriebe mit annähernd 20000 Mitarbeitern.

Überdies werden viele innovative Querschnittstechnologien – vom Bau der Mikroelektronik bis zu neuen Werkstoffen – zuerst beim Bau von Flugzeugen, Raketen oder Satelliten eingesetzt. So entwickelte die Dasa Energieversorgungssysteme für Satelliten, die auf Brennstoffzellen beruhen. Diese abgasarme Energiequelle wird jetzt, wie im nächsten Kapitel gezeigt, von der Autoindustrie als Alternative zum umweltschädlichen Verbrennungsmotor entdeckt.

Die Dasa-Muttergesellschaft Daimler-Benz begann 1993, die ersten Prototypen von Nutzfahrzeugen und Personenwagen zu konstruieren, die mit Brennstoffzellen angetrieben werden. Bei dieser Antriebstechnologie, die im kommenden Jahrzehnt eine Revolution im Automobilbau auslösen könnte, ist Daimler – dank seiner Luft- und Raumfahrtaktivitäten – heute weltweit Pionier. Ohne staatlich finanzierte Weltraumforschung wäre der Autokonzern vielleicht nie auf die Idee gekommen, Brennstoffzellen als umweltfreundliche Alternative zu luftverpestenden Benzin- und Dieselmotoren zu prüfen.

2. *Aufwendige Entwicklung:* Bis 2003 will Airbus einen «Super-Jumbo» an den Start rollen, mit dem die europäischen Flugzeugbauer erstmals dem Langstrecken-Jet B-747 von Boeing ernsthaft Konkurrenz machen wollen. Die Maschine mit dem Code-Namen A-3XX soll in zwei Etagen Platz für 550 und mehr Passagiere bieten.

Die Entwicklung des riesigen Flugzeugs verschlingt gewaltige Summen. Der Aufwand wird auf mindestens acht Milliarden Dollar oder 14 Milliarden Mark veranschlagt. Das ist ungefähr zehnmal so viel, wie die Konstruktion eines neuen Autos in der Regel kostet. Ein großer PKW-Hersteller erzielt aber gemeinhin einen Umsatz von 50 bis 100 Milliarden Mark im Jahr, aus dem er die Entwicklung neuer Modelle finanzieren kann. Die gesamte deutsche Luft- und Raumfahrtindustrie kam jedoch 1997 auf Erlöse von gerade einmal 20 Milliarden Mark.

Das Verhältnis von Umsatz und Entwicklungsaufwand ist mithin in der Aerospace-Industrie erheblich ungünstiger als im Automobilbau. Ohne europäische Kooperation und staatliche Darlehen wäre die Entwicklung eines technologisch so anspruchsvollen Flugzeugs wie des zweistöckigen Super-Jumbos A-3XX nicht zu finanzieren.

3. Komplexe Produktpalette: In der Luftfahrt setzt sich ein neuer Trend durch: Viele Fluglinien wollen nur noch einen einzigen Lieferanten, an den sie sich langfristig binden. Dadurch lassen sich die Kosten für Ersatzteilhaltung, Schulung des Wartungspersonals und Ausbildung der Piloten beträchtlich senken.

Dies hat natürlich zur Folge, daß die Hersteller ein komplettes Modellprogramm anbieten müssen, das alle Wünsche der Luftfahrtgesellschaften zu erfüllen imstande ist: Kurz-, Mittel- und Langstreckenmaschinen mit einem lückenlosen Kapazitätsspektrum von etwa 100 bis 500 Sitzplätzen.

An dieser Anforderung ist selbst ein Gigant wie McDonnell Douglas gescheitert. Der Flugzeugbauer bot, bevor er von Boeing übernommen wurde, nur drei Modelle an. Neben den hohen Entwicklungskosten ist die zunehmend geforderte komplexe Produktpalette eine weitere Hürde zum Eintritt in den Markt, die neue private Mitbewerber kaum überspringen können.

4. Langer Zeithorizont: Flugzeuge sind äußerst langlebige Verkehrsmittel. Dies gilt nicht nur für die einzelnen Maschinen, die oft 30 Jahre geflogen werden, bevor man sie ausrangiert. Auch der Lebenszyklus der Modellreihen umfaßt Jahrzehnte. Boeing baut den Jumbo seit 1970. Obschon jetzt die vierte Generation auf dem Markt ist, hat sich an der Grundkonstruktion der Maschine im wesentlichen nichts geändert. Die B-747 wird voraussichtlich noch viele Jahre produziert und weiterentwickelt werden. Auch der Super-Jumbo von Airbus wird eine Lebenszeit auf dem Markt von schätzungsweise 50 Jahren haben.

Solche Produktzyklen, die fünf- bis zehnmal so ausgedehnt sind wie beispielsweise in der Autoindustrie, sind allein schon deswegen notwendig, damit die Hersteller ihren enormen Entwicklungsaufwand wieder hereinbekommen. Für privatwirtschaftliche Investoren sind die Amortisationszeiten in der Luft- und Raumfahrt oft zu lang.

5. Stabiles Geschäft: In der Luftfahrt ist Technik weitaus wichtiger als der Dienst am Kunden oder ein Modetrend. Die rasche Reaktion auf neue Käuferwünsche und unerwartete Trends auf dem Markt, eine Stärke privater Unternehmen, ist hier wenig gefragt. Die Entwicklung und Adaption neuer Technologien aber beherrschen Staatsbetriebe oft genausogut wie Privatunternehmen. Planung und methodisches Vorgehen sind im Flugzeugbau vielfach ebenso wichtig wie Flexibilität und Geschwindigkeit.

So hat die GIE Airbus Industries ihre Modellpalette systematisch und mit langem Atem aufgebaut. Binnen eines Vierteljahrhunderts brachte das Konsortium drei Flugzeugfamilien heraus, die heute fast alle Anforderungen der Luftfahrtgesellschaften erfüllen. Als erstes kamen Anfang der siebziger Jahre die beiden Großraumflugzeuge A-300 und A-310 auf den Markt. Später traten die kleineren Kurz- und Mittelstrecken-Jets A-319, A-320 und A-321 hinzu. Als dritte Familie stellte Airbus Anfang der neunziger Jahre die vierstrahlige Langstrekkenmaschine A-340 und ihre zweistrahlige Schwester A-330 vor.

Die Flugzeuge sind im Durchschnitt jünger und moderner als die konkurrierenden Modelle von Boeing und McDonnell Douglas. So hatte die A-320 als erstes Verkehrsflugzeug der

Welt eine vollelektronische Steuerung, das berühmte Fly-by-Wire-System. Viele Teile der Airbus-Maschinen, wie etwa die Seitenleitwerke, bestehen aus Kohlefaser-Verbundwerkstoffen; dadurch kann Gewicht eingespart und der Kraftstoffverbrauch gesenkt werden.

Wichtiger ist vielen Fluglinien jedoch ein anderer Vorzug der Airbus-Maschinen: Die Modelle ein und derselben «Familie» sind weitgehend baugleich. So sind bei der A-319, der A-320 und A-321 die Cockpits, die Leitwerke und die Tragflächen identisch. Lediglich in der Länge und den eingebauten Triebwerken unterscheiden sich diese drei verschiedenen Versionen des gleichen Basis-Modells. Diese Familienähnlichkeit hat viele Vorteile: Die Ersatzteilhaltung vereinfacht sich; die meisten Teile können für mehrere Modelle verwendet werden. Der Ausbildungsaufwand für die Wartungsmechaniker verringert sich. Schließlich brauchen die Piloten für jedes Flugzeug mit einer anderen Cockpit-Auslegung und Navigationselektronik eine spezielle Ausbildung. Wenn jedoch die Flugzeugsteuerung dieselbe ist, entfällt der zusätzliche Lernaufwand. Die Piloten lassen sich flexibler einsetzen.

Boeing hingegen hat seine Modellpalette in mehreren großen Sprüngen geschaffen. Die angebotene Flotte deckt zwar ein breiteres Leistungsspektrum ab als die von Airbus, sie ist aber auch viel uneinheitlicher. Durch die Übernahme von McDonnell Douglas wurde der Wirrwarr im Produktprogramm noch größer. So bot das Unternehmen nach der Fusion drei Langstreckenmodelle an, zwischen denen keinerlei technische Synergien bestehen – die zweistrahlige B-777, die dreistrahlige MD-11 und die vierstrahlige B-747. Ähnlich ist es bei Kurz- und Mittelstreckenmaschinen. Dort konkurrierten zwei Modelle von McDonnell Douglas mit drei Typen von Boeing.

Die aufwendige Integration von McDonnell Douglas, die erforderliche Ausdünnung der Produktpalette und eine veraltete Fertigungsorganisation haben Boeing 1997 einen Verlust von

178 Millionen Dollar nach Steuern eingebracht. Es war das erste Mal seit einem halben Jahrhundert, daß das Unternehmen keinen Gewinn meldete, sondern einen Verlust.

Goldene Zeiten

Bei Airbus verläuft die Entwicklung umgekehrt. Nach seiner Gründung 1970 machte das Luftfahrt-Konsortium ein Vierteljahrhundert nichts als Verluste. Seit Mitte der neunziger Jahre jedoch ist die Gruppe profitabel und erzielt einen auskömmlichen Gewinn. (Genaue Zahlen veröffentlicht das Konsortium nicht.)

Das Unternehmen hat frühzeitig begonnen, Lean Production und Lean Development einzuführen, eine schlanke Fertigung und eine schlanke Forschung und Entwicklung. Den Anstoß gab die Krise im Weltflugzeugbau, die 1991 vom Golf-Krieg ausgelöst wurde. Drohungen und Racheakte des irakischen Diktators Saddam Hussein hatten weithin Angst vor Terroranschlägen gegen Verkehrsflugzeuge erzeugt.

Bis zum Golf-Krieg war der Weltluftverkehr Jahr für Jahr um etwa sieben Prozent gewachsen. Jetzt gingen die Buchungen plötzlich um vier Prozent zurück. Schlagartig bestellten die Fluglinien weniger Maschinen, ja stornierten sogar feste Aufträge aus den Vorjahren. Binnen eines einzigen Jahres halbierten sich die weltweiten Neubestellungen auf 450 Verkehrsmaschinen. «Unter den großen Herstellern Boeing, McDonnell Douglas und Airbus entbrannte ein bis dato nicht gekannter Wettkampf um das verbliebene Marktpotential», erinnert sich Airbus-Manager Dietrich Russell.

Airbus reagierte auf den zunehmend scharfen Wettbewerb mit einer gründlichen Modernisierung der Fertigung – das halbstaatliche Konsortium handelte hier entschlossener und rascher als die privatwirtschaftliche Firma Boeing. So hat Airbus Industries das Zusammennieten der Flugzeugrümpfe und Tragflächen in ihren Werken weitgehend automatisiert. «Das ist ein großer Vorteil gegenüber Boeing, wo noch stärker auf manuelle Arbeit und auf angelernte Arbeiter gesetzt wird», stellt Russell fest.

Durch zahlreiche Maßnahmen konnte Airbus in den vergangenen Jahren die Produktionskosten um fast zwei Drittel senken. «Eine als Daumenregel oft verwendete Maßeinheit ist die Größe ‹DM pro Kilogramm Flugzeugstruktur›», erläuterte Russell. Anfang der siebziger Jahre kostete der Bau einer Airbus-Maschine pro Kilogramm noch rund 1000 Mark. 1980 waren 600 Mark erreicht, und 1997 lagen die Kosten bei 350 Mark. «Ziel ist es, schrittweise auf 250 Mark zu kommen», sagte Airbus-Manager Russell.

Airbus produziert jedoch nicht nur weitaus billiger. Das Unternehmen ist in der Fertigung auch erheblich schneller geworden. Anfang der neunziger Jahre vergingen im Durchschnitt 18,5 Monate, bis die Airbus-Werker ein Flugzeug fertig hatten. Ende der neunziger Jahre sind im Mittel nur noch exakt 9,5 Monate erforderlich, bis eine Airbus-Maschine an den Kunden übergeben werden kann. Wer aber schneller liefert, kann auch mehr Flugzeuge verkaufen.

Beinahe im gleichen Tempo hat die Entwicklung bei Airbus ihr Arbeitstempo gesteigert. Bei der A-319, die Anfang der neunziger Jahre herauskam, benötigten die Ingenieure für die Konstruktionsarbeiten noch insgesamt 48 Monate – vier ganze Jahre. Beim neuesten Modell A-330-200, das Anfang 1998 in Dienst gestellt wurde, vergingen zwischen dem Start der Entwicklungsarbeiten und der Markteinführung nur noch 27 Monate. 44 Prozent der Konstruktionszeiten konnten dank modernster Computertechnik, einer neuen Arbeitsorganisation und besserer Kommunikation in den Entwicklungsabteilungen eingespart werden.

Den Preis für die scharfe Rationalisierung zahlten die Flugzeugwerker. Alle Airbus-Partner haben ihren Personalstand in den neunziger Jahren drastisch gesenkt. Die Daimler-Chrysler Aerospace hat die Belegschaft in den deutschen Airbus-Werken von 22 000 um ein gutes Drittel auf 14 200 Mitarbeiter gekürzt. British Aerospace baute 8000 von einst 15 000 Arbeitsplätzen ab. Selbst der Staatsbetrieb Aérospatiale strich in der französischen Airbus-Fertigung jeden sechsten Job.

Der Stellenabbau scheint jedoch zum Stillstand gekommen zu sein. Im Rahmen des berüchtigten Jobkiller-Programms «Dolores» wollte die Dasa 1997 eigentlich weitere 3000 Stellen streichen. Wegen der unerwartet guten Auftragslage beim Airbus blieben diese Arbeitsplätze dann doch vor dem Rotstift bewahrt.

Airbus Industries sieht für den Flugzeugbau «goldene Zeiten» voraus. John Leahy, Verkaufschef des Konsortiums, prognostiziert, daß der Weltluftverkehr in den kommenden Jahren um durchschnittlich fünf Prozent zunimmt. Die Flugzeuggesellschaften würden in den nächsten zwei Jahrzehnten ungefähr 13 600 Passagiermaschinen mit mehr als 70 Sitzplätzen im Gesamtwert von rund 2000 Milliarden Mark bestellen. Rund die Hälfte dieses Volumens will sich Airbus sichern.

Die Mitarbeiter der deutschen Luft- und Raumfahrtindustrie dürfen wohl aufatmen. 1990 waren in diesem Industriezweig in Deutschland noch 95 000 Menschen beschäftigt. Bis 1997 verloren davon 35 000 ihren Arbeitsplatz. Laut dem Bundesverband der Deutschen Luft- und Raumfahrtindustrie wird sich die Beschäftigung auf mittlere Sicht bei etwa 60 000 Mitarbeitern einpendeln oder sogar wieder leicht steigen.

Sayonara, Asian Airbus!

Nach den turbulenten neunziger Jahren scheint sich die Situation in der Luftfahrt nun zu stabilisieren. Die beiden Giganten Airbus und Boeing/McDonnell Douglas haben vollständig die Kontrolle über den Weltmarkt für große Verkehrsflugzeuge gewonnen. Dieses Duopol wird vermutlich für die kommenden Jahre bestehen bleiben; fraglich ist allenfalls, wer von beiden die Führung behaupten wird – das europäische Luftfahrtkonsortium oder der amerikanische Konkurrent.

Noch hat die Aufteilung des Weltmarktes unter zwei gleich starken Konzernen den Wettbewerb nicht ernstlich beeinträchtigt. Im Gegenteil: Mit Preiskürzungen ohne Gnade und Erbarmen versucht Boeing, den Rivalen Airbus klein zu halten. Von Anfang 1996 bis Ende 1997 purzelten die Verkaufspreise auf dem Flugzeugmarkt um 20 Prozent.

Doch was wäre, wenn die beiden Konkurrenten sich stillschweigend darauf einigen würden, ihren scharfen Wettbewerbskampf einzustellen? Niemand könnte das Duopol daran hindern, beinahe beliebige Preiserhöhungen durchzusetzen. Neue ernsthafte Mitbewerber sind nirgends zu erkennen. Zwar möchte eine Reihe industrieller Schwellenländer in Lateinamerika und Ostasien um beinahe jeden Preis eine eigene, das nationale Prestige fördernde Luftfahrtindustrie aufbauen. Die meisten der überaus ambitionierten Vorhaben sind jedoch nach kurzer Zeit bereits gescheitert – und nicht erst infolge der Finanzkrise, die Asien im Herbst 1997 heimzusuchen begann. Taiwan wollte sich Anfang der neunziger Jahre an der Entwicklung des Langstreckenflugzeugs MD-12 beteiligen, die McDonnell Douglas seinerzeit startete. Wegen der immens hohen Kosten bei gleichzeitig ungewissen Erfolgsaussichten wurde das Projekt jedoch sehr bald wieder eingestellt.

Indonesien stellte 1995 eine Turboprop-Maschine für 70 Passagiere vor, die die Staatsfirma IPTN entwickelt hatte. Das Flugzeug, an dessen Konstruktion einige hundert Ingenieure aus England und den USA beteiligt waren, findet freilich außerhalb des Inselstaats kaum Kaufinteressenten. Überdies wollte Indonesien ursprünglich, mit Hilfe des französischen Rüstungskonzerns Dassault, bis 2004 auch eine Düsenmaschine für 130 Passagiere bauen. Die Entwicklung des Jets hätte freilich zwei Milliarden Dollar gekostet. Eine solche Ausgabe verbot sich, als das Land Anfang 1998 beim Weltwährungsfonds um Finanzhilfen zur Bewältigung seiner Schuldenkrise einkommen mußte.

Wiederholt hat Japan in den vergangenen Jahrzehnten die Luft- und Raumfahrt zu einer «strategischen Industrie» erklärt, zu einer Schlüsseltechnologie des 21. Jahrhunderts. Gemeinsam mit dem japanischen Industrie- und Außenhandelsministeriums Miti nahmen japanische Unternehmen in den vergangenen 25 Jahren zweimal die Entwicklung eines Jets für etwa 100 Passagiere in Angriff. Beide Projekte wurden jedoch eingestellt, weil ganz ungewiß war, ob die hohen erwarteten Kosten jemals wieder eingespielt würden.[51]

Den Kostennachteil gegenüber den etablierten Wettbewerbern könnten die Japaner auf lange Zeit nicht wettmachen. In der Luft- und Raumfahrt spielen sogenannte Lernkurven eine sehr große Rolle. Jeder weiß es aus eigener Erfahrung: Je öfter man etwas tut, desto schneller geht es einem von der Hand. Dies gilt vor allem für komplizierte Tätigkeiten mit vielen verschiedenen Handgriffen. Mit der Zeit lernt man, seine Hände immer geschickter zu benutzen.

Solche Lerneffekte lassen sich nicht nur bei einzelnen Arbeitern beobachten. Sie treten ebenso bei ganzen Fabrikbelegschaften auf – und zwar mit verblüffender Regelmäßigkeit. Für jede Branche, jedes Produkt läßt sich leicht eine Lernkurve ermitteln, je nach der Komplexität der auszuführenden Tätigkeiten. Bei jeder Verdoppelung der hergestellten Gütermenge sinkt der Aufwand an Arbeitszeit um einen bestimmten Prozentsatz – in den meisten Industrien um etwa 10 bis 15 Prozent.

Besonders stark ausgeprägt sind Lernkurven bei der Montage von Flugzeugen. Eine moderne Verkehrsmaschine wie der Jumbo besteht aus bis zu sechs Millionen verschiedener Teile. Entsprechend kompliziert ist die Fertigung. Untersuchungen haben gezeigt, daß in der Endmontage von Flugzeugen im allgemeinen Lernkurveneffekte von 20 Prozent auftreten.

Dies bedeutet: Erfordert der Zusammenbau des ersten Flugzeugs, das in einem bestimmten Werk montiert wird, zehn Millionen Arbeitsstunden, dann werden beim zweiten Exemplar nur mehr acht Millionen Stunden benötigt. Für das zehnte Modell sind nur noch rund fünf Millionen Stunden nötig, für das hundertste gut zwei Millionen und für das tausendste gar nur mehr 1,3 Millionen Montagestunden. Mit anderen Worten: Der Arbeitsaufwand pro Flugzeug fällt mit steigenden Produktionsziffern ab, anfangs sehr steil, später langsamer. Ein Neuling in der Branche hetzt den etablierten Konkurrenten unablässig hinterher, ohne sie auf lange Zeit hinaus einholen zu können: Diese sind auf der Lernkurve stets ein gutes Stück voraus.

Erst bei sehr großen Stückzahlen verlieren sich die Lerneffekte allmählich. Die Erfahrungskurven werden immer flacher und nähern sich an. Unter anderem aus diesem Grunde hat es mehr als zwei Jahrzehnte gedauert, bis Airbus bei den Kosten mit den älteren amerikanischen Konkurrenten wettbewerbsfähig war. Ähnlich haben die Europäer jetzt einen Vorsprung vor potentiellen asiatischen Mitbewerbern von ebenfalls mindestens 20 Jahren.

Airbus hat, wie erwähnt, seit 1970 die Gesamtkosten pro Flugzeug im Schnitt um zwei Drittel gesenkt. Diese Einsparungen sind nicht allein auf effizientere Fertigungsmethoden zurückzuführen, die ein neuer Mitbewerber verhältnismäßig leicht kopieren könnte. Sie sind wesentlich auch bewirkt durch Erfahrung, die jeder neuer Arbeiter, jede neue Fabrikbelegschaft, jeder neuer Flugzeughersteller selbst sammeln muß.

Schon mehrfach haben die Länder Asiens versucht, den Erfolg des Airbus durch eine grenzüberschreitende Kooperation zu wiederholen – um die immensen Investitionen, die diese Technologie erfordert, auf möglichst viele Schultern zu verteilen. So versucht Japans Industrieministerium Miti hartnäckig, im Fernen Osten einen Partner für seine geplante Düsenmaschine mit 100 Sitzen zu finden. Doch kein Land war bisher zur Teilnahme bereit. Die umworbenen Regierungen scheinen zu denken, sie würden in einem Gemeinschaftsprojekt mit ihrem übermächtigen, arroganten Nachbarn Japan nie mehr sein als Juniorpartner.

Mitte der neunziger Jahre versuchten China und Süd-Korea gleichfalls, einen «asiatischen Airbus» für 100 Passagiere an den Start zu rollen. Auch dieses Vorhaben scheiterte an Hegemonialkonflikten: Die Volksrepublik beanspruchte die Kapitalmehrheit an dem Projekt; auch sollte das Flugzeug komplett in China produziert werden und nur dort, nicht hingegen in Korea, hochqualifizierte Arbeitsplätze schaffen. Korea aber wollte nur als ebenbürtiger Partner am asiatischen Airbus mitarbeiten; im Juni 1996 wurden die Verhandlungen ergebnislos abgebrochen.

Es fällt den Verantwortlichen in Asien augenscheinlich schwer, gleichberechtigte Partnerschaften auf der Basis von Fairness, Gegenseitigkeit und Vertrauen zu begründen. Das gilt nicht nur für grenzüberschreitende Kooperationen zwischen Nachbarstaaten im Fernen Osten. Auch Versuche verschiedener asiatischer und europäischer Staaten, in der Luft- und Raumfahrt globale Allianzen zu schmieden, scheiterten meist bereits nach kurzer Zeit. In den siebziger Jahren wollte MBB, das Vorläuferunternehmen der Dasa, gemeinsam mit der VR China ein kleines Düsenverkehrsflugzeug entwickeln und produzieren. Das Projekt wurde abgebrochen, weil die Deutschen den Eindruck hatten, die Chinesen wollten nur ihr technologisches Know-how abschöpfen.

Aus dem gleichen Grund war MBB nicht bereit, der indonesischen Staatsfirma IPTN beim Bau ihrer Turboprop-Maschine zu helfen. «Die haben versucht, uns gegen andere Flugzeughersteller auszuspielen», erinnert sich Alois Schwarz, ehemaliger Vorsitzender des Gesamtbetriebsrats von MBB und Dasa.[52]

Im Airbus-Konsortium ist es, in wohltuendem Gegensatz dazu, bisher immer gelungen, einen fairen Interessenausgleich zwischen den vier Partnern zu finden. Zwar gab es auf deutscher Seite zuweilen leises (und gelegentlich auch gar nicht so leises) Grummeln, die Franzosen würden sich die technologischen Filetstücke des Gemeinschaftsprojekts sichern, namentlich die Navigationstechnik. Auch Zank und Streit um die Führung, die Besetzung der Spitzenpositionen und das bestgeeignete Organisationsmodell für den Airbus waren an der Tagesordnung. Doch konnten solche Konflikte stets gelöst werden, ohne daß die lockere Gruppe, wie oft befürchtet, auseinandergefallen wäre.

Vom Segen scharfer Gesetze

Klaus-Dieter Vöhringer trieb seine Ingenieure zur Eile an. Der Forschungschef des Autokonzerns Daimler-Benz beschloß Anfang 1993, sein Unternehmen solle als erstes der Welt PKW bauen, die statt der herkömmlichen Verbrennungsmotoren einen Elektroantrieb aus Brennstoffzellen haben, um die Abgase damit drastisch zu reduzieren.

Ein Jahr gab der Manager den Konstrukteuren Zeit. Dann sollte der erste Prototyp fahrbereit sein. Die Techniker hielten die Vorgabe ein und stellten Anfang 1994 einen umgebauten Mercedes-Transporter mit Brennstoffzellen-Antrieb vor. Er wurde «Necar I» getauft; das Kürzel steht für «New Electric Car». Der neuartige Antrieb nahm, zusammen mit den installierten Meßinstrumenten, freilich so viel Raum ein, daß für Nutzladung kein Platz blieb.

Zwei Jahre später stellten Vöhringers Ingenieure ein weiteres Fahrzeug mit Brennstoffzellenantrieb vor – diesmal einen umgerüsteten Kleinbus der V-Klasse. Mittlerweile hatten die Techniker das Brennstoffzellensystem bereits soweit verkleinert, daß der Antrieb unter die Rücksitze paßte. Der Kleinbus namens «Necar II» konnte, ebenso wie seine konventionell angetriebenen Brüder, neben dem Fahrer fünf weitere Passagiere befördern.

Ein weiteres Jahr später, 1997, hatten die Mercedes-Techniker bereits einen ausgewachsenen Linienbus mit Brennstoffzellenmotor ausgerüstet. Der «Nebus» hat eine Reichweite von 250 Kilometern, mehr als ein Linienbus für gewöhnlich pro Tag fahren muß.

Im März 1998 schließlich präsentierte Forschungschef Vöhringer den ersten PKW der Welt mit Brennstoffzellen statt einem Otto- oder Dieselmotor. Es ist ein umgebauter Kompaktwagen der A-Klasse, der die Bezeichnung «Necar 3» erhielt.

Seine ökologischen Vorzüge sind beträchtlich. Laut Angaben von Daimler-Benz ist der Treibstoffverbrauch bereits bei den Prototypen des Necar 3 um 30 Prozent niedriger als bei der konventionellen A-Klasse. Die Emissionen des Treibhausgases Kohlendioxid sinken um rund die Hälfte. Der Ausstoß von Stickoxiden verringert sich beim Brennstoffzellenauto sogar um mehr als 90 Prozent.

Leider aber ist die Technologie noch viel zu teuer. Das Brennstoffzellensystem, das in die A-Klasse eingebaut wurde, kostet in der Herstellung heute noch rund 200000 Mark – mehr als fünfmal soviel, wie für ein komplettes Auto der A-Klasse mit herkömmlichem Antrieb verlangt wird.

Binnen weniger Jahre wollen die Daimler-Ingenieure die Herstellkosten aber soweit senken, daß der alternative Antrieb wettbewerbsfähig gegenüber Diesel- und Ottomotoren wird. Mitte des kommenden Jahrzehnts will Daimler-Benz die ersten Serienautos mit Brennstoffzellenantrieb auf den Markt bringen.[53]

Das Öko-Auto von Mercedes ist ein unmittelbares Produkt der Globalisierung. An seiner Wiege stand das Parlament des amerikanischen Bundesstaates Kalifornien. Es beschloß Anfang der neunziger Jahre die strengsten Abgasnormen der Erde. So müssen ab dem Jahr 2003 in Kalifornien zehn Prozent aller neuzugelassenen Autos sogenannte Zero Emission Vehicles sein: Sie dürfen keinerlei Schadstoffe an die Umwelt abgeben.

Ähnliche Regelungen haben in der Zwischenzeit viele andere Bundesstaaten in den USA eingeführt. Wer dort auch im kommenden Jahrzehnt noch Autos verkaufen will, muß PKW anbieten, die die Normen erfüllen (oder nahezu erfüllen; völlig abgasfreie Autos wird es in absehbarer Zeit kaum geben).

Die Daimler-Manager beherzigen eine alte Regel: Wer eine

neue Vorschrift, die künftig das Geschäft behindern könnte, als erster erfüllt, der gewinnt einen wichtigen Vorsprung gegenüber den Konkurrenten. Mercedes will die Standards auf dem Markt für Öko-Autos setzen – um künftig noch bessere Geschäfte zu machen. Purer Eigennutz zwingt zum Umweltschutz.

Von 18 Zylindern zu drei Litern

Das Auto ist nach wie vor das wichtigste Exportprodukt der Bundesrepublik. 1997 führten die deutschen Hersteller Personenautos, Lastwagen und Omnibusse im Wert von rund 160 Milliarden Mark aus. Das war rund ein Viertel mehr als die Japaner exportierten. Sie liegen lediglich bei den Stückzahlen vorne. Denn die japanischen Produzenten bringen überwiegend Klein- und Mittelklassewagen auf den Weltmarkt, während die deutschen Ausfuhren zu einem großen Teil aus hochwertigen Fahrzeugen bestehen.

Die Hersteller der Bundesrepublik sind derzeit international wettbewerbsfähig wie selten zuvor. Dank der Einführung japanischer Fertigungsmethoden konnten sie ihre Effizienz, wie oben geschildert, kräftig erhöhen. Mit neuen Modellen, mit Freizeitautos, Großraumlimousinen, Sportwagen und Stadtautos gelang es den deutschen PKW-Produzenten, in großer Zahl neue Kunden zu finden.

1998 ist die Produktion von Personenwagen in der Bundesrepublik abermals um sieben Prozent auf ziemlich genau fünf Millionen Stück gestiegen. Aufgrund der kräftig zunehmenden Nachfrage im In- und Ausland hat die Autoindustrie den Stellenabbau nicht nur gestoppt, sondern von 1996 bis 1998 wieder 65 000 neue Stellen geschaffen.[54]

Doch wie sicher sind die neuen Arbeitsplätze? Viele der Stellen wurden zeitlich befristet. Denn die Autokonzerne wissen sehr genau: Auf jeden Aufschwung folgt ein Abschwung.

Und in der Autoindustrie geht die Nachfrage, wenn eine Wirtschaftskrise einsetzt, wesentlich stärker zurück als in anderen Branchen. Vor allem die Bezieher niedriger Einkommen verzichten auf ein neues Auto oder schieben den Kauf hinaus, wenn im Abschwung Arbeitslosigkeit oder Lohnkürzungen drohen. So gingen in der Rezession von 1993 die Verkäufe von Kleinwagen in Deutschland um rund 40 Prozent zurück.

Wesentlich stabiler ist der Absatz von Modellen der oberen Mittelklasse und von Luxuslimousinen. Deren Käufer müssen im allgemeinen, selbst in wirtschaftlich schlechten Zeiten, die Kreditkarte nicht dreimal umdrehen. Mit teuren Autos läßt sich also besser und risikoloser Geld verdienen.

Aus diesem Grund drängen die deutschen Hersteller auch wie Lemminge in die Luxusklasse. Mercedes bringt eine neue Modellreihe unter dem Namen «Maybach» heraus, die möglicherweise auch mit einem 18-Zylinder-Motor erhältlich sein wird und pro Stück bis zu einer halben Million Mark kostet. Audi übernahm den italienischen Sportwagenspezialisten Lamborghini. Und der Massenhersteller Volkswagen bereitet unter dem Code-Namen «Passat Plus» einen neuen Oberklassewagen vor; er soll ab 2001 in Stückzahlen von 20000 bis 30000 pro Jahr gebaut werden. Obendrein kaufte VW 1998 nach einem langen, bizarren Bietgefecht mit BMW den britischen Luxushersteller Rolls-Royce auf – und bezahlte dafür nach Ansicht von Experten viel zuviel. Wegen der komplizierten Vertragslage muß VW die Rechte am Namen Rolls-Royce ab 2003 an BMW abgeben; lediglich die Marke Bentley, die ebenfalls zu Rolls-Royce gehört, darf das Wolfsburger Unternehmen selbst nutzen.

Bei solchen Nachrichten graust es Umweltschützer. Sie fordern das Drei-Liter-Auto. Statt dessen kommen immer luxuriösere Luxus-Limousinen auf den Markt, die je 100 gefahrene Kilometer leicht 15 Liter und mehr schlucken.

Die Manager der Autoindustrie weisen zu ihrer Verteidigung

darauf hin, daß gerade die Hersteller von Luxusautos besonders viel für Innovationen im Umweltschutz tun würden: Sie geben, gemessen am Umsatz, im allgemeinen doppelt soviel für Forschung und Entwicklung aus wie Massenhersteller.

Sicherheitslenksäule, Knautschzone, Airbags und Antiblokkiersystem wurden zunächst in den oberen Fahrzeugklassen eingesetzt und gehören heute auch schon in Massenautos zum Standard. Und wie bei der Sicherheitstechnik werden auch Innovationen für den Umweltschutz vielfach zunächst bei Luxusautos erprobt.

So hat Audi als erster Hersteller 1994 einen Personenwagen herausgebracht, dessen Karosserie aus dem Leichtmetall Aluminium besteht. Es ist das teuerste Modell des Unternehmens – die Baureihe A8. Die Verarbeitung des kraftstoffsparenden Aluminiums ist sehr viel schwieriger als die des herkömmlich verwendeten Stahls.

Fünf Jahre nach dem Luxusauto A8 bringt Audi jetzt einen Kleinwagen aus Aluminium auf den Markt, den Al2. Das Modell, von dem 1997 auf der Internationalen Automobilausstellung ein Prototyp vorgestellt wurde, wird ab 1999 in einer jährlichen Stückzahl von 50000 hergestellt. Der Kompaktwagen wird zunächst unter anderem mit einem Drei-Zylinder-Benzin-Motor mit Direkteinspritzung und 1,2 Liter Hubraum erhältlich sein. Der Verbrauch soll nur 4,3 Liter pro 100 Kilometer betragen.

Der Al2 wird zu einem Drei-Liter-Auto weiterentwickelt, das voraussichtlich ab dem Jahr 2000 mit einem Dieselmotor in Serie geht. Es soll ein vollwertiges Auto mit Platz für vier Fahrgäste werden.[55]

Auch Audis Muttergesellschaft VW hat ein Drei-Liter-Auto herausgebracht, eine Variante des Kleinwagens «Lupo». Der Benzinverbrauch wird dadurch gesenkt, daß im Innenraum des Autos besonders leichte Werkstoffe verbaut werden.

Während die Tochtergesellschaft Audi mit Aluminium experimentiert, setzt Volkswagen bei künftigen Modellen auf andere gewicht- und spritsparende Materialien, etwa Faserverbundstoffe und Magnesium. VW betreibt seit mehreren Jahren in Israel gemeinsam mit einem einheimischen Partner eine Magnesiumfabrik am Toten Meer; zudem arbeitet Volkswagen mit einem wissenschaftlichen Institut in Beer Sheva zusammen, das die Eigenschaften und Einsatzmöglichkeiten dieses Leichtmetalls erforscht.[56]

Angeblich haben alle Massenhersteller Pläne für Drei-Liter-Autos im Computer – von Ford über Opel bis Renault. Zu sehen ist von den spritsparenden Modellen freilich noch wenig.

Nutzlose Versprechungen, hilfreiche Vorschriften

Der freie Wettbewerb allein wird das Öko-Auto auch kaum hervorbringen, jedenfalls nicht in der wünschbaren Geschwindigkeit und in Stückzahlen, die einen nennenswerten Einfluß auf die Schadstoffbilanz hätten. Eingriffe des Staates, eine schrittweise Verschärfung von Abgasnormen und die Besteuerung von Treibstoffverbrauch und Schadstoffemissionen sind notwendig.

Absichtserklärungen und freiwillige Selbstverpflichtungen nutzen wenig. Sie sind oft nur Image-Instrumente – für die Industrie wie auch für die Politik. So hat im Vorfeld des Klimagipfels der Uno, der im Spätherbst 1997 in der japanischen Stadt Kyoto abgehalten wurde, die Bundesregierung noch einmal ihr Ziel bekräftigt, den Ausstoß der wichtigsten Treibhausgase bis zum Jahre 2005 um ein Viertel zu verringern. Ähnliche Verpflichtungen hatten auch die Autohersteller Anfang der neunziger Jahre mehrfach abgegeben.

Jetzt aber erklärte der Verband der Automobilindustrie (VDA), das Ziel sei nicht erfüllbar. Zwar würden die PKW-Motoren künftig weniger Benzin und Diesel schlucken und damit auch weniger Kohlendioxid in die Atmosphäre blasen. Doch gleichzeitig werde der Bestand an Personenwagen in der Bundesrepublik von 1997 bis 2010 um sechs auf 47 Millionen zunehmen. Das mache einen großen Teil der Einsparungen wieder zunichte. Die Kohlendioxid-Emissionen durch PKW könnten deswegen bis zum Jahr 2010 lediglich um zehn Prozent zurückgehen. Bei Lastwagen würde der Ausstoß von Klimagiften wegen der zunehmenden Verlagerung des Güterverkehrs von der Schiene auf die Straße sogar noch steigen.[57]

Die Autohersteller zeigen in alle Richtungen, um die Verantwortung für den allzu langsamen Abbau der Schadstoffemissionen abzuwälzen. Die Regierungen in Bonn und den Ländern seien mitschuldig, weil sie nicht genügend für den Ausbau des Straßennetzes täten. Staus auf überlasteten Straßen führten zu einem Mehrverbrauch von 14 Milliarden Litern Kraftstoff im Jahr, behauptet etwa der VDA.

Und die Ölgesellschaften brächten nicht schnell genug Kraftstoffe in der benötigten neuen Qualität heraus. Mit den marktüblichen Treibstoffarten könnten moderne Benzin- und Dieselmotoren mit Direkteinspritzung aber die geforderten schärferen Schadstoffnormen nicht einhalten.[58]

Schließlich würden viele Kunden freiwillig keine spritsparenden, klimafreundlichen Autos kaufen. So hat Daimler-Benz in einer Befragung herausgefunden, daß die Käufer von Geländewagen und Roadstern im allgemeinen überhaupt keinen Wert auf niedrige Verbrauchswerte legen. Ökologie sei diesen Autofahrern völlig gleichgültig – im Unterschied etwa zu den Käufern der A-Klasse oder der kleineren Luxuslimousinen von Mercedes, denen durchaus an der Umweltverträglichkeit ihrer Fahrzeuge gelegen ist.

Die Autohersteller und ihre Kunden lassen sich wohl am besten über das Portemonnaie zum Klimaschutz erziehen. Oft sind selbst mäßige finanzielle Anreize und komplementäre Strafen außerordentlich wirkungsvoll.

Im Sommer 1997 wurde beispielsweise die ökologisch gestaffelte Kraftfahrzeugsteuer eingeführt. Autos, die die neue, strengere Abgasnorm D3 erfüllen, werden dabei vom Finanzamt schonend behandelt. Nur ein Jahr später erfüllten bereits zwei Drittel aller neuzugelassenen PKW die scharfe D3-Norm. «Die emissionsbezogene Kraftfahrzeugsteuer ist ein Beweis, daß kleine Steuerermäßigungen eine große umweltpolitische Lenkungswirkung haben können», stellte, nicht ohne Eigenlob, 1998 die damalige Bundesumweltministerin Angela Merkel fest.[59]

Die Bilanz in puncto Leistung für den Umweltschutz fällt beim Straßenverkehr sehr gemischt aus. Dank dem Katalysator konnte die Emission vieler Schadstoffe beträchtlich gemindert werden. Der Ausstoß von Stickoxiden und Schwebeteilchen beträgt heute bei Neuwagen nur einen Bruchteil der Werte von vor zwanzig Jahren. Und gemäß den 1998 in Kraft getretenen neuen Vorschriften der Europäischen Union wird der zulässige Schwefelgehalt im Benzin künftig um 90 Prozent abgebaut.

Beim Klimagift Kohlendioxid jedoch, das sich durch keinen Katalysator aus den Abgasen entfernen läßt, sind die erzielten Fortschritte bescheiden. Die Emissionen lassen sich praktisch nur vermindern, wenn gleichzeitig auch der Kraftstoffverbrauch reduziert wird.

Laut dem VDA verbrauchte ein fabrikneuer PKW 1978 im Schnitt 9,8 Liter Benzin beziehungsweise Dieselkraftstoff pro 100 Kilometer. In den vergangenen zwanzig Jahren sank der Verbrauch deutscher Personenwagen um 25 Prozent auf rund 7,3 Liter. Bei LKW und Omnibussen beläuft sich der Rückgang in den zwei Jahrzehnten auf 35 Prozent.[60]

Schärfere Mittel und Wege müssen her: Neue Technologien, die den Kohlendioxidausstoß drastisch reduzieren, und Ökosteuern, die die Hersteller zwingen, die neuen Technologien in ihren Autos zu verwenden, und die die Kunden dazu bewegen, solche Autos auch zu kaufen.

Das kalifornische Zero-Emissions-Gesetz zeigt, wie eine einzige, lokale Initiative eines Gesetzgebers brachliegendes technisches Wissen zum Schutz der Umwelt in einem beinahe dramatisch zu nennenden Umfang mobilisieren kann. Binnen weniger Jahre haben weltweit mehr als ein halbes Dutzend führender Autohersteller verkündet, sie würden binnen des nächsten Jahrzehnts emissionsarme Personenwagen mit Brennstoffzellenantrieb herausbringen.

Die Technologie ist zwar kompliziert, im Grundsatz allerdings seit 150 Jahren bekannt. Und noch bis vor kurzem waren sich die meisten Autohersteller darin einig, daß Brennstoffzellen, auf englisch «fuel cells», nie eine Chance hätten, als Autoantrieb eingesetzt zu werden.

Eine Revolution nach hundert Jahren

Seit Carl Benz und Gottlieb Daimler, unabhängig voneinander, Mitte der achtziger Jahres des vorigen Jahrhunderts die ersten Kraftwagen bauten, hat sich der Antrieb des Autos praktisch nicht verändert. Es ist nach wie vor der Benzinmotor beziehungsweise sein Vetter, der später erfundene Dieselmotor.

Andere Verkehrsmittel hingegen erlebten radikale Brüche in der Antriebstechnologie, die ganze Industrien durcheinanderwirbelten: Beim Schiff wich das Segel im 19. Jahrhundert der Dampfmaschine; bei der Eisenbahn wurde die Dampflok durch Diesel- und Elektrotraktion abgelöst; beim Verkehrsflugzeug traten Jets an die Stelle von Propellermaschinen.

Eine solche Revolution steht jetzt womöglich dem Automobilbau bevor – die erste seit mehr als 100 Jahren. An die Spitze des Wandels hat sich ausgerechnet Daimler-Benz gesetzt, die Firma der zwei Autopioniere, die nach der Fusion mit Chrysler den Namen des einen aus ihrer offiziellen Bezeichnung gestrichen hat.

Daimler setzt auf Brennstoffzellen, die anstelle von herkömmlichen Batterien einen Elektromotor antreiben. Denn batteriebetriebene Fahrzeuge, von vielen Umweltschützern favorisiert, werden sich nach Ansicht der meisten Industrievertreter kaum durchsetzen. Die Batterien sind zu schwer, die Reichweite der Fahrzeuge ist zu gering, ihre Geschwindigkeit zu niedrig, die Zuladung zu klein, der Preis einstweilen viel zu hoch.

General Motors hat das bislang einzige eigens entwickelte Serienauto mit Elektroantrieb auf den Markt gebracht, den EV-1. Davon konnte der Autokonzern bislang lediglich einige wenige hundert Exemplare verkaufen, die fast ausschließlich in Arizona und Kalifornien gefahren werden. Auch mit einer neuen, platzsparenden Batterie aus Nickel-Metallhydrid kann der EV-1 unter günstigsten Bedingungen nur 250 Kilometer weit fahren, bevor die Batterie zeitaufwendig neu geladen werden muß.

Japanische Hersteller wie Toyota setzten auf Hybridantriebe, auf Autos, die zugleich einen konventionellen Verbrennungsmotor und eine Batterie haben. Der Elektroantrieb wird dabei vor allem im Stadtverkehr genutzt, wo die Luft besonders stark belastet ist und es auf hohe Fahrleistung nicht ankommt. Bei Überlandfahrten schaltet der Fahrer dann auf den Verbrennungsmotor um.

Die Technik ist allerdings sehr aufwendig und ihr Beitrag zum Klimaschutz begrenzt. Denn der meiste Sprit wird auf Landstraßen und Autobahnen verfahren. Überdies können batteriegetriebene Fahrzeuge nur dann zur Entlastung der Umwelt beitragen, wenn der Strom, mit denen die Batterien betankt werden, auf klimafreundliche Weise erzeugt wird. Andernfalls bewirkt das Elektroauto nur eine Verlagerung des Klimaeffektes: Die Treibhausgase entweichen nun nicht aus den Auspuffen von Autos, sondern aus den Schloten von Kohle- oder Ölkraftwerken.

Daimler-Chrysler und andere Autohersteller sehen daher in

Brennstoffzellen die bessere Alternative zum Verbrennungsmotor. Das Prinzip wurde bereits 1839 – beinahe ein halbes Jahrhundert vor der Erfindung des Autos – von dem britischen Physiker William Robert Grove entdeckt.

In Brennstoffzellen läuft eine kontrollierte Knallgasreaktion ab, freilich völlig lautlos. Wasserstoff verbindet sich mit dem Sauerstoff aus der Luft zu simplem Wasser. Dabei wird Energie freigesetzt, die einen Elektromotor antreibt. Wasserdampf ist im Idealfall das einzige «Abgas».

Die Technologie, Wasserstoff und Sauerstoff miteinander chemisch zu verbinden, ohne daß es dabei zu einer Explosion kommt, ist freilich hochkompliziert. Das wichtigste Element einer Brennstoffzelle bildet eine Polymerfolie, die zwischen zwei Graphitplatten liegt. Diese führen auf der einen Seite Wasserstoff zu, auf der anderen Seite Sauerstoff. Die nur einen Zehntel Millimeter dünne Folie ist durchlässig. Passieren können sie aber nur die Protonen der Wasserstoffatome, die sich auf der anderen Seite der Folie mit den dort befindlichen Sauerstoffatomen zu Wasser verbinden. Zurück bleiben auf der «Wasserstoffseite» der Folie die Elektronen; ohne ihre neutralisierenden Protonen erzeugen sie nun eine elektrische Spannung.

Das oben erwähnte Modell der A-Klasse, das Daimler auf Brennstoffzellenantrieb umrüstete, enthält 300 einzelne Brennstoffzellen. Zusammen erzeugen sie in dem Necar 3 eine elektrische Leistung von 50 Kilowatt.

Es gibt freilich bei Brennstoffzellen verschiedene Typen und technologische Stränge. In der reinsten Form hat Daimler den Antrieb lediglich bei seinem Busprojekt angewandt, dem Nebus. Hier wird Wasserstoff verwendet, den der Bus in Tanks aus Druckgasflaschen mitführt. Dabei entstehen, wie die Techniker von Daimler versichern, keinerlei Abgase, auch nicht in kleinesten Spuren – außer Wasserdampf.

In dieser Form sind Brennstoffzellenfahrzeuge freilich nur begrenzt einsetzbar. Es gibt heute – und auf absehbare Zeit –

kein landesweites Netz von Tankstellen, wo Wasserstoff nachgefüllt werden könnte. Bei Linienbussen wäre dies kein Problem. Für die Busflotte einer Großstadt genügt eine einzige zentrale Tankstelle; eine Tankfüllung reicht länger als einen Tag.

Bei PKW geht dies nicht. Hierfür müßte eine völlig neue Infrastruktur aus Wasserstoff-Tankstellen mitsamt der ganzen Transportlogistik und den Anlagen zur Erzeugung des Wasserstoffs errichtet werden. Die Kosten hierfür könnten allein in der Bundesrepublik leicht mehrere Dutzend oder gar Hundert Milliarden Mark betragen.

Daimler setzt daher bei der A-Klasse als primären Energieträger Methanol ein. Aus diesem erst wird in einem sogenannten Reformer an Bord des PKW Wasserstoff gewonnen. Die Versorgung der Autos mit Methanol kann nach Ansicht der Daimler-Experten leicht über das bestehende Tankstellennetz für Benzin und Dieselkraftstoff organisiert werden.

Freilich ist Methanol nicht die sauberste Lösung. Bei der A-Klasse fallen – im Gegensatz zum Nebus – nun doch Schadstoffe an, freilich in weit geringeren Mengen als bei konventionellen PKW. Laut dem Forschungszentrum Jülich können mit dem Methanolantrieb 94 Prozent der Stickoxid-Emissionen und 98 des Ausstoßes von Kohlenmonoxid und flüchtigen organischen Verbindungen vermieden werden. Bei diesen Berechnungen ist die ganze Energieumwandlungskette von der Förderung des Erdgases über die Erzeugung von Methanol bis hin zur Wasserstoffgewinnung und Stromerzeugung im Auto berücksichtigt.[61]

Der bedeutsamste ökologische Vorzug des Necar besteht jedoch darin, daß er wesentlich weniger Energie als ein gleich leistungsstarkes konventionelles Auto benötigt. Denn der Wirkungsgrad von Verbrennungsmotoren beträgt heute etwa 17 bis 20 Prozent. Die übrigen 80 bis 83 Prozent der eingesetzten Energie entweichen als Abwärme ungenutzt in die Umgebungsluft. Die Naturgesetze erlauben es nicht, die Quote der für die Vorwärtsbewegung des Autos tatsächlich genutzten Energie in Zukunft nennenswert zu steigern.

Brennstoffzellen weisen hingegen heute bereits einen Wirkungsgrad von 30 Prozent auf. Da die Technologie noch kaum entwickelt ist, sind weitere kräftige Steigerungen durchaus denkbar.

Der Necar 3 kann bereits mittelfristig knapp ein Drittel des benötigten Kraftstoffs einsparen. Langfristig könnte der Treibstoffbedarf sogar um 50 Prozent und mehr reduziert werden. Um ungefähr den gleichen Anteil werden die Emissionen von Kohlendioxid sinken. «Es gibt zur Zeit unter allen alternativen Antrieben keinen mit besseren ökologischen Werten als die Brennstoffzelle», behauptet Ferdinand Panik, der bei Daimler-Chrysler für die Entwicklung der Fuel Cells verantwortlich ist.

«First to market»

Die technische Tauglichkeit der Brennstoffzelle als Kraftfahrzeugantrieb scheint mittlerweile erwiesen. Doch der Preis ist noch viel zu hoch. Die Zellen werden bislang aufwendig per Hand hergestellt. Als Faustregel gilt: Pro PS (oder Kilowatt) ist die Brennstoffzelle heute noch hundertmal teurer als der Verbrennungsmotor.

Daimler-Chrysler will die Kosten innerhalb der nächsten fünf Jahre so weit senken, daß die neue Antriebstechnologie wettbewerbsfähig wird gegenüber konventionellen Motoren. Helfen soll dem Autokonzern dabei die kanadische Firma Ballard, Lieferant der Fuel Cells der A-Klasse.

Im April 1998 gründeten Daimler und Ballard ein gemeinsames Unternehmen, das die Brennstoffzellen-Technologie fortentwickeln sollen – die DBB Fuel Cell Engines in Nabern bei Stuttgart. An dem Projekt beteiligt sich auch der amerikanische Autokonzern Ford, der den elektrischen Antriebsstrang für die Brennstoffzellenautos liefert. Die drei Partner haben sich verpflichtet, insgesamt 700 Millionen Dollar, annähernd 1,3 Milliarden Mark, in ihr gemeinsames Vorhaben zu investieren. An der Kooperation wollen die Partner festhalten, auch nachdem Daimler-Benz mit Fords Konkurrenten Chrysler fusionierte.[62]

Chrysler begann, bereits vor dem Zusammenschluß mit Daimler, mit der Entwicklung eines eigenen Brennstoffzellensystems. Es wird mit Benzin arbeiten, aus dessen Kohlenwasserstoffen ein Reformer den Wasserstoff abspaltet, der in die Brennstoffzellen eingespeist wird. Das Konzept hat den Vorteil, das dafür nicht eigens neue Tankstellen gebaut werden müssen; es ist aber weniger «sauber» als andere Brennstoffzellen-Konzepte.

Auch General Motors (GM) strebt in diese Richtung. Der weltgrößte Autohersteller arbeitet mit den Ölgesellschaften Arco und Exxon zusammen, um ein besseres Verfahren zur Gewinnung von Wasserstoff aus Benzin zu entwickeln. Um das Jahr 2005 herum will GM Autos mit Brennstoffzellenantrieb auf den Markt bringen.

Japans führender Autohersteller Toyota hat bereits, wie Mercedes, einen Prototyp mit Fuel Cells vorgestellt. Das Fahrzeug, ein umgerüsteter kleiner Geländewagen, fährt mit einer Tankfüllung 500 Kilometer weit. Das Necar 3 von Mercedes schafft nur 400 Kilometer. Der Antrieb von Toyota ist jedoch recht kompliziert und damit auch störanfällig.[63]

Volkswagen will im Jahr 2000 den ersten Prototyp eines Brennstoffzellenautos vorstellen. Er wird – wie das Necar 3 – mit Methanol betrieben. Die Entwicklung eines serienreifen PKW wird aber voraussichtlich noch bis 2007 dauern.[64]

Daimler will bereits einige Jahre früher auf dem Markt sein. Den Termin 2003, wenn das Zero-Emissions-Gesetz in Kalifornien in Kraft tritt, kann Daimler-Chrysler nicht ganz einhalten. Doch 2004, spätestens 2005 will das Unternehmen jährlich rund

100 000 Kompaktwagen der A-Klasse mit Brennstoffzellenantrieb produzieren.

Von 1994 bis 1998 hat Daimler-Benz für die Erforschung und Entwicklung von Brennstoffzellen mehr als eine halbe Milliarde Mark aufgewandt. Bis zum Anlauf der Serienproduktion muß der Konzern abermals mindestens eine Milliarde Mark investieren.

Unverständlicherweise bekommt Daimler, einer der größten, reichsten und bestverdienenden Konzerne des Landes, für die Fuel-Cell-Forschung Subventionen der Bundesregierung. Das Forschungsministerium hat die Technologie bis 1998 schon mit 120 Millionen Mark bezuschußt. Auch künftig wird DaimlerChrysler aus dem Forschungsetat jährlich 17 Millionen Mark bekommen.[65]

Das Daimler-Management hält die Hand auf und läßt sich von Kritik nicht beirren. «Wir haben uns zum Ziel gesetzt, die führende Position der Brennstoffzellentwicklung zu belegen und zu behaupten», sagt Jürgen Hubbert, im Vorstand der alten Daimler-Benz AG für das Geschäft mit Personenwagen verantwortlich. «Unser strategisches Ziel heißt ‹first to market›: Wir wollen unser Know-how und unsere Kapazitäten bündeln, um die ersten zu sein, die ein Serienfahrzeug mit Brennstoffzellenantrieb am Markt anbieten.»[66]

Doch ob Hubbert sein Ziel erreicht, weiß heute niemand. Vielleicht ist ein Mitbewerber schneller. Es steht auch nicht fest, ob Brennstoffzellen wirklich die ökologisch beste Antriebstechnologie für Autos sind. Greenpeace und andere Umweltexperten halten das Elektroauto mit Batterieantrieb für überlegen.

Mit einiger Sicherheit aber läßt sich sagen, daß umweltfreundliche, klimaschonende Technologien sich im Automobilbau und in vielen anderen Industrien kaum durchsetzen können, wenn nicht der Staat durch nachhaltig wirkende Anreize, durch wohldosierte steuerliche Erleichterungen und umgekehrt ökologische Strafsteuern sowie durch verschärfte Umweltstandards dafür sorgt. Dies sehen mittlerweile auch führende Vertreter der Industrie ein.

Zur Verblüffung seines Publikums bekundete etwa John Smith, Chef des weltgrößten Autoherstellers General Motors, im Januar 1998 auf der Automobilausstellung in Detroit: «Unser Unternehmen wird der Erhöhung der Mineralölsteuer in Amerika zustimmen, wenn dadurch die Wettbewerbsfähigkeit von Fahrzeugen mit Alternativantrieben erreicht wird.»[67]

Das grüne Gold

Kaum irgendwo in Westeuropa ist in den vergangenen zweihundert Jahren soviel Dreck produziert worden wie im Industriegebiet an Rhein und Ruhr. Seit Beginn der Industrialisierung wurde die Region geprägt von Kohle und Stahl. Abraumhalden hoch wie Kirchtürme, endlose Industriebrachen und Flüsse, die zu Abwasserkanälen herunterkamen, zeugen von dem gewaltigen ökologischen Zoll, den die Schwerindustrie im ökonomischen Kernland Nordrhein-Westfalens forderte.

Längst aber sind die meisten Zechen geschlossen. Ein Hochofen nach dem anderen wurde ausgeblasen; Walzwerke liegen still. Die Montanindustrie, einst dominanter Arbeitgeber des Rhein-Ruhr-Gebietes, beschäftigt heute gerade einmal 120000 Menschen.

Statt der moribunden Grundstoffbranchen Kohle und Stahl wächst in der Region nun eine neue, krisenfeste, zukunftssichere Industrie empor – der Umweltschutz. Nirgends in Europa ist heute eine solche Menge an ökologischer Kompetenz, an Wissen und Erfahrungen in puncto Umwelttechnik, Entsorgung und erneuerbare Energien angesammelt wie zwischen Dortmund und Düsseldorf.

Aus dem Ruhrgebiet kommt Deutschlands Pionier im Recycling industrieller Reststoffe – die Berzelius Umwelt-Service. Das Unternehmen gewinnt aus Aluminiumsalzschlacken, Gießerei-Formsänden und Stahlstäuben wertvolle Rohstoffe zurück.

In Duisburg hat ein findiges Unternehmen eine mobile Bodenwaschanlage konstruiert. Damit lassen sich aus verseuchtem Erdreich Dreck und Gift weitgehend entfernen; nach der Altlastensanierung können auf aufgelassenen Industriegeländen neue Gewerbebetriebe angesiedelt werden.

In Oberhausen sitzt einer der international führenden Hersteller von Anlagen zur Rauchgasreinigung. Längst werden mit den Vorrichtungen nicht nur in Deutschland Schwefel- und Stickoxide aus den Abgasen von Kraftwerken zurückgehalten, sondern in vielen anderen Ländern ebenso.

Die Firma Duewag aus Düsseldorf begann bereits vor Jahren, den Verkehrsverbund Rhein-Ruhr mit modernen, umweltfreundlichen Stadtbahnen auszurüsten. Solche «Light Rails» verkauft das Unternehmen jetzt auch in den USA, wo sich die Einsicht durchzusetzen beginnt, daß öffentlicher Nahverkehr der Humanisierung der Innenstädte dient.

In Gelsenkirchen geht 1999 die größte Fabrik der Erde zur Produktion von Solarzellen in Betrieb. Das Werk sichert der Bundesrepublik die internationale Führung in der Zukunftstechnologie Sonnenenergie.

Die ökologische Wende kam nicht ganz freiwillig. Der Gesetzgeber hat sie erzwungen. Früher als in vielen anderen Industrieländern mußten die Unternehmen in der Bundesrepublik Schadstoffemissionen begrenzen und Altlasten sanieren. Niemand hat mehr Schmutz verursacht als die Montankonzerne; niemand aber besitzt heute auch soviel Erfahrung darin, Dreck zu vermeiden und zu beseitigen.

So ist das Ruhrgebiet zum Motor der ökologischen Erneuerung in Deutschland geworden. Gleichzeitig legt die Region die Grundlage für neue, zukunftssichere, arbeitsplatzschaffende Exportbranchen. In der Umwelttechnik ist die Bundesrepublik, knapp vor Japan und den USA, heute größter Anbieter auf dem Weltmarkt. Die Chancen der deutschen Umweltindustrie liegen im wesentlichen auf drei Gebieten:

1. Umwelttechnik im engeren Sinn. Sie dient der Beseitigung von bereits entstandenen Umweltschäden, etwa der Säuberung von Erdreich oder der Reinigung verschmutzter Gewässer. Auch die Wiederaufarbeitung von Abfällen aus Industrie und Haushalten sowie die umweltverträgliche Deponierung von Müll gehören hierzu.

Umwelttechnik umfaßt ebenfalls die Reinigung von Rauchgasen, bevor sie in die Luft geblasen werden, oder von Abwässern, bevor sie in Flüsse eingeleitet werden. Dies alles aber ist nachgehender Umweltschutz – die Schäden werden erst am Ende des Produktionsprozesses («end of pipe») behoben.

2. Ressourcenschonende Produkte. Wirksamer, billiger und klüger ist es natürlich, Umweltschäden von vornherein zu vermeiden – durch Technologien, die möglichst wenige natürliche Ressourcen verbrauchen. Hier hat beispielsweise die deutsche Elektrotechnik auf drei Gebieten einen internationalen Vorsprung: bei strom- und wassersparenden Hausgeräten, in der Bahntechnik und bei hocheffizienten Kraftwerken, die weniger Erdöl oder Kohle verbrauchen und damit auch weniger Schadstoffe freisetzen.

3. Alternative Energien. Die meisten Umweltprobleme könnten wir mit einem Schlage lösen, wenn es uns gelänge, die fossilen Energieträger Erdgas, Erdöl und Kohle durch erneuerbare Energien wie Sonne, Wind und Wasserkraft zu ersetzen. Deren Vorrat kann sich nicht erschöpfen – und sie verursachen praktisch keine Emissionen von Schadstoffen in Boden, Luft oder Wasser.

Aussichtsreichste Alternative zu den konventionellen Energiequellen ist nach dem heutigen Stand der Technik langfristig die Solarenergie. Hier ist die deutsche Industrie auf gutem Wege zur internationalen Spitze: Die Bundesrepublik liefert ein Drittel aller weltweit hergestellten Solarzellen.

Ohne Glanz und Glamour

Umwelttechnik ist ein Geschäft ohne Glanz und Glamour. Sie kennt keine umjubelten Innovationen wie das Internet, keine gefeierten Tycoons wie Bill Gates, keine spektakulären High-Flyer an der Börse, deren Kurs binnen kürzester Zeit um Milliarden und Abermilliarden Mark steigt.

Umweltschutz besteht aus der Reinigung verdreckten Wassers, dem Recycling ekelerregender Abfälle und dem Filtern stinkender Abgase. Güter und Dienstleistungen zum Schutz der natürlichen Ressourcen gehören dennoch inzwischen zu den bedeutendsten und dynamischsten Branchen auf dem Weltmarkt.

Die OECD, die Organisation für wirtschaftliche Zusammenarbeit und Entwicklung in Paris, in der fast alle Industrieländer zusammengeschlossen sind, hat ermittelt: 1990 wurden weltweit umgerechnet 320 Milliarden Mark für Umwelttechnik ausgegeben. Für das Jahr 2000 prognostiziert die Organisation einen Umsatz von 480 Milliarden. Das entspricht einem Wachstum von 50 Prozent binnen eines Jahrzehnts.

Dazu kommen begleitende Öko-Dienstleistungen. Anders als viele andere Industrien beruht Umweltschutz nicht allein auf ausgeklügelten Technologien, sondern mehr noch auf ihrer intelligenten Anwendung. Schätzungsweise noch einmal soviel wie für Umwelttechnik selbst werden für ergänzende Serviceleistungen wie Altlastensanierung, Entsorgung und Recycling ausgegeben. Der gesamte Ökologiemarkt dürfte im Jahr 2000 somit weltweit ungefähr eine Billion Mark ausmachen.

Eine weitere Untersuchung des Münchener Ifo-Instituts, die 1998 vorgestellt wurde, ergab, daß Deutschland in Europa mit klarem Abstand den größten Markt für Umweltschutz bildet. Danach wurden in der Europäischen Union 1994 (Forscher arbeiten nicht immer mit neuesten Zahlen) insgesamt 170 Milliarden Mark für Umweltschutz ausgegeben. 61 Milliarden Mark, oder 35 Prozent, entfielen davon auf die Bundesrepublik. Der französische Ökomarkt umfaßte 34 Milliarden Mark, der britische 22 Milliarden.

Der europäische Umweltmarkt besteht im wesentlichen aus drei Teilmärkten: Für die Behandlung von Abwässern gaben die EU-Länder 1994 74 Milliarden Mark aus. Auf Entsorgung und Wiederaufarbeitung von Abfällen entfielen 50 Milliarden Mark. Für Luftreinhaltung wandten die Europäer 34 Milliarden Mark auf. Die übrigen zwölf Milliarden Mark wurden unter anderem für Altlastensanierung, Lärmschutz und Meß- und Regeltechnik für den Umweltschutz ausgegeben.

Ökologie besteht, es wurde schon erwähnt, zu einem wesentlichen Teil aus Dienstleistungen. Laut der Ifo-Studie entfallen von den 170 Milliarden Mark, die in Europa 1994 für Umweltschutz ausgegeben wurden, lediglich 39 Prozent auf Investitionen, 61 Prozent hingegen auf laufende Ausgaben und Dienstleistungen. In einigen Teilmärkten liegt die Quote sogar noch höher: Bei der Abfallwirtschaft machen Betriebsausgaben und Dienste 80 Prozent des gesamten Umweltaufwandes aus.

Dienstleistungen aber lassen sich schwer oder gar nicht in andere Länder ausführen. Vor allem im Umweltschutz muß der Service, beispielsweise die Entsorgung von Müll, lokal erbracht werden. Die Exportchancen sind mithin im Umweltschutz nicht ganz so großartig, wie dies vielerorts gemutmaßt wird.

Der internationale Handel mit Produkten, die ausschließlich dem Umweltschutz dienen, ist noch recht bescheiden. Laut der Ifo-Studie führte die Bundesrepublik 1994 dedizierte Produkte für Abfallbeseitigung, Abwassertechnik, Luftreinhaltung sowie Meß- und Regeltechnik im Wert von nur 2,3 Milliarden Mark aus. Dem standen Einfuhren von 1,3 Milliarden gegenüber.

Wesentlich bedeutender sind die Exporte sogenannter multifunktionaler Güter, bei denen der Umweltschutz nur einer unter mehreren Zwecken ist. Hier kommt die Bundesrepublik gemäß der Ifo-Studie auf ein Exportvolumen von zehn Milliarden

Mark. Laut anderen Quellen beträgt der Wert der ausgeführten Umweltgüter sogar 20 Milliarden Mark und mehr – es ist schwer abzugrenzen, was Umwelttechnik ist und was nicht.

Jedenfalls wachsen die deutschen Ausfuhren offenbar schneller als der Weltmarkt. 1994 konnte die Bundesrepublik ihre wichtigsten Konkurrenten überflügeln, wenn auch nur sehr knapp: Die deutschen Exporteure erzielten einen Anteil am Weltmarkt von 18,7 Prozent. Die USA kamen auf 18,5 Prozent, Japan auf 14,5 Prozent.[68]

Der Blick nach Osteuropa

Die deutschen Hersteller werden von der politischen Entwicklung begünstigt. Unmittelbar vor ihren Fabriktoren entsteht ein neuer, wichtiger Markt: Die osteuropäischen Reformstaaten Polen, Slowenien, Tschechien und Ungarn haben ihren Wunsch angemeldet, in die Europäische Union aufgenommen zu werden. Voraussetzung für den Beitritt ist aber, daß die Länder Schritt für Schritt die Emissionnormen der EU einführen.

Die Europäische Kommission schätzt, daß die vier zentraleuropäischen Beitrittskandidaten zur Erfüllung der EU-Standards zusammen 45 Milliarden Euro (rund 89 Milliarden Mark) werden aufbringen müssen. Die Kommission setzt dafür einen Zeitrahmen von zwanzig Jahren an.

Auf Druck der Bundesregierung hat Tschechien bereits früh begonnen, die Industriebetriebe und Kraftwerke entlang der deutschen Grenze zu entgiften. Vor der Wende war dort nie in den Umweltschutz investiert worden. Die Schadstoffe, die ungefiltert aus den tschechischen Schloten quollen, ließen ganze Waldungen im Riesengebirge absterben.

Anders als andere ehemalige Ostblockstaaten hat Ungarn seine Elektrizitätswirtschaft privatisiert. Dabei sind unter anderem die deutschen Stromversorger Bayernwerk und RWE zum

Zuge gekommen. Beide Konzerne müssen die neuen Kraftwerke, die sie in Ungarn bauen, mit Rauchgasreinigungsanlagen auf dem Stand der Technik ausrüsten.

Ungarn gab 1993 lediglich 20 Milliarden Forint für Umweltschutz aus. 1996 wandten Staat und Privatwirtschaft hierfür bereits dreimal soviel auf – 60 Milliarden Forint oder umgerechnet 600 Millionen Mark. In Tschechien stiegen die Umweltausgaben von 1993 bis 1996 um 50 Prozent auf 30 Milliarden Kronen (1,6 Milliarden Mark). Das Land stellt allerdings, ebenso wie Ungarn, lange nicht soviel Geld für den Umweltschutz bereit, wie es die Europäische Kommission für erforderlich hält. Die anderen ostmitteleuropäischen Beitrittskandidaten verfehlen die Vorgaben der EU bislang gleichfalls.

Dennoch sieht die Umweltindustrie der Bundesrepublik in Zentraleuropa langfristig gute Geschäftsaussichten. Der Deutsche Industrie- und Handelstag (DIHT) versucht die Exportchancen der deutschen Hersteller durch spezielle Emissäre zu stärken. 1995 entsandte der DIHT in die wichtigsten Handelskammern, die er nach der Wende in den osteuropäischen Reformstaaten aufgebaut hat, sogenannte Umwelt-Area-Manager. Sie sollen in Polen, Tschechien, Ungarn und anderen Ländern die lokalen Marktchancen für Umwelttechnik erkunden und deutsche Exporteure mit sachkundigem Rat unterstützen.[69]

Freilich bietet die deutsche Umweltindustrie zumeist aufwendige Verfahren an, die für die armen Länder Osteuropas viel zu teuer sind. Kleine, innovative Firmen bringen jetzt aber Technologien auf den Markt, die billiger sind als die eingeführten Produkte der großen deutschen Maschinen- und Anlagenbauer. Dazu gehören die Firmen Richter aus Ahlen und die SHU, eine Tochter des Saarberg-Konzerns, die sich in Osteuropa zu den Marktführern bei Rauchgasreinigung zählt.[70]

Die Öko-Industrie ist in Deutschland noch weitgehend mittelständisch geprägt. Den Markt teilen sich rund 5000 Unternehmen. Allerdings besteht die Gefahr, daß weite Bereiche zunehmend von Konzernen kontrolliert werden. So haben die Stromversorger durch eine Welle von Firmenkäufen die Teilbranche Entsorgung fast ganz an sich gerissen.

Bereits 1994 waren im Umweltschutz in der Bundesrepublik 956000 Arbeitnehmer beschäftigt. Gegen Ende dieses Jahrzehnts sind es vermutlich deutlich mehr als eine Million.[71] Im Umweltschutz arbeiten demnach heute bereits mehr Menschen als im Automobilbau, in der Chemie oder in der Elektrotechnik, traditionellen Schlüsselindustrien der deutschen Wirtschaft. Und all jene Beschäftigte, die ihr Geld mit ressourcensparenden Produkten und erneuerbaren Energie verdienen, sind in die genannte Zahl noch gar nicht eingerechnet.

Geduldiges Bohren dicker Bretter

Umweltschutz besteht zumeist nicht in spektakulären Innovationen, sondern im beharrlichen Verbessern bestehender Technologien, im Optimieren der Verbrauchswerte, im stetigen Vermindern von Energieeinsatz und Schadstoffemissionen. Vielfach werden heute Technologien aus dem 19. Jahrhundert wiederbelebt, die längst durch neue Entwicklungen aus dem 20. Jahrhundert überholt schienen – eben weil sie das größte Potential für solche inkrementalen Neuerungen in kleinen und kleinsten Schritten bieten.

Das Älteste ist oft das Modernste. Nirgends zeigt sich dies deutlicher als in der Elektrotechnik. Die Straßenbahn wurde im Lauf des 20. Jahrhunderts von Autos und Bussen verdrängt. Jetzt erlebt sie eine Renaissance als «Light Rail», als Nahverkehrssystem des 21. Jahrhunderts.

Vor 30 Jahren schien die Kernkraft Kohle und Öl als Energiequellen für die Erzeugung von Strom abzulösen. Doch die deutschen Kraftwerksbauer machen heute ihr Geschäft zur Hauptsache mit fossilen Wärmekraftwerken, nicht mit Atommeilern.

Am verblüffendsten ist die gegenläufige Entwicklung bei den Konsumgütern der Elektroindustrie. In den vergangenen Jahrzehnten zog die «braune Ware», die Unterhaltungselektronik, alle Aufmerksamkeit in der Öffentlichkeit auf sich.

Eine der glanzvollsten Erfolgsgeschichten des Wirtschaftswunders schrieb Max Grundig, Pionier des Fernsehens in Deutschland, der einstmals 40 000 Menschen in der Bundesrepublik Brot und Arbeit gab. In den siebziger und achtziger Jahren aber fegten die japanischen Konzerne die deutschen Mittelständler in der Konsumelektronik vom Markt. Grundig hat heute nur noch 5000 Beschäftigte.

Ganz anders erging es der Schwesterbranche «Weiße Ware», den Hausgeräten, bei denen die grundlegenden Innovationen viel länger zurückliegen als in der Unterhaltungselektronik. Kühlschrank, Staubsauger und Waschmaschine wurden Jahrzehnte früher erfunden als CD-Spieler, Videorekorder und Walkman. Dennoch konnten die deutschen Hausgerätehersteller die Invasion der asiatischen Billiganbieter abwehren und in den vergangenen Jahren sogar neue Märkte im Ausland erobern. Ihr Erfolgsrezept ist Ökologie.

Deutsche Hausgeräte sind zwar häufig teurer als ausländische Konkurrenzprodukte. Sie bieten dafür oft aber eine höhere Qualität, geringeren Verschleiß und längere Lebensdauer. Überdies konnten die Hersteller die Verbrauchswerte in den vergangenen Jahren zum Teil kräftig reduzieren. So benötigen Geschirrspüler heute annähernd zwei Drittel weniger Strom und ein Drittel weniger Wasser als in den sechziger Jahren.

Mittelständische Hersteller beweisen, daß auch die scheinbar langweilige Hausgerätetechnik hochinnovativ sein kann. Die Wuppertaler Firma Vorwerk hat 1997 einen Handstaubsauger vorgestellt, der mit einer neuartigen Filtertechnik versehen ist: Aus der Abluft werden die Hausstaubmilben herausgefiltert, die bei empfindlichen Menschen Allergien auslösen können. Das Gerät, dessen Entwicklung 70 Millionen Mark kostete, wurde als erstes seiner Art mit dem TÜV-Siegel «Für Allergiker geeignet» ausgezeichnet.

Dank Qualität und Umweltfreundlichkeit ihrer Produkte können selbst abwanderungsbedrohte Industrien am Hochlohnstandort Deutschland überleben. Eindrucksvoll zeigt dies der mittelständische Hausgerätehersteller Miele aus Gütersloh in Westfalen. Dessen Konkurrenten sind ausschließlich multinationale Konzerne, die großenteils in Niedriglohnländern produzieren. Keines der Unternehmen ist aber so erfolgreich wie der Familienbetrieb Miele, der fast ausschließlich in Deutschland fertigt: Neun der zehn Werke befinden sich in der Bundesrepublik, eines in Österreich.

Im Geschäftsjahr 1997/98 nahm der Umsatz von Miele um gut neun Prozent auf 3,7 Milliarden Mark zu. Mehr als die Hälfte der produzierten Herde, Mikrowellenöfen, Staubsauger und Waschautomaten verkauft das Unternehmen im Ausland. In Japan und den USA, wo Miele erst vor kurzem den Verkauf aufgenommen hat, stiegen die Umsätze um rund die Hälfte. Dank der zunehmenden Exporte konnte Miele die Belegschaft, die in den vergangenen Jahren leicht abgebaut worden war, im Geschäftsjahr 1997/98 um 370 auf 14054 Mitarbeiter erhöhen.[72]

Eine ähnliche Erfolgsgeschichte schreibt der Nahverkehr. Von Hamburg bis Marburg haben deutsche Städte in den Nachkriegsjahrzehnten ihre Straßenbahnen abgeschafft. Die altmodischen, quietschenden Schienenfahrzeuge schienen den Autoverkehr allzusehr zu behindern. Jetzt jedoch geht den Stadtplanern auf, daß dies womöglich ein Fehler gewesen sein könnte.

Moderne Stadtbahnen, größer, komfortabler und auch leiser als die alte Tram, bieten ganz offensichtlich einen Ausweg aus dem drohenden Verkehrsinfarkt in den Innenstädten. Ausgerechnet in den autoverliebten USA erkennen die Verkehrspolitiker, daß Light Rails dazu beitragen könnten, die Citys wieder attraktiver zu machen und den permanenten Smog in Städten wie Los Angeles zu bekämpfen.

So hat Portland, die Hauptstadt des Bundesstaates Oregon, in den vergangenen Jahren begonnen, ein Nahverkehrssystem nach europäischem Muster einzuführen. Kern ist ein heute 50 Kilometer langes Stadtbahnnetz namens Max, das durch entsprechend ausgerichtete Buslinien ergänzt wird.

Seit dem Frühjahr 1998 verkehren auf dem Max-Netz die ersten Niederflur-Straßenbahnen des nordamerikanischen Kontinents, bei denen die Fahrgäste keine hinderlichen Stufen mehr erklimmen müssen. 52 dieser Fahrzeuge wird Portland insgesamt anschaffen. Geliefert werden sie vom deutschen Elektrokonzern Siemens. Die Straßenbahn in Portland beruht auf den Stadtbahnen, die die Siemens-Tochter Duewag für den Nahverkehr an Rhein und Ruhr entwickelte.

Siemens ist in den USA bei der Bahntechnik mittlerweile klarer Marktführer. In zehn amerikanischen Städten fahren bereits insgesamt 400 Light-Rail-Fahrzeuge des deutschen Elektrokonzerns. Metropolen wie Los Angeles und Salt Lake City haben Hunderte weiterer Stadt- und Straßenbahnzüge bestellt.

Das Unternehmen produziert allerdings einen großen Teil der Lieferungen im Absatzmarkt, schon um bei den politisch Verantwortlichen gut Wetter zu machen. So werden die Niedrigflur-Straßenbahnen für Portland in den beiden Siemens-Werken in Kalifornien montiert. Doch die technisch anspruchsvollen Bauteile kommen aus der Bundesrepublik und sichern hier Arbeitsplätze.[73]

Die Bahntechnik stand in Deutschland in den vergangenen Jahren unter äußerstem Rationalisierungsdruck. Die Preise für Lokomotiven, Waggons und Leittechnik sind binnen weniger Jahre auf dem Weltmarkt um bis zu 40 Prozent in die Tiefe gestürzt.

Die Hersteller sahen sich gezwungen, von 1994 bis 1997 ein Drittel der einst 46 000 Arbeitsplätze zu streichen. Von den jetzt

30 000 Stellen bei den Mitgliedsfirmen des Verbandes der Deutschen Bahnindustrie werden voraussichtlich nochmals mehrere Tausend gekürzt werden, bevor sich die Beschäftigung in den kommenden Jahren stabilisieren wird.[74]

Die Zukunftshoffnungen der Branche ruhen auf eher unspektakulärer, dennoch innovativer Technik. Rund drei Viertel des Umsatzes entfallen auf Fahrzeuge für den Nah- und Regionalverkehr. Hingegen hat der Hochgeschwindigkeitszug ICE bislang fast alle internationalen Ausschreibungen verloren. Auch der Transrapid erweist sich als schwer verkäuflich. Immer neue Meldungen über unerwartete Kostensteigerungen beim Bau der Referenzstrecke zwischen Berlin und Hamburg lassen es fraglich erscheinen, ob die Magnetschwebebahn jemals wirtschaftlich betrieben werden kann.

Ganz ähnlich wie in der Bahntechnik erwies sich auf einem anderen Gebiet der Elektrotechnik, dem Kraftwerksbau, eine vermeintliche Zukunftstechnologie als ökonomische Sackgasse und ökologischer Holzweg – die Kernenergie. Der Siemens-Geschäftsbereich KWU erzielte noch Anfang der achtziger Jahre mit Kernkraft einen Jahresumsatz von bis zu elf Milliarden Mark.

Jetzt aber entfällt das Nukleargeschäft, es besteht heute im wesentlichen aus der Wartung von Kernkraftwerken und ihrer Belieferung mit Brennelementen, nur noch ein Umsatz von rund 2,5 Milliarden Mark im Jahr. Viermal soviel, gut zehn Milliarden Mark, erlöst Siemens mit konventioneller Kraftwerkstechnik.

An den Bau neuer Kernkraftwerke denken auf der ganzen Welt wohl nur einige wenige Länder Asiens (sofern sie das Geld dazu haben) sowie möglicherweise Frankreich. Im übrigen Westeuropa sowie in den USA hat die Atomenergie keine politische Zukunft mehr.

Die beiden großen Kraftwerksbauer in der Bundesrepublik,

ABB Deutschland und Siemens, setzen statt dessen verstärkt auf eine Technologie von gestern, auf fossile Kraftwerke, die mit Erdöl, Gas oder Kohle beheizt werden. Diese haben einen eminenten Vorteil gegenüber der Atomkraft: Der Wirkungsgrad von Kernkraftwerken beträgt nur 33 Prozent; er läßt sich aus Sicherheitsgründen auch nicht steigern. Zwei Drittel der erzeugten Wärme entweichen ungenutzt in die Atmosphäre oder das Kühlwasser und belasten die Umwelt. Bei konventionellen Kraftwerken hingegen konnte – und kann wohl auch weiterhin – der Wirkungsgrad beträchtlich erhöht werden. Vor einem Vierteljahrhundert war ein Energienutzungsgrad von 40 Prozent Stand der Technik. Modernste Gas- und Dampfturbinenkraftwerke (GuD-Kraftwerke) kommen heute jedoch auf einen Wirkungsgrad von 58 Prozent. Zudem kann bei GuD-Kraftwerken (anders als bei Atommeilern) die Abwärme zur Beheizung von Wohnhäusern und anderen Gebäuden genutzt werden. Bei dieser sogenannten Kraft-Wärme-Koppelung erhöht sich der Wirkungsgrad auf annähernd 90 Prozent.

ABB Deutschland und Siemens sind international führend bei GuD-Kraftwerken. Die Fortentwicklung der Technologie ist ein geduldiges Bohren dicker Bretter. Nur dank einer unendlichen Zahl kleiner und kleinster Innovationen läßt sich der Wirkungsgrad von Kraftwerken weiter steigern. Das mittelfristige Ziel ist bei ABB und Siemens eine Energieeffizienz von 60 Prozent.

Der potentielle Markt für umweltschonende Kraftwerke ist riesig. In den Reformstaaten Osteuropas, den Schwellenstaaten Asiens und den unterentwickelten Ländern der Vierten Welt kommen viele der installierten E-Werke lediglich auf einen Wirkungsgrad von 25 bis 30 Prozent. Würden sie durch modernste Kraftwerke ersetzt, halbierten sich mit einem Schlage die benötigten Energiemengen ebenso wie die erzeugten Schadstoffemissionen.

Leider aber haben die armen Länder im einstigen Ostblock und in der Dritten Welt kein Geld, um die teuren, energiesparenden und klimaschonenden Kraftwerke Made in Germany zu kaufen. Der Ausweg besteht in einem komplizierten Finanzierungs- und Betreibermodell.

Die Lieferanten der Kraftwerkstechnik, also ABB oder Siemens, beteiligen sich an den Stromversorgungsgesellschaften, die die Kraftwerke bauen und später betreiben. Die Lieferanten werden also nicht sofort bezahlt, sondern sie finanzieren ihre Vorleistungen durch die Stromgebühren, die sie als Betreiber kassieren – die Kraftwerksbauer liefern nicht nur Turbinen und Generatoren, sondern produzieren und verkaufen auch selbst den Strom.

Das Modell heißt BOO – Build, Own, Operate – Bauen, Besitzen, Betreiben. In der Regel sind BOO-Konzessionen zeitlich beschränkt, meist auf 25 bis 30 Jahre. Dann fällt das Kraftwerk an einheimische, im allgemeinen öffentliche Eigentümer.

Ein Drittel aller Kraftwerke wird heute schätzungsweise mit privatem Kapital gebaut. So vergab die Türkei im Herbst 1998 Aufträge zum Bau von vier Kraftwerken im Wert von umgerechnet rund sechs Milliarden Mark, die nach dem BOO-Modell errichtet, betrieben und finanziert werden sollen, an ein amerikanisch-britisch-türkisches Konsortium.

Siemens freilich nimmt die Möglichkeiten des Build, Own, Operate nur zögerlich wahr. Das Unternehmen hat sich bis 1997 weltweit an fünf Kraftwerken mit einer Gesamtkapazität von 5000 Megawatt beteiligt, unter anderem in Indien und Indonesien. Dies ist nicht sehr viel, bedenkt man, daß Siemens jährlich Kraftwerkstechnik mit einer Leistung von durchschnittlich rund 9000 Megawatt liefert.[75]

Energie für das 21. Jahrhundert

Effizientere konventionelle Kraftwerke leisten heute einen wichtigen Beitrag zum Schutz der Umwelt. Eine langfristige, auch gegen Ende des 21. Jahrhunderts noch tragende Lösung bieten sie nicht. Selbst beim höchsten erreichbaren Wirkungsgrad benötigen fossile Kraftwerke Öl, Gas oder Kohle. Und deren Vorräte sind endlich – gleich, ob sie, wie beim Erdgas, der saubersten unter den fossilen Energien, nur wenige Jahrzehnte reichen oder, wie bei der Kohle, der schmutzigsten, noch mehrere Jahrhunderte.

Vor allem aber kann die beste Technologie nicht verhindern, daß konventionelle Kraftwerke Treibhausgase ausstoßen. Sie verfeuern ja alle Kohlenwasserstoffe. Und dabei wird unvermeidlich stets Kohlendioxid freigesetzt, das, sobald es in die oberen Luftschichten gelangt, die Erdatmosphäre aufheizt.

Die Menschheit muß ihre Energieversorgung künftig auf erneuerbare *und* klimaschonende Energieträger umstellen. Die Möglichkeiten der Wasserkraft sind freilich in den meisten Industrieländern erschöpft. Windkraftwerke lassen sich nur in wenigen, meist küstennahen Regionen mit mehr oder weniger regelmäßigem Wind betreiben; überdies stoßen sie in der Bevölkerung wegen der Verschandelung der Landschaft zunehmend auf Kritik. Das Verbrennen von Biomasse erzeugt, wie fossile Kraftwerke, ebenfalls Treibhausgase.

Die besten Aussichten hat, nach dem heutigen Stand der Technik, die Solarenergie. Hier könnte die Bundesrepublik durchaus eine international führende Stellung einnehmen. Nach langer Schlafenszeit entfalten sich jetzt in Deutschland zahlreiche Initiativen in Forschung, Produktion und Anwendung der Sonnenkraft.

Im November 1997 gaben der britische Glashersteller Pilkington und der Ölkonzern Shell bekannt, sie würden in Gelsenkirchen eine Anlage zur Herstellung von Solarzellen errichten. Das Werk, das 1999 in Betrieb geht, ist die größte Solarzellenfabrik der Welt. Sie kann jährlich 17 Millionen Zellen mit einer Kapazität von insgesamt 25 Megawatt herstellen. Schon im Jahr 2000 wollen Pilkington und Shell die Gewinnschwelle erreichen.

Der Anlage ist eine Modulfabrikation angeschlossen. Einschließlich der staatlichen Zuschüsse werden in die Sonnenfabrik von Gelsenkirchen insgesamt 100 Millionen Mark investiert. Die Solarzellenfabrik selbst bietet 300 Menschen Arbeit. Weitere 400 Arbeitsplätze entstehen im Vertrieb, in der Montage und in der Wartung der Solarzellen.

Auch die Angewandte Solarenergie GmbH (ASE), eine Tochtergesellschaft des Essener Stromversorgers RWE, baut die Kapazität in ihrem Werk Alzenau kräftig aus. Bis 1998 wurden dort pro Jahr Solarzellen mit einer Leistung von lediglich zwei Megawatt produziert. Zum Jahreswechsel 1998/99 erweiterte ASE die Kapazität zunächst auf 13 Megawatt; später will das Unternehmen in Alzenau, wie Pilkington und Shell in Gelsenkirchen, Solarzellen mit einer Jahreskapazität von 25 Megawatt fertigen.

Schließlich wird in Thüringen eine dritte große Solarzellenfabrik gebaut. Die Firma Antec Solar begann im Frühjahr 1998 in Rudisleben bei Erfurt mit dem Bau einer Anlage, die eine Jahreskapazität von zehn Megawatt haben wird. Das Unternehmen will erheblich billiger produzieren als seine Konkurrenten: Pro Watt Leistung sollen die Solarzellen aus Rudisleben lediglich zwei Mark kosten; das wäre ein Drittel des heutigen Standards.

Antec will eine neue Technologie einführen. Die Solarzellen bestehen nicht wie üblich aus Silizium, sondern aus dem Material Cadmium-Tellurid-Sulfid. Dieser Werkstoff nutzt die einfallenden Sonnenstrahlen besser als Silizium. Er ist freilich, wegen des verwendeten giftigen Metalls Cadmium, ökologisch nicht unumstritten.[76]

Andererseits könnte die Sonnenfabrik in Rudisleben mit ihrem neuen Werkstoff helfen, einen Engpaß in der Solarzellenproduktion zu beseitigen: der Rohstoff wird knapp. Die Hersteller verarbeiten großenteils hochreines Silizium, das als Ausschuß bei der Produktion von Halbleitern anfällt. Mehr als die Hälfte der Produktionskosten einer Solarzelle entfallen auf den Zukauf des Siliziums. «Wir sind von der Chipindustrie und den dort zuletzt anziehenden Preisen fast völlig abhängig», sagte Fritz Vahrenholt, ehemals Umweltsenator des Stadtstaates Hamburg und jetzt Vorstandsmitglied der Deutschen Shell, im Frühjahr 1998.[77]

Zwei ehemalige Manager von Siemens wollen den Solarzellenherstellern aus ihrer Rohstoffmisere helfen. Hubert Aulich und Friedrich Schulze gründeten im Juni 1997 in Erfurt die PV Silicon GmbH. Das Unternehmen setzt erstmals ein neues Verfahren zum Einschmelzen von Siliziumabfällen ein. Damit lassen sich auch solche Überreste aus der Chipherstellung zu dem benötigten hochreinen Silizium für Solarzellen verarbeiten, die dafür wegen unzureichender Qualität bisher nicht in Frage kamen. PV Silicon startete mit einer Jahreskapazität von 100 bis 200 Tonnen Silizium. Daraus lassen sich Solarzellen mit einer Kapazität von fünf bis zehn Megawatt herstellen.

Überdies baut Bayer Solar die Siliziumproduktion in Freiberg bei Dresden zügig aus. 1997 hat das Unternehmen rund sechs Millionen Wafer (Scheiben aus hochreinem Silizium) hergestellt. In Zukunft kann Bayer Solar jährlich 16 Millionen Siliziumscheiben produzieren. Daraus lassen sich Solarzellen mit einer Leistung von 24 Megawatt herstellen.[78]

Die Bundesrepublik entwickelt sich zum weltweit führenden Produzenten von Solarzellen. Die drei Fabriken in Alzenau, Gelsenkirchen und Rudisleben haben in der vollen Ausbaustufe eine Kapazität von zusammen 60 Megawatt. Das ist etwa soviel wie Japan und die USA derzeit zusammen produzieren. Deutschland kann damit, laut Bundesforschungsministerium, in Zukunft ein Drittel der Weltnachfrage nach Solarzellen befriedigen.

1997 wurden auf der ganzen Erde Solarzellen mit einer Leistung von 120 Megawatt verkauft, 40 Prozent mehr als im Jahr zuvor. Das entspricht allerdings nur einem Zehntel der elektrischen Leistung eines einzigen Blocks eines Kernkraftwerkes.

Dennoch soll künftig die Nachfrage kräftig steigen. Das Fraunhofer-Institut für Solare Energiesysteme (ISE) in Freiburg sagt voraus, daß der Markt für Photovoltaik in den kommenden Jahren um jährlich 22 Prozent wachsen wird. Die Europäische Union prognostizierte 1997 in einer Studie sogar eine Zunahme von 30 Prozent im Jahr.

Laut Shell-Manager Vahrenholt wurden 1997 weltweit mit Solarzellen gerade einmal 1,5 Milliarden Mark umgesetzt. Im Jahr 2007 sollen es allerdings schon 20 Milliarden sein. Und für 2017 sagt Vahrenholt einen Weltumsatz auf dem Photovoltaik-Markt von 100 Milliarden Mark voraus.[79]

Sonnige Aussichten

Noch ist der Solarstrom für eine breite Anwendung viel zu teuer. Eine Kilowattstunde kostet etwa 1,50 bis 1,80 Mark. Das ist rund sechs- bis achtmal soviel wie die Elektrizitätswerke für konventionell erzeugten Strom verlangen.

Die Solarforscher arbeiten deshalb fieberhaft an neuen und verbesserten Verfahren, um die Effizienz von Solarzellen zu erhöhen und damit die Kosten pro installiertem Watt zu senken. Für industriell hergestellte Solarzellen aus kristallinem Silizium ist gegenwärtig ein Wirkungsgrad von 15 Prozent die Norm. Im Labor wurden 1998 bereits 24 Prozent erzielt.

Das Fraunhofer-Institut in Freiburg arbeitet an neuartigen Solarzellen aus den Halbleiterverbindungen Gallium-Antimon und Gallium-Arsenid. 1997 konnten die Forscher schon 31 Prozent des einfallenden Sonnenlichts in Strom verwandeln. Sie hoffen, die Ausbeute in den kommenden Jahren auf 35 Prozent zu steigern.

Wie viele neue Technologien steht die Photovoltaik vor einem Dilemma. Wirtschaftlich werden kann sie erst durch Massenanwendung und Großserienfertigung. Solange Solarzellen aber noch zu teuer sind, bleibt die Nachfrage gering. Doch ähnlich wie in vielen anderen Industrien, etwa dem Flugzeugbau, sind auch in der Photovoltaik stark ausgeprägte Lernkurven zu erkennen: Mit jeder Verdoppelung der weltweit produzierten Menge sinkt der Preis pro Solarzelle um exakt 18 Prozent.[80]

Daraus folgt rein rechnerisch: Die Produktion von Solarzellen muß etwa um den Faktor 1000 steigen. Dann sinken die Kosten für Sonnenstrom auf ungefähr 22 bis 25 Pfennig pro Kilowattstunde. Damit wäre die Photovoltaik uneingeschränkt wettbewerbsfähig mit Strom aus Erdöl, Gas oder Kohle. Doch wie an diesen Punkt gelangen?

Die SAG Solarstrom AG aus Freiburg startete 1998 einen regionalen Großversuch, um zu beweisen, daß sich Sonnenenergie auch ganz ohne Subventionen und andere staatliche Hilfen durchsetzen läßt. Die Firma versteht sich als Mittler zwischen drei Gruppen – den Produzenten von Solarstrom, den Verteilern und schließlich den Kunden. Das Unternehmen nutzt dabei geschickt die Möglichkeiten des liberalisierten Energiemarktes.

Die SAG wirbt als Produzenten Unternehmen, etwa Brauereien und Parkhausbetreiber, an, die große, ungenutzte Dachflächen haben. Darauf werden Solarzellen montiert, die den Strom erzeugen. Hierzu ging das Unternehmen 1998 eine Partnerschaft mit dem ADAC unter dem Namen «Solare Parkhäuser in Deutschland» ein. Der Automobilverband wirbt für die Solarstromerzeugung auf Parkgaragen und hilft der SAG, interessierte Betreiber zu finden. Ein erstes Pilotprojekt startete die Solarstrom AG mit der «Solargarage Vauban» in Freiburg.

Die dort erzeugte Elektrizität nimmt ein regionaler Stromversorger ab, die Freiburger Energie- und Wasserversorgungs-AG (FEW), der dann den Solarstrom zu kostendeckenden Preisen an Stromkunden verkauft, die bereit sind, für umweltschonend hergestellte Elektrizität einen höheren Preis zu zahlen. Die Liberalisierung des Strommarktes erlaubt es ja im Prinzip, daß die Konsumenten sich aussuchen können, aus welcher Quelle sie den Strom beziehen, den sie verbrauchen, auch wenn die unterschiedlich erzeugte Elektrizität vom gleichen Stromdistributor über das gleiche Netz vertrieben wird.

In den meisten Fällen beziehen die Kunden nicht all ihren Strom aus Solarzellen; das wäre vielen Verbrauchern zu teuer. In der Regel kaufen sie pro Monat nur für 10 bis 20 Mark emissionsfrei und klimaschonend erzeugten Sonnenstrom.

Das Modell wurde erstmals in Zürich verwirklicht. Dort übersteigt die Nachfrage mittlerweile das Angebot. Auch andere Energieversorger bieten inzwischen auf diese Weise Solarstrom an, etwa die Berliner Bewag oder das Fränkische Überlandwerk in Nürnberg.[81]

Strom ist freilich nicht die einzige Möglichkeit, die Energie der Sonne umweltfreundlich zu nutzen. Eine weitere besteht in der Erzeugung von Wärme für Haushalte, etwa über Solarkollektoren auf Hausdächern. Um diese Form der Sonnenenergienutzung zu fördern, wurde im Sommer 1998 die «Solarkampagne 2000» gestartet. Unterstützt wird sie vom Bundesverband Deutscher Architekten und verschiedenen Umweltschutzorganisationen wie BAUM und Naturschutzring. Die Umweltministerien des Bundes und der Länder fördern die Aktion mit moderaten Zuschüssen für Information und Werbung.

Die Initiative will erreichen, daß bis zum Jahr 2003 auf 400 000 Dächern in Deutschland Sonnenkollektoren installiert werden. Sie sollen eine Gesamtfläche von zwei Millionen Quadratmetern haben.

Die Nutzung der Sonnenenergie, sei es in Form von Strom oder Wärme, scheint allmählich volkswirtschaftlich bedeutsame Größen zu erreichen. Allerdings sind noch zahlreiche Probleme ungelöst – etwa die Speicherung des Solarstroms, der nur bei Sonnenschein erzeugt werden kann, aber auch gebraucht wird, wenn es dunkel ist.

Bundesumweltministerin Angela Merkel schätzte im Sommer 1998, daß die Solarenergie und andere eneuerbare Energien (Biomasse, Wasserkraft, Wind) im Jahr 2050 zu 50 Prozent die Energieversorgung in Deutschland sicherstellen könnten. «Solarenergie eröffnet nicht nur Perspektiven für den Klima- und Umweltschutz, sondern ein bedeutsames Marktvolumen für den Export», verkündete die Ministerin.

Der Umweltverband BAUM sagt voraus: Bis zum Jahr 2010 wird die Sonnenenergie in Deutschland 125 000 neue Arbeitsplätze schaffen. Noch viel optimistischer gibt sich der Rat der Sachverständigen für Umwelt. In seinem «Umweltbericht 1998» prognostiziert er: Durch die Nutzung der Sonnenenergie, die Erschließung anderer erneuerbarer Energien sowie das Einsparen von Energie könnten in den kommenden Jahren in der Bundesrepublik bis zu einer halben Million Menschen Arbeit finden.[82]

Service mit System

Die Firma trägt den Namen eines der bedeutendsten deutschen Chemikers des 19. Jahrhunderts, des Frankfurters Carl Remigius Fresenius. Er gründete 1848 in Wiesbaden eines der ersten Untersuchungslabors in Deutschland. In der Öffentlichkeit freilich ist die Fresenius AG, die ihren Sitz heute in Bad Homburg hat, nahezu unbekannt.

Doch das Unternehmen gehört auf seinen Spezialgebieten in der Medizintechnik zu den führenden Anbietern auf dieser Erde. Die Firma, die 1998 rund 38 000 Menschen beschäftigte, hat sich auf Produkte für Infusionen, Bluttransfusionen und Dialyse spezialisiert.

Die Reform der Gesundheitskosten dämpft freilich seit einigen Jahren das Wachstum. Nicht nur in Deutschland, auch auf vielen Exportmärkten sah Fresenius im Stammgeschäft kaum noch Möglichkeiten für weitere Expansion.

Das Unternehmen begann, ein neues, zukunftssicheres Geschäft aufzubauen – medizinisch-technische Dienstleistungen. Den Kern bildete das amerikanische Unternehmen National Medical Care, das Fresenius 1995 aufkaufte. Daraus ging die Tochtergesellschaft Fresenius Medical Care (FMC) hervor.

FMC betreibt eine weltweite Kette von Dialysezentren, in denen Nierenkranke regelmäßig ihr Blut waschen lassen müssen. Stoffwechselprodukte, die die erkrankte Niere nicht mehr über den Harn aus dem Körper entfernen kann, werden mittels eines aufwendigen, langwierigen Verfahrens aus dem Blut herausgefiltert.

Mitte 1998 leitete Fresenius bereits 900 Dialysezentren in Europa, Lateinamerika und den USA. 72 200 Patienten werden dort versorgt. Anfang 1998 kündigte das Unternehmen an, es werde künftig auch in Frankreich Dialysezentren betreiben.

Bei der Fresenius Medical Care waren 1998 annähernd 29000 Menschen beschäftigt, darunter Ärzte, Krankenschwestern und medizinisch-technische Assistenten. Im Stammgeschäft, der Herstellung von medizintechnischen Produkten, arbeiteten bei der hessischen Muttergesellschaft hingegen nur 9000 Personen.[83]

Fresenius ist ein Musterbeispiel dafür, wie sich ein Unternehmen erfolgreich vom Produzenten zum Serviceanbieter wandeln kann. Lange hat die deutsche Wirtschaft das Potential des Dienstleistungssektors nicht erkannt. Beim Export von Commercial Services liegt die Bundesrepublik hinter anderen Industrieländern wie Frankreich und den USA weit zurück.

Mit kundennahen Diensten tun sich die Deutschen, milde formuliert, etwas schwer. Die genaue Erforschung von Käuferwünschen empfinden sie sowenig als Herzensangelegenheit wie freundliche Bedienung und Höflichkeit auch gegenüber schwierigen Kunden.

Die Chancen deutscher Unternehmen liegen bei den Dienstleistungen denn auch eher dort, wo es – wie bei medizinisch-technischem Service – auf Logistik, Organisation und Projektmanagement ankommt. Hier können die Deutschen ihre sprichwörtlichen Organisationsfähigkeiten ausspielen. Dazu gehören etwa Infrastruktur, Telekommunikation und innovative Verkehrsdienste. Solche Serviceleistungen sind auch exportfähig. Sie eröffnen mithin neue Chancen auf den gobalen Märkten.

Allerdings diversifizieren heute viele Industriekonzerne überstürzt in Dienstleistungen, von denen sie sich viel versprechen, von denen sie aber leider meist herzlich wenig verstehen. Mißerfolge sind dabei gewiß. So verabschiedete sich Preussag in jüngster Zeit vom Stahl und kaufte Deutschlands größten Touristikkonzern zusammen, zu dem die Reiseveranstalter Hapag-Lloyd und TUI gehören.

Die Autohersteller BMW und Daimler-Benz übernahmen in

den achtziger Jahren Softwarehäuser – und stellten später fest, daß die EDV-Firmen ihre besten Zeiten hinter sich hatten. Der Mischkonzern Viag erwarb Anfang der neunziger Jahre den größten Computerhändler der Bundesrepublik; wenige Jahre später sah sich das Unternehmen gezwungen, das Handelshaus Computer 2000 unter hohen Verlusten wieder zu verkaufen.

Für den schwierigen Übergang vom Produzenten zum Serviceanbieter sind wendige Mittelständler wie Fresenius wohl weitaus besser geeignet als versteinerte Konzerne. Der hessische Medizintechnikhersteller hat vor allem eine wichtige Rolle beachtet: Er erkor sich eine Dienstleistung, die Fresenius bereits von der Produktseite her kannte.

Für erfolgreiche Diversifikation gilt, cum grano salis, ein altes Sprichwort: Schuster bleibe bei deinen Leisten. Diese Regel beherzigen beispielsweise die Baugesellschaft, die Flughäfen nicht nur baut, sondern auch betreiben will, der Autohersteller, der den Nutzen seiner Fahrzeuge durch elektronische Navigationssysteme mehren möchte, oder der Maschinenbauer, der mit zusätzlichen Serviceleistungen um Kunden wirbt. Sie alle können die magere Exportbilanz der Bundesrepublik bei Dienstleistungen verbessern helfen.

Der Welt zu Diensten

Der internationale Handel mit Dienstleistungen nimmt in raschem Tempo zu. Laut der Welthandelsorganisation WTO stieg er 1995 um 14 Prozent auf knapp 1,2 Billionen Dollar, nach damaligem Wechselkurs umgerechnet 1,7 Billionen Mark. Zu den Dienstleistungen, die über Grenzen hinweg gehandelt werden, gehören vor allem EDV-Service und Software, Finanzdienstleistungen, Telekommunikation, Reise und Transport sowie der Verkauf von Lizenzen und Patenten.

Das wirkliche Handelsvolumen ist allerdings wohl erheblich

größer als von der WTO ausgewiesen. Denn die Statistiken vieler Länder sind unvollständig. So werden die grenzüberschreitenden Transaktionen zwischen Mutter- und Tochtergesellschaften oft nicht erfaßt. Und bei der Telekommunikation wird nur das Netto-, nicht hingegen das Bruttovolumen des internationalen Telefonverkehrs ermittelt.

In jedem Fall aber sind in der Bundesrepublik, verglichen mit anderen westlichen Ländern, die Dienstleistungen bei den Exporten unterrepräsentiert. Ihr Anteil an der gesamten Ausfuhr beträgt – laut Bundeswirtschaftsministerium – nur ungefähr 13 Prozent. In den USA liegt diese Quote bei 25 Prozent, in Frankreich sind es dagegen 26 Prozent. In der Europäischen Union entfallen auf Dienstleistungen im Mittel 21 Prozent der gesamten Ausfuhren.[84]

Wie bei physischen Waren sind die USA auch bei den Commercial Services führende Exportnation der Welt. 1995 führten sie Dienstleistungen im Wert von 190 Milliarden Dollar aus. Das entsprach einem Anteil am Welthandel von 16 Prozent. An zweiter Stelle liegt jedoch Frankreich, nicht wie bei den Gütern die Bundesrepublik. Das Land erzielte 1995 mit Dienstleistungen Exporterlöse von 96 Milliarden Dollar.

Immerhin ist die Bundesrepublik, drittgrößtes Industrieland der Erde, auch beim Export von Dienstleistungen die Nummer drei. Deutschland erzielte 1995 Einnahmen von 80 Milliarden Dollar oder 115 Milliarden Mark. Japan hingegen, zweitgrößte Industrie- und drittgrößte Handelsmacht der Welt, liegt beim Export von Dienstleistungen weltweit nur auf Platz 6. Das Land führte 1995 Services im Wert von 63 Milliarden Dollar aus, weniger als Großbritannien und Italien.[85]

Rückständig ist die Bundesrepublik bei den Dienstleistungen mithin nur im Vergleich zu den westlichen Industriestaaten. Weltweit gesehen nimmt sie eine mittlere Position ein. Und in vielen zukunftswichtigen Service-Industrien haben deutsche Firmen durchaus gute Aussichten.

Erwähnt wurden im Abschnitt «Die Kunst der Anwendung» bereits Software und EDV-Dienstleistungen, für die Unternehmen aus der Bundesrepublik voraussichtlich in den kommenden Jahren hinter den USA wichtigster Anbieter auf dem Weltmarkt sein werden. In fünf weiteren Dienstleistungsbranchen bieten sich Chancen für wachsende Exporte – und neue Arbeitsplätze.

Geldgeschäfte in der Nacht

Kaum ein Wirtschaftszweig ist im Zuge der Globalisierung so stürmisch gewachsen wie die Financial Services, das Geschäft mit der Verwaltung von Geld, mit Devisen, Krediten, Schuldverschreibungen, Aktien und Derivaten. Anders als vielfach vermutet wird, profitiert davon auch die Bundesrepublik.

Zahlen des Weltwährungsfonds zeigen: Deutschland liegt beim Handel mit Finanzdienstleistungen weltweit auf dem vierten Platz hinter den USA, Großbritannien und Frankreich. Die internationalen Einnahmen durch Financial Services (Zinsen, Gebühren et cetera) betrugen 1996 in den Vereinigten Staaten zehn Milliarden Dollar. In Großbritannien waren es neun, in Frankreich acht und in der Bundesrepublik sechs Milliarden Dollar.

Für die Leistungsbilanzstatistik bedeutsamer als das Exportvolumen ist der Überschuß, der mit Finanzdienstleistungen erzielt wird. Hier nimmt die Bundesrepublik sogar Rang zwei ein. Lediglich Großbritannien verzeichnete 1996 mit 8,1 Milliarden Dollar einen höheren Überschuß. In Deutschland betrug das Plus 2,7 Milliarden Dollar, in den USA 2,6 Milliarden. In Frankreich war die Bilanz der Finanzdienstleistungen 1996 sogar negativ, ebenso wie in fast allen asiatischen Staaten.

Die deutschen Großbanken drängen auf die Finanzplätze London und New York. Sie verlagern vor allem ihr Investment

Banking, das Geschäft mit Wertpapieren, Firmenakquisitionen und Fusionen, zunehmend aus Deutschland nach Großbritannien und in die USA.

Doch es gibt auch Gegenbeispiele. Die BHF-Bank hat sich auf den Handel mit den wichtigsten Währungen der Welt spezialisiert. Das Geschäft wickelt das Kreditinstitut jetzt fast ausschließlich vom Firmensitz in Frankfurt ab. Die Niederlassungen in New York und Tokio wurden aus Kostengründen geschlossen, lediglich in Singapur betreibt die BHF-Bank noch ein kleines Büro.

Die Zentralisierung des Devisenhandels wird durch technische Fortschritte in der Telekommunikation ermöglicht. Kunden, die die alten Nummern der BHF-Bank in New York anwählen, werden automatisch nach Frankfurt durchgestellt. Dort arbeiten die Geldhändler auch in Nachtschichten, um mit den Börsen in New York und Tokio handeln zu können.[86]

Die Flughafenkapitäne

Der Flugverkehr nimmt, sosehr dies aus ökologischen Gründen zu beklagen ist, in den kommenden Jahrzehnten voraussichtlich genauso kräftig zu wie in den zurückliegenden Jahren. Die amerikanische Unternehmensberatung Mercer Management Consulting schätzt, daß sich die Zahl der Flugpassagiere von 1995 bis 2015 auf weltweit 2,6 Milliarden verdoppeln wird.

Die Luftfahrtgesellschaften versuchen, das kräftig wachsende Geschäft durch globale Allianzen an sich zu reißen. Sie vereinbaren mit ausländischen Konkurrenten die Abstimmung der Flugpläne und verkaufen Tickets, die auch für die Verbindungen der Partnerlinien gelten. Die größte dieser Allianzen schloß die Deutsche Lufthansa: Zur «Star Alliance» gehören Fluglinien aus Brasilien, Kanada, Schweden, Thailand und den USA.

Wettbewerbsexperten sehen in den Zusammenschlüssen freilich Kartelle, die die freie Konkurrenz beeinträchtigen. Eine gewisse Begrenzung der kommerziellen Luftfahrt wäre allerdings durchaus zu begrüßen. Denn viele Flughäfen sind bereits jetzt überlastet, vor allem die Drehkreuze für den internationalen Luftverkehr wie Frankfurt. Um die Kapazitätsengpässe zu beseitigen, müssen laut der Unternehmensberatung Mercer von 1998 bis 2005 weltweit 250 bis 350 Milliarden Dollar (450 bis 630 Milliarden Mark) in den Bau neuer Flughäfen oder den Ausbau alter investiert werden.

Die öffentlichen Hände aber, in deren Besitz sich heute noch die meisten Flughäfen befinden, können diese Summen keineswegs aufbringen. In der Folge werden Flughäfen zunehmend privatisiert. Experten sagen voraus, daß pro Jahr weltweit fünf bis zehn große Verkehrsflughäfen an privatwirtschaftliche Betreiber übertragen werden.

Eine neue globale Dienstleistungsindustrie entsteht – das Airport Management. Dazu gehören die Planung und Finanzierung von Flughäfen, die schlüsselfertige Erstellung und schließlich der Betrieb, inklusive der Konzessionierung von Geschäften und Restaurants, die sich auf einem internationalen Airport gemeinhin ansiedeln.

Laut der Consulting-Firma Mercer wird sich das junge Geschäft «Airport Management» weltweit im wesentlichen eine Handvoll erfahrener Unternehmen teilen. Neben je einer amerikanischen, britischen und niederländischen Betreibergesellschaft zählt Mercer zu den aussichtsreichsten Kandidaten zwei deutsche Firmen – die Flughafen Frankfurt AG, die sich bereits am Flughafen von Saarbrücken beteiligt hat, und den Essener Baukonzern Hochtief.

Hochtief arbeitet eng mit der irischen Firma Aer Rianta zusammen, die alle drei Flughäfen der Republik Irland betreibt. Anfang 1998 haben die beiden Unternehmen zusammen 50 Prozent am Kapital des privatisierten Flughafens Düsseldorf übernommen. Im September 1998 bewarben sie sich, gemeinsam mit weiteren Partnern, um Bau und Betrieb des geplanten Großflughafens Berlin-Brandenburg, der Investitionen von mindestens acht Milliarden Mark verschlingen wird.

Hochtief faßt im Airport Management bereits im Ausland Fuß. Der Essener Baukonzern hat die Federführung beim Bau des neuen, vier Milliarden Mark teuren Großflughafens von Athen übernommen; er wird nach Fertigstellung auch an Management und Kapital beteiligt sein.[87]

Europa am Netz

Eine Liberalisierung hat den deutschen Telefonmarkt kräftig durcheinandergewirbelt. Millionen von Kunden wechselten vom bisherigen Staatsmonopolisten Deutsche Telekom zu den jungen privaten Konkurrenten.

Heerscharen neuer Anbieter drängen auf den Telekommarkt. Bis zum Sommer 1998 hatten 130 Firmen die Lizenz für einen bundesweiten, regionalen oder auch nur lokalen Telefondienst beantragt. Mehr als 1000 weitere Unternehmen sind rund um die Telekommunikation aktiv – Läden, die Mobilfunktelefone verkaufen, Handwerksbetriebe, die ISDN-Anschlüsse installieren, Online-Agenturen, die neue Multimedia-Dienste anbieten. Die Hälfte dieser Firmen wurde erst in den vergangenen Jahren gegründet.

Die etablierten Telekomkonzerne drängen derweil ins Ausland. Nach der Wende beteiligte sich die Deutsche Telekom, gemeinsam mit anderen westlichen Telefonkonzernen, an den privatisierten Fernmeldegesellschaften Tschechiens und Ungarns. In Indonesien und Malaysia ist sie darüber hinaus an Mobilfunkbetreibern beteiligt.

In Italien hat die Deutsche Telekom, zusammen mit France Télécom und dem italienischen Stromkonzern Enel, im Frühjahr 1998 die Lizenz für das dritte Mobilfunknetz erhalten. Die drei Partner bauen in dem südeuropäischen Land ebenfalls ein terrestrisches Telefonnetz auf. In die beiden italienischen Dienste sollen zunächst zwölf Billionen Lire (zwölf Milliarden Mark) investiert werden.

Auch Mannesmann ist in Italien aktiv. Der Betreiber der deutschen Netze Arcor und D2 hat sich gleich an zwei Unternehmen beteiligt – dem Festnetzbetreiber Infostrada, der im September 1998 den Betrieb aufnahm, und der Mobilfunkgesellschaft Omnitel. Beide Dienste sind Gemeinschaftsunternehmen mit der italienischen Computerfirma Olivetti.

Mannesmann denkt augenscheinlich daran, einen «paneuropäischen Telefonkonzern» aufzubauen, wie die amerikanische Wirtschaftszeitung *Wall Street Journal* mutmaßt. Auch in Frankreich und Österreich hat das Unternehmen Telefonmasten eingeschlagen: Mannesmann ist an der französischen Telekomfirma Cégétel beteiligt und hält die Kapitalmehrheit an der österreichischen Telefongesellschaft Telering.[88]

Das Engagement der Telekomkonzerne im Ausland sichert auch in den Zentralen in der Bundesrepublik Beschäftigung, in der Verwaltung ebenso wie in den technischen Stäben. Die Liberalisierung der Telekommunikation im In- und Ausland ließ in Deutschland bislang Zehntausende neuer Arbeitsplätze entstehen.

Ein Satellit für Verirrte

Die Informations- und Kommunikationstechnik dringt nun auch in den Straßenverkehr vor. «Telematik» heißt der Sammelbegriff für alle elektronischen Technologien, die der Überwachung und Steuerung des Verkehrs dienen.

Längst durchgesetzt haben sich auf den Autobahnen elektronische Hinweistafeln, die den Fahrer frühzeitig vor Baustellen,

Staus und anderen gefahrenträchtigen Störungen warnen. Durch die computergestützte Verkehrsleittechnik läßt sich laut dem Bundesverkehrsministerium die Zahl der Unfälle auf Fernschnellstraßen um bis zu 30 Prozent verringern.

Noch vielfältiger sind die Möglichkeiten elektronischer Navigationssysteme in den Fahrzeugen selbst. Sie können nicht nur Staumeldungen übermitteln. Die Telematik erlaubt es außerdem, die günstigste Verbindung zum Zielort abzufragen. Wenn ein Autofahrer sich verfahren hat, führt ihm die elektronische Navigation, die mit einem satellitengestützten Ortungssystem verbunden ist, sicher zurück auf den rechten Weg. Überdies können über den Computer an Bord auch aktuelle Wetterprognosen für die vorausliegende Strecke abgefragt werden.

Schließlich kann die Telematik bei einem Unfall automatisch die Rettungsdienste alarmieren, falls dazu wegen der Schwere der Verletzungen keiner der Fahrzeuginsassen in der Lage ist, und dabei metergenau den Standort des Unglücksautos angeben. Der elektronische Notruf wird durch die starken Erschütterungen ausgelöst, die bei einem Unfall auftreten. Drei von vier deutschen Neuwagen in der Oberklasse sind heute bereits mit digitalen Navigationshilfen ausgerüstet.

Telematik umfaßt nicht nur Hard- und Software, sondern vor allem auch Dienstleistungen, die mit der elektronischen Verkehrslenkung und -überwachung verbunden sind. Zahllose Fachkräfte werden benötigt, um aktuelle Informationen in die elektronischen Navigationssysteme einzuspeisen – über neue Baustellen, Verkehrsstaus oder Wetterprognosen.

Es ist noch ein kleines, aber kräftig wachsendes Geschäft. 1998 wurde in ganz Europa mit Telematik lediglich ein Umsatz von schätzungsweise einer halben Milliarde Mark erzielt. Rolf Scharwächter, bei Daimler-Chrysler für das Geschäftsfeld Telematik verantwortlich, sagt voraus: Bis 2010 schießt der jährliche Umsatz auf zwölf Milliarden Mark empor.

Als international führend in der Telematik betrachten sich die deutschen Autobauer und ihre Zulieferer. Um den Vorsprung zu sichern, wollen die Hersteller und ihr Verband VDA ein System einheitlicher Normen namens «Global Automotive Telematics Standard» (Gats) international durchsetzen. Entwickelt wurde es von dem EDV-Unternehmen Debis Systemhaus, der Deutschen Telekom und dem Kfz-Zulieferer Mannesmann Autocom.[89]

Mechaniker am Monitor

Die Telematik illustriert, wie die Grenzen zwischen Produkten und Dienstleistungen, zwischen Industriebetrieben und Servicefirmen immer mehr verwischen. Diese Tendenz läßt sich ebenfalls in der Investitionsgüterindustrie beobachten.

Eine 1998 vorgelegte Erhebung des Fraunhofer-Instituts für Systemtechnik und Innovationsforschung zeigt, daß in den Branchen Maschinenbau, Elektrotechnik und Stahlbau sogenannte produktbegleitende Dienstleistungen zunehmend über den Erfolg auf den Weltmärkten entscheiden. Dazu gehören unter anderem kundenspezifische Konstruktion, Software und Schulung der Anwender. Auf solche Serviceleistungen entfallen in der deutschen Investitionsgüterindustrie heute sechs Prozent des Umsatzes.[90]

Der Anteil dürfte in naher Zukunft beträchtlich steigen. Denn die deutschen Maschinen- und Anlagenbauer entdecken einen neuen Vorteil im globalen Konkurrenzkampf – den sogenannten Teleservice. Hierbei handelt es sich um die computergestützte Ferndiagnose von Störfällen in Produktionsanlagen. Teleservice erlaubt es, die Fehlerquellen rasch ausfindig zu machen und abzustellen, ohne daß ein einziger Experte aus dem Werk des Herstellers an den oft Tausende von Kilometern entfernten Einsatzort der Maschinen reisen müßte.

Technische Voraussetzung sind sogenannte speicherprogrammierbare Steuerungen (SPS) in den Maschinen. Sie steuern nicht nur die Fertigungsanlagen, sondern sie zeichnen auch jeden Produktionsschritt und jede Fehlerwarnung automatisch auf. Per Telefonleitung ist die SPS mit einem Computer beim Hersteller verbunden. Dort können dann Serviceingenieure dank der übermittelten Informationen auf ihrem Bildschirm die Ursache aufgetretener Störungen analysieren.

Dank Computer und Datenverbindung lassen sich Wartungs- und Reparturarbeiten großenteils in der Firmenzentrale ausführen; die Hersteller sparen teure Kundendiensttechniker vor Ort ein. «Der Zuwachs an Servicetechnikern im Ausland wird geringer, weil Funktionen in die Zentrale zurückverlagert werden», sagt Berthold Leibinger, Chef des Ditzinger Werkzeugmaschinenherstellers Trumpf.

Kostenersparnisse sind freilich nicht das wichtigste. Teleservice hilft den Herstellern, sich gegenüber der globalen Konkurrenz zu profilieren. «Technisch werden die Produkte immer ähnlicher; auch Hersteller in Korea und Taiwan können mittlerweile gute Maschinen bauen», stellt Teleservice-Pionier Leibinger fest. «Wir müssen deshalb versuchen, uns durch Dienstleistungen zu differenzieren.»

Nicht nur Trumpf, auch Hersteller von Baukränen, Druckmaschinen und Schiffsdieseln setzen in der Bundesrepublik zunehmend Teleservice ein. Die deutschen Maschinen- und Anlagenbauer gehören zu den weltweit ersten, die dieses innovative Geschäftswerkzeug entdeckt haben. Laut einer Untersuchung des Forschungszentrums Jülich liegen auch die Investitionsgüterhersteller Japans auf diesem Felde zurück – noch jedenfalls.[91]

Finanzdienstleistungen und Flughafenmanagement können gewiß ebenso wie Telekommunikation, Telematik und Teleservice dazu beitragen, die deutsche Leistungsbilanz im Plus zu halten. In diesen fünf expandierenden Serviceindustrien sind freilich überwiegend hochqualifizierte Arbeitskräfte beschäftigt; in

Unternehmen der Informations- und Kommunikationstechnik haben bis zu 80 Prozent der Mitarbeiter einen akademischen Grad. Arbeitslose Stahl- und Textilarbeiter finden dort keinen Job.

Arbeit für alle?

Das Gewirr von Leitungen, Tanks und Türmen scheint kein Ende zu nehmen. 14000 Lampen beleuchten des Nachts die riesige Anlage, die das Areal einer kleinen Stadt einnimmt. Erdöl wird hier zu Benzin, Diesel, Heizöl und allerlei anderen mehr oder weniger nützlichen Produkten verarbeitet.

«Leuna 2000» heißt das weitaus kostspieligste einzelne Industrieprojekt, das nach der Wende in den neuen Bundesländern verwirklicht wurde. Gebaut hat die Raffinerie der französische Ölkonzern Elf Aquitaine, mit großzügiger Unterstützung des deutschen Steuerzahlers und begleitet von allerlei häßlichen Gerüchten um Schmiergeldzahlungen.

Fast fünf Milliarden Mark verschlang der Komplex. Arbeit aber fanden in Leuna 2000 lediglich 550 Menschen. In Dienstleistungsunternehmen rund um die Ölraffinerie sind allerdings weitere 2000 Personen beschäftigt, etwa mit der Bewachung, Reinigung und Wartung der gewaltigen Anlage oder dem Verkauf und Vertrieb der dort erzeugten Ölprodukte.

Dennoch ist das Mißverhältnis zwischen Kapitalaufwand und Arbeitsplätzen in der Raffinerie bizarr. Auf jeden Job in Leuna 2000 entfallen neun Millionen Mark an Investitionen. Selbst die Mitarbeiter der Servicebetriebe eingerechnet, mußten private und öffentliche Hände zusammen zwei Millionen Mark aufbringen, um einen einzigen Arbeitsplatz zu schaffen.

Leuna 2000 ist gewiß ein extremes Beispiel. Es zeigt aber deutlich die Paradoxien des Produktionsstandortes Deutschland. In der Bundesrepublik wird zwar weiterhin kräftig investiert. Die vielerorts umlaufende Sorge, unserem Lande drohe die Entindustrialisierung, ist völlig unbegründet. Auch die

Furcht, ausländisches Kapital umgehe großräumig den Hochlohnstaat Bundesrepublik, hat keinerlei Basis – Bauherr von Leuna 2000 ist ja schließlich eine französische Firma.

Doch die hohen Investitionen schaffen kaum Arbeitsplätze – die deutsche Industrie ist einfach zu produktiv. Die meisten Betriebe steigern ihre Effizienz mindestens im gleichen Tempo wie ihre Umsätze und Exporte und benötigen daher zunehmend weniger Arbeitskräfte. Wir haben in der Bundesrepublik, gemessen an anderen hochentwickelten Staaten, eher zuviel als zuwenig Industrie.

Uns fehlen jedoch Dienstleistungen. Lediglich in industrienahen Branchen sind bei uns in den vergangenen Jahren in beachtlichem Maße neue Servicebetriebe entstanden; dafür sind die angegliederten Dienstleistungsfirmen von Leuna 2000 ein Beispiel, ebenso wie die im vorhergehenden Kapitel beschriebenen High-Tech-Dienstleistungen von Software bis Telekommunikation.

In konsumnahen und personenbezogenen Dienstleistungen jedoch liegt die Bundesrepublik weit hinter den anderen führenden Industriestaaten zurück. Das Dienen überlassen die Deutschen offenbar gern anderen. Selbst dort, wo bei uns neue Serviceunternehmen aufgemacht werden, beschäftigen sie oft zu einem großen Teil ausländische Arbeitskräfte – ob es Änderungsschneidereien, Entsorgungsbetriebe, Essen auf Rädern, Fast-food-Ketten oder Kurierdienste sind.

Erfahrungen anderer europäischer Länder und der USA zeigen allerdings: Dienstleistungen bergen ein gewaltiges Beschäftigungspotential. Wir müssen keineswegs befürchten, daß uns die Arbeit ausgeht. Es ist sogar vorstellbar, in absehbarer Zeit, vielleicht in zehn oder 15 Jahren, annähernd wieder Vollbeschäftigung zu erreichen.

Dazu allerdings müssen überall in unserer Gesellschaft und Wirtschaft Reformen eingeleitet werden. Ein Allheilmittel gegen die Massenarbeitslosigkeit gibt es freilich nicht. Weder die

32-Stunden-Woche, die die IG Metall fordert, noch die «Lohnspreizung» mit schärfer ausgeprägten Differenzen zwischen hohen und niedrigen Arbeitseinkommen, die viele konservative Geister haben wollen, vermögen in ausreichender Zahl neue Arbeitsplätze herbeizuzaubern.

Professor Wolfgang Franz, Direktor des Zentrums für Europäische Wirtschaftsforschung (ZEW) in Mannheim, räumt ein, daß in Wahrheit auch die Wissenschaft nicht genau weiß, warum bei uns so viele Menschen keine Arbeit haben. Die Arbeitslosigkeit, die brennendste soziale Frage unserer Jahre, hat keine einzelne, eindeutige Ursache. Es sind dafür vielmehr ganz unterschiedliche Entwicklungen in unterschiedlichem Ausmaß verantwortlich (am allerwenigsten aber die Globalisierung).

Nationalökonom Franz sagt: «Es gibt keine leichte, nicht einmal eine komplizierte Methode, die Arbeitslosigkeit quantitativ in ihre einzelnen Komponenten zu zerlegen. Wir können nicht genau berechnen, welcher Teil der Arbeitslosigkeit auf zu hohe Löhne, auf eine schlechte Wirtschaftslage oder strukturelle Faktoren zurückgeht.»[1]

Und da wir nicht genau diagnostizieren können, welche Ursachen in welchem Ausmaß für die Massenarbeitslosigkeit verantwortlich zu machen sind, muß die Therapie an vielen Punkten gleichzeitig ansetzen. Nur durch Versuch und Irrtum können wir herausfinden, welche Maßnahmen am ehesten und effizientesten zum Ziel führen.

Flexiblere Arbeitszeiten erlauben es, teure Produktionsanlagen besser zu nutzen und Auftragsspitzen ohne Mehrkosten aufzufangen. In Unternehmen aller Branchen haben Arbeitgeber und Arbeitnehmer bereits gemeinsam ausgeklügelte Modelle für eine solche «atmende Fabrik» erarbeitet und mit Erfolg in der Praxis erprobt. In vielen Firmen, vor allem im Dienstleistungsbereich, wird die Vollzeitbeschäftigung künftig nicht mehr die Regel sein. An ihre Stelle treten neue Erwerbsformen wie Teilzeit, befristete Beschäftigung und Zeitarbeit.

Jeder junge Unternehmer schafft in seiner Firma im Durchschnitt vier neue Arbeitsplätze. Für solche Existenzgründer muß es bessere Finanzierungsmöglichkeiten geben. Wie in den USA sollten auch bei uns erfahrene Geschäftsleute, sogenannte «Business Angels», dazu bewegt werden, Jungunternehmern mit Rat und Tat unter die Arme zu greifen.

Zudem schreckt das chaotische, unübersichtliche deutsche Steuerrecht viele Investoren aus dem Ausland ab. Es muß dringend übersichtlicher und gerechter gestaltet werden. Die zaghaften, zudem vielfach kontraproduktiven Maßnahmen, die die neue Bundesregierung im Herbst 1998 ankündigte, reichen keinesfalls aus. Allerdings könnten, wie empirische Untersuchungen zeigen, die, wenn auch ebenfalls nur zaghaft eingeführten Ökosteuern in beträchtlichem Maße dazu beitragen, neue Arbeitsplätze zu schaffen. Die hohen Sozialabgaben halten viele Unternehmen, gerade kleine und mittelgroße Firmen, davon ab, mehr Personal einzustellen. Die Sozialausgaben müssen daher stärker über indirekte Steuern finanziert werden.

Vor allem aber sind Bildung und Forschung stärker zu fördern. Die deutschen Politiker scheinen vergessen zu haben, daß dies die wichtigsten Investitionen in unsere Zukunft sind. Viele Menschen haben auf dem Arbeitsmarkt so gut wie keine Chancen, weil sie in den Schulen nicht einmal richtig lesen und schreiben gelernt haben. Selbst an den höheren Schulen ist der Unterricht so schlecht, daß die deutschen Gymnasiasten bei internationalen Leistungsvergleichen bestenfalls auf mittleren Plätzen landen. Die schwerfällige Bürokratie arbeitet zu langsam bei der Definition neuer Berufsbilder. Und an den Universitäten müssen wesentlich mehr Studenten in den technischen und naturwissenschaftlichen Fächern ausgebildet werden. Schon jetzt klagt die deutsche Industrie, sie könne 75 000 Stellen für junge Informatiker nicht besetzen. Es gibt also viel zu tun, ohne daß heute zu erkennen wäre, daß die offen daliegenden Probleme systematisch in Angriff genommen werden.

Die Produktivitätsfalle

Die deutschen Exporte kletterten 1998 auf einen neuen Rekordstand. Die Überschüsse im Außenhandel waren ebenfalls so hoch wie seit vielen Jahren nicht mehr. Die internationale Wettbewerbsfähigkeit der Bundesrepublik scheint für die absehbare Zukunft gesichert.

Doch am drückendsten sozialen Problem unserer Zeit – der Massenarbeitslosigkeit – haben all die Erfolge auf dem Weltmarkt nichts geändert. Zwar sanken die Arbeitslosenziffern Mitte 1998, auch wegen der steigenden Exporte, gegenüber dem Vorjahr um 300 000. Doch das kann nicht als dauerhafte Trendwende betrachtet werden. Im Jahresdurchschnitt waren 1998 wieder mehr als vier Millionen Menschen in Deutschland als arbeitslos registriert.

Zu diesen offiziell als arbeitslos Geführten kommt noch die sogenannte stille Reserve. Es sind Menschen, die sich gar nicht erst bei den Arbeitsämtern melden, weil sie keinen Anspruch auf Arbeitslosenunterstützung haben oder sich ohnehin keine Chance auf Vermittlung ausrechnen. Sie suchen aber aktiv eine Beschäftigung, sobald sich die Konjunktur bessert. Das Deutsche Institut für Wirtschaftsforschung taxiert die stille Reserve auf gegenwärtig etwa 2,5 Millionen Menschen, wovon 2,24 Millionen auf die alten und 270 000 auf die neuen Bundesländer entfallen.

Insgesamt suchten also in ganz Deutschland 1998 bis zu sieben Millionen Menschen eine Arbeit, fanden aber keine. Die Zahlen sind deprimierend: In Westdeutschland war im Jahresmittel 1998 beinahe jeder zehnte Erwerbstätige offiziell arbeitslos gemeldet, in Ostdeutschland sogar fast jeder fünfte.

Dabei ist die deutsche Industrie, wie oben gezeigt wurde, quer durch alle Branchen gegenwärtig im Export so erfolgreich wie kaum jemals zuvor. Die Hersteller von Arzneimitteln, Autos, Elektrogeräten, feinmechanischen Produkten und Werkzeugmaschinen stoßen im Ausland auf eine überschäumende Nachfrage. Auch in Hochtechnologien wie Luftfahrt, Software oder Telekommunikation liegt den deutschen Lieferanten der Weltmarkt zu Füßen.

Wachstum ohne Arbeit

Die Bundesrepublik exportiert nicht allein alte Industriegüter – «Auslaufmodelle» – ins Ausland, sondern zunehmend Produkte mit hohem Technologiegehalt. Genau dies aber ist der Grund dafür, warum sich die steigenden Exporte in so geringem Maße auf die Beschäftigung auswirken.

Denn Innovationen schaffen, anders als in Politik und Öffentlichkeit weithin gemutmaßt wird, meist keine neuen Arbeitsplätze, sondern vernichten alte. Neue Produkte sind in der Regel so konstruiert, daß sie möglichst einfach zusammenzubauen sind und dadurch kostenträchtige Arbeitsschritte eingespart werden können.

Eine mechanische oder elektromechanische Schreibmaschine war ein kompliziertes Gebilde, das aus einer Unzahl einzelner Bauteile bestand. Ihre Montage machte viele Handgriffe erforderlich. Bei einer elektronischen Schreibmaschine oder einem Computer brauchen heute bloß noch einige wenige Kunststoff- und Elektronikbauteile von Hand zusammengefügt werden.

In der Autoindustrie müssen die Entwicklungsingenieure die Bauweise eines neuen Personenwagens heute von vornherein so auslegen, daß das Fahrzeug später am Fließband möglichst leicht zusammengebaut werden kann. Die Rüsselsheimer Adam Opel AG will künftig bei jedem Modellwechsel bis zu einem

Viertel der zuvor benötigten Arbeitsgänge einsparen. Entsprechend weniger Arbeitskräfte werden – bei unverändertem Produktionsvolumen – für die PKW-Montage gebraucht.

Im Flugzeugbau sind, wie oben gezeigt, die sogenannten Lernkurven sehr stark ausgeprägt: Je mehr Verkehrsmaschinen im Airbus-Werk in Hamburg-Finkenwerder gebaut werden, desto geringer ist der Zeitaufwand, den die Arbeiter pro Flugzeug benötigen. Genau aus diesem Grund kann die Deutsche Airbus die Produktion Jahr für Jahr kräftig in die Höhe treiben, ohne in größerer Zahl neue Flugzeugwerker einstellen zu müssen.

In neuen Technologien mit komplizierten, anfangs noch unerprobten Fertigungsverfahren ist das Rationalisierungspotential erheblich größer als in alten, wo solche Effekte sich im Lauf der Zeit verlieren. «Die Beschäftigungsbilanz des forschungsintensiven Sektors ist sogar noch ungünstiger als jene der übrigen Industrie», konstatieren die Verfasser der bereits oben zitierten Studie «Zur technologischen Leistungsfähigkeit Deutschlands», die fünf wirtschaftswissenschaftliche Forschungsinstitute im Dezember 1997 vorgelegt haben.[2]

Globalisierung sichert Beschäftigung

Die Arbeitsproduktivität nahm in der deutschen Industrie in den vergangenen Jahren schneller zu als das Wachstum der Nachfrage aus dem In- und Ausland. Aus diesem Grunde, nicht wegen der Globalisierung, ist die Beschäftigung so stark zurückgegangen. Im Juni 1991 arbeiteten in der deutschen Industrie noch 9,4 Millionen Menschen. Bis zum Sommer 1998 schrumpfte die Zahl um drei auf 6,4 Millionen.

Laut dem Statistischen Bundesamt schien der Beschäftigungsabbau im Juni 1998 – vorerst zumindest – zum Stillstand gekommen zu sein. Viele Industriebranchen meldeten wegen der guten Auftragslage wieder Neueinstellungen. Von Mai 1997 bis Mai 1998 stieg die Zahl der Beschäftigten in der Metallindustrie um 44000. Im Juli 1998 prophezeite der Arbeitgeberverband Gesamtmetall, mittelfristig sei die Einstellung von 250000 weiteren Mitarbeitern möglich.

Doch wie dauerhaft ist der Beschäftigungsaufbau? Viele der neuen Arbeitsverhältnisse sind befristet, damit die Unternehmen den Personalstand bequem wieder reduzieren können, wenn der Aufschwung dem nächsten Abschwung weicht. Es ist offenbar kein grundlegender Trendbruch eingetreten, sondern die gute Konjunktur hat die fortschreitende Rationalisierung bloß vorübergehend ausgeglichen.

Angetrieben wurde der Aufschwung aber durch die steigende Auftragsschwemme aus dem Ausland. Im Inland hingegen stagnierte die Nachfrage nach den Erzeugnissen der deutschen Industrie. So ist zwar richtig, daß von steigenden Exporten keine Wunder für die Beschäftigung zu erwarten sind. Doch ohne zunehmende Integration in den Weltmarkt wäre die Arbeitslosigkeit in der Bundesrepublik noch weitaus ärger.

Per saldo erhöht also die Globalisierung die Beschäftigung in Deutschland anstatt sie zu gefährden. Durch Exporte werden in der Bundesrepublik weitaus mehr Arbeitsplätze gesichert als durch Importe verdrängt werden.

Der Nationalökonom Carl Christian von Weizsäcker resümiert: «Daß unsere Probleme mit der Beschäftigung hausgemacht sind und nicht von der Weltwirtschaft oktroyiert werden, zeigt sich auch an der Beschäftigungsstruktur. Die dem internationalen Wettbewerb ausgesetzten Branchen des verarbeitenden Gewerbes machen in Deutschland einen fast doppelt so hohen Anteil an der Beschäftigungsstruktur aus wie in den Vereinigten Staaten.»[3]

Der Vergleich zwischen Deutschland und den USA zeigt: In der Bundesrepublik fehlen die Arbeitsplätze ausgerechnet in jenen Branchen, die dem internationalen Wettbewerb nicht ausgesetzt sind, also beispielsweise im Bereich der personenbezogenen und sozialen Dienstleistungen.

Die Globalisierung schafft, um es noch einmal zu wiederholen, in der Bundesrepublik mehr Jobs als sie vernichtet. Protektionismus wäre also die völlig falsche Antwort. Würden wir uns vom Weltmarkt abschotten, hätten wir eine noch viel höhere Arbeitslosigkeit. Ebenso wie uns der Handel mit anderen Ländern mehr nützt als schadet, sollten wir uns auch jenseits unserer Grenzen nach Heilmitteln gegen die Arbeitslosigkeit umschauen.

Anderen westlichen Staaten hat die Globalisierung weit größere Nachteile gebracht als uns. Dazu gehören beispielsweise die USA. Sie verloren in den vergangenen Jahren – im Gegensatz zu uns – stetig Weltmarktanteile. Seit Jahrzehnten erwirtschaften die Vereinigten Staaten gewaltige Defizite im Außenhandel.

Dennoch konnten die USA in den zurückliegenden Jahren die Arbeitslosigkeit massiv senken. 1998 waren im Jahresmittel lediglich etwa 4,5 Prozent der Erwerbsbevölkerung arbeitslos. Das betrachten viele Ökonomen bereits als «Vollbeschäftigung». Jedenfalls ist die offizielle Arbeitslosenquote in den USA nicht einmal halb so hoch wie in der Bundesrepublik, wo sie nach wie vor fast elf Prozent beträgt.

Was machen die USA und andere westliche Länder richtig, was wir falsch machen? Die allererste Voraussetzung, um die Arbeitslosigkeit wirksam bekämpfen zu können, besteht darin, sie nicht als unabänderlich zu akzeptieren. Doch genau das tun bei uns viele Menschen, voran die Politiker. Im vergangenen Bundestagswahlkampf hat kein einziger Spitzenpolitiker vehement für eine konkrete Idee, ein Konzept, eine Methode zur Schaffung von mehr Beschäftigung gefochten.

Arbeitslosigkeit ist jedoch kein Naturschicksal. Die ganz anderen Erfahrungen vieler westlicher Industrieländer zeigen, daß es Lösungen gibt.

Geht uns die Arbeit aus?

In Deutschland herrscht weithin die Vorstellung vor, Wirtschaftswachstum und Beschäftigung hätten sich voneinander entkoppelt. «Jobless Growth» lautet der Fachbegriff dafür. Ein Aufschwung schaffe keine Arbeitsplätze. Die Rationalisierung mache alle Beschäftigungseffekte eines Wachstums wieder zunichte.

Prima vista sprechen die empirischen Befunde in der Tat für diese These. In den vergangenen beiden Jahrzehnten hat jeder Abschwung das Heer der Arbeitslosen jeweils um ziemlich genau 800 000 Köpfe vermehrt. Kein Aufschwung aber vermochte die Arbeitslosigkeit nachhaltig zu reduzieren. Nach jeder Rezession kletterte die Arbeitslosigkeit auf einen neuen Sockel, auf einen neuen Höchststand, der sich in der nachfolgenden konjunkturellen Erholung nie nennenswert verminderte.

Jobless Growth jedoch ist keineswegs ein Naturgesetz. In anderen Industrieländern nimmt die Beschäftigung durchaus zu – und zwar in großen Sprüngen –, obschon dort das Sozialprodukt nicht rascher wächst als in Deutschland.

Dies zeigen klar Zahlen der OECD, der Organisation für wirtschaftliche Entwicklung und Zusammenarbeit mit Sitz in Paris, in der alle wichtigen Industrieländer zusammengeschlossen sind. Sie hat in einer vergleichenden Studie untersucht, in welchem Maße die Beschäftigung in ihren Mitgliedsstaaten expandiert ist. Berücksichtigt wurde die Entwicklung in 20 Ländern von 1970 bis 1997.

Das Ergebnis ist für die Bundesrepublik niederschmetternd. Westdeutschland liegt unter den 20 betrachteten Staaten ganz weit hinten auf Platz 15. Die alten Bundesländer haben seit 1970 die Beschäftigung lediglich um jämmerliche 4,4 Prozent erhöhen können.

Kümmerlicher fällt die Arbeitsmarktbilanz einzig in Schweden, Italien, Belgien, Finnland und Spanien aus. In den letzten beiden Staaten nahm die Beschäftigung von 1970 bis 1997 sogar ab (um 0,8 beziehungsweise 2,7 Prozent).

Die meisten anderen Länder aber taten für ihre Arbeitsuchenden weit mehr als Deutschland. In Griechenland, Irland, Japan, Luxemburg, den Niederlanden, Portugal und der Schweiz stieg die Zahl der Beschäftigten von 1970 auf 1997 kräftig an – und zwar jeweils um rund 20 bis 30 Prozent. Auch in Dänemark, Frankreich und Großbritannien entstanden prozentual deutlich mehr neue Arbeitsplätze als in Westdeutschland. In Norwegen hatten 1997 sogar 40 Prozent mehr Menschen eine bezahlte Anstellung als 1970. Und den Rekord in der OECD-Statistik hält Kanada: Dort nahm die Beschäftigung im Untersuchungszeitraum um 74 Prozent – fast drei Viertel – zu.[4]

Das amerikanische Job-Wunder

In absoluten Zahlen haben allerdings die USA in den vergangenen Jahrzehnten die meisten Arbeitsplätze geschaffen: Von 1970 bis 1997 wurden dort ziemlich genau 50 Millionen Menschen zusätzlich auf dem Arbeitsmarkt untergebracht – mehr als ganz Deutschland, Ost und West, überhaupt Erwerbstätige zählt.

Im Frühjahr 1998 sank die Arbeitslosigkeit in den Vereinigten Staaten auf 4,3 Prozent, den tiefsten Stand seit einem Vierteljahrhundert. Noch 1990 war die Arbeitslosenquote rund doppelt so hoch gewesen.

Wenn die Bundesrepublik die Beschäftigung so emsig gesteigert hätte wie Kanada, Norwegen oder die USA, dann wären in Westdeutschland, grob gerechnet, seit 1970 zwischen zehn und 20 Millionen neuer Arbeitsplätze entstanden. Wir hätten heute keine Massenarbeitslosigkeit, sondern wir müßten, ähnlich wie zu Zeiten des Wirtschaftswunders, Millionen von Arbeitskräften im Ausland anwerben.

Polemisch wird oft behauptet, in den USA seien im vergangenen Vierteljahrhundert vor allem geringqualifizierte, schlechtbezahlte Stellen in den Dienstleistungen geschaffen worden. Dies trifft jedoch nicht ganz zu, wie Erhebungen der amerikanischen Wirtschaftsforschungsfirmen DRI/McGraw-Hill und Standard & Poor's für die Jahre 1993 bis 1998 zeigen.

In diesen fünf Jahren nahm die Beschäftigung nicht nur in den Dienstleistungen zu, sondern auch in vielen Industriezweigen. In der amerikanischen Elektronikindustrie wurden 70000 zusätzliche Arbeitsplätze geschaffen und im Automobilbau sogar 140000.

Besonders expansiv waren allerdings neue Service-Industrien. In der Telekommunikation fanden von 1993 bis 1998 rund 90000 Amerikaner zusätzlich einen Job, in den Medien 170000 und in der Branche Software und EDV-Dienstleistungen sogar 600000. In diesen Wirtschaftszweigen aber arbeiten überdurchschnittlich viele Hochschulabsolventen. Die Software-Industrie, die bei weitem nicht genügend Fachkräfte finden kann, zahlt vielfach schon Berufsanfängern Spitzengehälter.

Die meisten neuen Jobs entstanden in den USA in den sogenannten Business Services, den hauptsächlich für die Wirtschaft tätigen Dienstleistungsfirmen. Dazu wurden in der Erhebung von DRI und Standard & Poor's unter anderem Consulting-Gesellschaften, Ingenieurbüros, Rechtsanwaltskanzleien, Werbeagenturen und Wirtschaftsprüfungsfirmen gezählt, aber auch Zeitarbeitsunternehmen. In den Business Services fanden von 1993 bis 1998 rund 2,6 Millionen Menschen zusätzlich eine Anstellung. Mit diesen Dienstleistungen wird ebenfalls überdurchschnittlich gut verdient.[5]

Zwar expandieren auch bei uns die Service-Branchen. Doch ist das Wachstum viel zu schwach, um den massiven Verlust von

Arbeitsplätzen in Industrie, Bergbau und Landwirtschaft sowie die demographisch bedingte Zunahme der Arbeitsuchenden auszugleichen.

Laut dem Institut für Weltwirtschaft (IWW) in Kiel nahm in Westdeutschland die Zahl der Erwerbstätigen von 1970 bis 1996 in den produzierenden Wirtschaftszweigen um fünf Millionen auf rund zehn Millionen ab. Gleichzeitig stieg die Beschäftigung in den Service-Branchen um sieben Millionen auf 18 Millionen Personen.[6] Unter dem Strich ergibt das ein Plus von zwei Millionen Arbeitsplätzen in den alten Bundesländern – ganz ohne Kraft läuft also auch in Deutschland die Jobmaschine nicht.

Doch das Wachstum war viel zu mager, um den Zustrom neuer Stellensuchender auf den Arbeitsmarkt auszugleichen. Die Nachfrage nach Arbeit speiste sich dabei vor allem aus drei Quellen: Nach dem Fall der Mauer zogen jährlich bis zu einer halben Million Menschen aus dem Osten in den Westen der Bundesrepublik. Aus Osteuropa kamen überdies Hunderttausende deutschstämmiger Aussiedler. Vor allem aber drängten in den zurückliegenden Jahren die geburtenstarken Jahrgänge der Nachkriegszeit ins Erwerbsleben. Jahr für Jahr war die Zahl der Berufsanfänger fast doppelt so hoch wie die Anzahl der Erwerbstätigen, die regulär in den Ruhestand gingen. Dies bedeutete natürlich eine enorme Belastung für den Arbeitsmarkt.

Freilich hatten die Amerikaner das gleiche Problem. Auch in den USA forderten die Baby Boomer aus den fünfziger und sechziger Jahren zwei Jahrzehnte später von der Gesellschaft Arbeit und Lohn. Überdies wanderten in den USA, bezogen auf die bereits ansässige Bevölkerung, etwa genauso viele Menschen ein wie Aussiedler, Wirtschaftsflüchtlinge oder nachziehende Familienangehörige ausländischer Arbeitnehmer in die Bundesrepublik kamen.

Doch die USA konnten, um die verschiedenen demographischen Schübe zu bewältigen, im großen und ganzen genügend

Arbeitsplätze schaffen – die Bundesrepublik nicht. Unverständlich ist dies vor allem deswegen, weil Deutschland in den wirtschaftlichen Kernen eines Industriestaates, eben in den produzierenden Branchen, erheblich stärker ist als die Vereinigten Staaten.

Dies zeigt eine Untersuchung des Instituts der deutschen Wirtschaft (IW) aus dem Jahre 1997. Danach entfielen in der Bundesrepublik 1994 auf je 1000 Einwohner 119 Arbeitsplätze im verarbeitenden Gewerbe. In den USA waren es nur gut halb so viele: Auf 1000 Amerikaner kamen lediglich 77 Industriearbeitsplätze.

Doch bei den Dienstleistungen liegen wir weit hinter den USA und auch Japan. Die Vereinigten Staaten konnten 1994 auf je 1000 Einwohner 345 Service-Jobs vorweisen. In Japan waren dies 311, in der Bundesrepublik jedoch nur 261.[7]

Agenten am Telefon

Es gibt glücklicherweise Zeichen, daß auch die Bundesrepublik durchaus fähig ist, sich mit innovativen Dienstleistungen anzufreunden. Anfang der neunziger Jahre wurden bei uns endlich die sogenannten Call Centers eingeführt, Dienstleistungsbetriebe für Telefon-Marketing, die in den USA bereits 1,5 Millionen Menschen eine Arbeit geben.

In den Call Centers kümmern sich sogenannte Agents am Telefon um die Sorgen und Nöte der Kunden. Sie nehmen Bestellungen an, beraten Kaufinteressenten, beantworten Fragen zu Produkten und nehmen Reklamationen entgegen. Per Computer erhalten die Agents die nötigen Informationen über Produkte, Kunden und Kaufverträge auf den Bildschirm an ihrem Arbeitsplatz.

Etwa die Hälfte der 5000 größten deutschen Firmen nutzen heute Telemarketing, in eigenen Call Centers oder in fremden

Telefonzentralen. Das selbst in Deutschland allmählich wachsende Servicebewußtsein der Unternehmen hat, beflügelt durch die sinkenden Telefonkosten, die die Liberalisierung der Telekommunikation brachte, einen Boom ausgelöst.

1995 gab es hierzulande erst 650 Call Centers. 1998 hatte sich die Anzahl bereits verdoppelt. Die Beschäftigung kletterte in der gleichen Zeit von 60 000 auf 150 000 Personen. Das Bundesforschungsministerium erwartet für die nähere Zukunft ein weiteres Wachstum von 20 Prozent pro Jahr.

Die Anforderungen an die Qualifikation der Mitarbeiter sind hoch. Die Agents, für die es noch keine staatlich anerkannte Ausbildung gibt, müssen eine gute Allgemeinbildung und Fachwissen auf dem neuesten Stand aufweisen. 60 Prozent der Mitarbeiter haben Abitur. Vollzeitbeschäftigte verdienen in den Call Centers im allgemeinen mindestens 3500 Mark. Hochqualifizierte Spezialisten, beispielsweise für Vermögensberatung, kommen zum Teil auf Spitzengehälter von mehr als 10 000 Mark.[8]

Innovative Dienste lassen sich mithin auch in der Bundesrepublik aufbauen. Es braucht dazu freilich Arbeitnehmer, die bereit sind zu flexiblen Beschäftigungsverhältnissen und neuen Erwerbsformen (wie Teilzeit), und es braucht wagemutige Unternehmer und finanzielle Anreize für die Gründung solcher Firmen, die künftig die Beschäftigung in Deutschland sichern müssen.

Die atmende Fabrik

Im allzu starren Arbeitsmarkt sehen viele Wirtschaftsexperten einen wesentlichen Grund für die Massenarbeitslosigkeit. Inflexible Tarifverträge, die für alle Unternehmen einer Region gelten, gleich ob sie finanziell gesund sind oder krank, würden viele Betriebe in den Konkurs treiben.

Tatsächlich aber sind die Tarifpartner weitaus vernünftiger als ihnen die Fachleute zutrauen. In beinahe allen Branchen haben Arbeitnehmer und Arbeitgeber in der Vergangenheit Vereinbarungen über die Flexibilisierung von Arbeitszeiten und Entgeltsystemen geschlossen, die maßgeschneidert sind auf die je unterschiedlichen Probleme einzelner Firmen.

Bei dem Hamburger Maschinenbau-Unternehmen Jungheinrich beispielsweise, einem der weltgrößten Hersteller von Gabelstaplern, stand das Werk Norderstedt Mitte der neunziger Jahre wegen anhaltend hoher Verluste kurz vor der Schließung. Obwohl die Auftragsbücher prall gefüllt waren, machte das Unternehmen keinen Gewinn.

Um wieder profitabel zu arbeiten, mußten die Kosten um ein Fünftel gesenkt werden. Die Lösung war die atmende Fabrik. Die Belegschaft erklärte sich zu flexiblen Arbeitszeiten mit Zeitarbeitskonten bereit: Pro Woche kann, wenn die Auftragslage dies erforderlich macht, bis zu 42 Stunden gearbeitet werden – auch am Samstag. Ist in der Fabrik nicht genug zu tun, gibt es arbeitsfreie Tage; die angefallenen und gutgeschriebenen Überstunden werden abgefeiert. Im Durchschnitt beträgt die Wochenarbeitszeit 35 Stunden. Die Zeitarbeitskonten der einzelnen Mitarbeiter sollen nach Möglichkeit binnen zwölf Monaten ausgeglichen werden.

Auch bei den Löhnen gab der Betriebsrat den Forderungen der Geschäftsleitung nach. Neu eingestellte Arbeitskräfte bekommen lediglich den geltenden Tariflohn, nicht, wie die alten Belegschaftsangehörigen, die bei Jungheinrich übliche übertarifliche Vergütung.

Das Werk Norderstedt konnte durch die Kompromisse von Belegschaft und Betriebsrat im Kern gerettet werden. 260 Arbeitsplätze wurden zwar sozialverträglich abgebaut. Doch die restlichen 1200 Stellen blieben erhalten. Im neuen Geschäftsfeld Leasing und in anderen Dienstleistungsfunktionen will Jungheinrich künftig sogar zusätzliche Mitarbeiter einstellen.

Ganz ähnlich hat der Sägenfabrikant Hans Peter Stihl seinen Mitarbeitern einen Beschäftigungs- und Standortsicherungsvertrag abgepreßt. Im Gegenzug erklärte er sich 1997 bereit, am Firmensitz in Waiblingen eine neue Fabrik zur Herstellung von Kunststoffteilen für seine Motorsägen zu bauen. Bis zum 31. Dezember 1999 soll keiner der 2800 festangestellten Mitarbeiter in den sieben deutschen Betrieben von Stihl entlassen werden.

Ein bislang einzigartiges Akkordmodell hat die Flensburger Schiffbau-Gesellschaft 1997 eingeführt. Die Werft hatte im Jahr zuvor einen Auftrag über sechs neuartige kompakte Container-Frachter bekommen. Für diese Schiffe beträgt der Preis auf dem Weltmarkt, diktiert von asiatischen Billiganbietern, pro Stück rund 20 Millionen Dollar, umgerechnet etwa 35 Millionen Mark.

Die Geschäftsleitung rechnete aus, daß bei diesem Preis und den Löhnen, die die Werft ihren Arbeitern zahlt, je Schiff höchstens 140000 Arbeitsstunden aufgewendet werden durften, wenn die Aufträge keinen Verlust bringen sollten. Durch ein festes Zeitbudget mußten daher die Produktionskosten um 15 Prozent pro Schiff gesenkt werden.

Wenn die Arbeiter die Zeitvorgabe einhalten, bekommen sie genausoviel Lohn wie zuvor. Überschreiten sie das Limit, werden ihnen pro Monat bis zu 220 Mark abgezogen. Andererseits aber erhalten die Werftarbeiter Zuschläge auf den Lohn, wenn die Schiffe, die wie am Fließband produziert werden, früher als geplant fertig sind. 600 Arbeitsplätze konnten durch das Akkordmodell bei der Flensburger Schiffbau-Gesellschaft gesichert werden.

Und es geht doch

Nicht nur Mittelständler, auch Großunternehmen erfinden immer neue Tarifmodelle. Die Debis, eine Tochtergesellschaft des Daimler-Chrysler-Konzerns, hat Arbeitszeitkonten eingeführt, die nach dem Lebensalter der Beschäftigten abgestuft sind. Für Mitarbeiter bis zum Alter von 49 Jahren gilt eine Regelarbeitszeit von 40 Stunden pro Woche (mit Ausnahme jener Angestellten, die bereits seit mindestens zehn Jahren bei Debis tätig sind). Ab 50 müssen die Beschäftigten nur noch 38 Stunden arbeiten. Mit 53 Jahren verkürzt sich die reguläre Arbeitszeit dann auf 36 Stunden und mit 55 auf 35 Stunden.

Die Debis, zu deren Geschäften unter anderem EDV-Service, Immobilienverwaltung und Fahrzeug-Leasing gehören, ist der einzige Unternehmensbereich im Daimler-Benz-Konzern, der in den vergangenen Jahren kontinuierlich die Beschäftigung ausgeweitet hat. Pro Jahr stellt die Firma mehrere tausend zusätzliche Mitarbeiter in der Bundesrepublik ein.

Bei der Muttergesellschaft Daimler-Benz wurde durch flexible Arbeitszeiten und Lohnzugeständnisse immerhin die Beschäftigung im Werk Rastatt gesichert. Die Fabrik mit 4000 Mitarbeitern war bis 1997 meist schlecht ausgelastet. Dank der Zugeständnisse der Belegschaft verlegte Daimler jedoch die Produktion der kompakten A-Klasse, die ursprünglich im Ausland angesiedelt werden sollte, nach Rastatt.

Bereits kurz nach seiner Einführung wurde das flexible Arbeitszeitmodell, das für Rastatt vereinbart worden war, auf eine

Bewährungsprobe gestellt. Der berühmte «Elchtest» hatte gezeigt, daß die A-Klasse in scharf gefahrenen Kurven zum Umkippen neigte. Daimler sah sich im Herbst 1997 gezwungen, die gerade angelaufene Fertigung zu stoppen, um die Autos mit einer elektronischen Fahrwerkstabilisierung nachzurüsten.

Für die Arbeitnehmer im Werk Rastatt hatte die Schleuderfahrt zur Folge, daß sie mehrere Monate lang eine Schicht pro Woche weniger arbeiteten. Die nicht geleistete Arbeitszeit von wöchentlich acht Stunden wurde jeweils auf dem persönlichen Arbeitszeitkonto als «Sollsaldo» verbucht. Ein solches Manko muß jeder Autowerker durch Mehrarbeit wieder ausgleichen. Dafür ist in dem Rastatter Arbeitszeitmodell ein Zeitraum von 24 Monaten vorgesehen.[9]

Der Chemiekonzern Bayer, der Reifenhersteller Continental, der Autobauer Ford, das Computerunternehmen IBM, der Elektrokonzern Siemens – sie alle haben durch firmenindividuelle Regelungen die bestehenden Tarifverträge ausgehebelt. In den meisten Fällen konnten dadurch Arbeitsplätze gerettet werden, die sonst wegrationalisiert oder in Niedriglohnländer ausgelagert worden wären. Neue Stellen aber werden dadurch in der Regel nicht geschaffen.

Das ist bei dem Wälzlagerhersteller INA Scheffler aus Herzogenaurach anders. Das Unternehmen, es gilt als größter deutscher Maschinenbauer in Familienbesitz, hat durch flexible Arbeitszeiten die Beschäftigung in seinen Inlandsbetrieben in den vergangenen zwei Jahren um 18 Prozent erhöht. INA beliefert vor allem die Autoindustrie. Besonders gefragt ist in jüngster Zeit ein neuartiger Nockenwellenversteller, durch den sich die Schadstoffemissionen von Autos kräftig reduzieren lassen.

Die vorhandenen Kapazitäten reichten in Deutschland freilich nicht aus, die erfolgreiche Novität in den bestellten Stückzahlen zu produzieren. Doch statt die Produktion auszulagern, etwa in das Zweigwerk in der Slowakei, beschloß die INA, die Fertigungskapazitäten in der Bundesrepublik durch längere

Wochenarbeitszeiten zu erhöhen. In allen Werken, in denen es Produktionsengpässe gab, wurde die Sechs-Tage-Woche eingeführt. Die Zahl der Arbeitsschichten stieg pro Woche von 15 auf 18. Als Ausgleich für die Samstagsarbeit, die regulär ohne sonst übliche Zuschläge zu leisten ist, haben die Beschäftigten an anderen Wochentagen frei. 7000 Mitarbeiter in Deutschland arbeiten nach diesem Modell.

Durch die Flexibilisierung der Arbeitszeit konnte INA die Maschinenlaufzeiten pro Woche um 20 Prozent erhöhen und damit einen gravierenden, wenn auch wenig beachteten Nachteil des Produktionsstandortes Deutschland ausgleichen: die im internationalen Vergleich relativ kurzen Betriebszeiten der deutschen Fabriken.

In der Bundesrepublik sind die Maschinen und Anlagen im Mittel lediglich 53 Stunden pro Woche in Betrieb. In Großbritannien laufen sie hingegen 76 Stunden, in Belgien sogar 77 Stunden. Im Durchschnitt kommen die EU-Länder auf Maschinenlaufzeiten von 66 Stunden.[10] Die Kapitalkosten für die teuren Produktionsanlagen fallen aber unabhängig davon an, ob die Fabrik arbeitet oder nicht.

Dank der drastisch erhöhten Kapazitätsauslastung konnte INA von Anfang 1997 bis zum Herbst 1998 in der Bundesrepublik die Beschäftigtenzahl um 2000 auf 13 000 erhöhen. Bis zum Sommer 2000 will der Maschinenbauer mehrere hundert weitere Stellen schaffen.

INA gehört damit zu den wenigen deutschen Unternehmen, die im Inland mehr neue Arbeitsplätze aufbauen als im Ausland. In den vergangenen zwei Jahren stieg die Beschäftigung in den Auslandswerken lediglich um 1000 auf 10000. Lorenz Raith, Vorsitzender der Geschäftsleitung von INA, hält es für einen Irrtum zu glauben, man könne in einem Land mit niedrigen Löhnen automatisch auch billig produzieren. «Wenn wir heute in China fertigen, ist das teurer als in Deutschland», sagt Firmenchef Raith.[11]

Feierabend für Überstunden

Ist das INA-Modell übertragbar auf die ganze deutsche Wirtschaft? Obschon 1998 in Deutschland mehr als vier Millionen Menschen offiziell als arbeitslos registriert waren, wurden in diesem Jahr rund 1,85 Milliarden Überstunden geleistet. Das ermittelte das Institut für Arbeitsmarkt- und Berufsforschung (IAB) in Nürnberg, das der Bundesanstalt für Arbeit angegliedert ist. 1,85 Milliarden Überstunden entsprechen – rein rechnerisch – der Jahresarbeitsleistung von ungefähr einer Million Erwerbstätigen.

Das Überstundenvolumen, das sich Anfang der neunziger Jahre stetig vermindert hatte, nimmt jetzt wieder zu. 1993 leistete jeder Beschäftigte laut dem IAB in den alten Bundesländern im Mittel 57,9 Überstunden. 1996 waren es 59,3 und 1998 sogar 61,3 Stunden.

Die Entwicklung erscheint widersinnig: Die Arbeitslosigkeit nimmt zu. Gleichzeitig aber müssen diejenigen, die Arbeit haben, immer mehr schuften. Natürlich lassen sich die geleisteten Überstunden nicht einfach umverteilen auf die Arbeitslosen. Lange arbeiten müssen oft gerade hochqualifizierte Mitarbeiter. Ihre Ausbildung und Erfahrung aber fehlt vielfach den Arbeitslosen.

Das IAB hält es dennoch für möglich, auf einen Großteil der Überstunden zu verzichten und statt dessen zusätzliche Mitarbeiter einzustellen. Überstunden sollten, empfiehlt das Forschungsinstitut, nicht finanziell abgegolten werden, sondern durch arbeitsfreie Tage. Zum Ausgleich sollten die Unternehmen häufiger befristete Arbeitsverträge mit neuen Mitarbeitern abschließen.

Auf diese Weise könnten, so das IAB, 40 Prozent der Überstunden dauerhaft abgebaut und das Arbeitsplatzangebot in der Bundesrepublik um 320000 Stellen erhöht werden.[12]

Geteilte Last

Den Niederlanden gelang in den vergangenen 15 Jahren ein «Beschäftigungswunder»: Während in den meisten anderen Staaten Europas die Zahl der Erwerbslosen in dieser Zeit ungehemmt zunahm, konnten die Holländer die Arbeitslosigkeit kräftig zurückdrängen: 1983 waren rund zehn Prozent der Erwerbsbevölkerung in den Niederlanden arbeitslos gemeldet. 1998 waren dies nur rund sechs Prozent, gut halb soviel wie in Deutschland. Parallel dazu nahm die Zahl der Erwerbstätigen kräftig zu: Von 1983 bis 1993 stieg sie um 20 Prozent. Dies ist Rekord in der Europäischen Union.

Zum holländischen Arbeitsmarktwunder trug unter anderem der mäßige Anstieg der Arbeitskosten bei. 1983 verpflichteten sich im Abkommen von Wassenaar die Tarifpartner und die Regierung zu einer moderaten Lohnpolitik. Tatsächlich nahmen in den folgenden Jahren die Lohnstückkosten in erheblich geringerem Maß zu als in vielen anderen europäischen Staaten. Dies bescherte den Holländern, die ihre Währung fest an die Deutsche Mark koppelten, Wettbewerbsvorteile auf dem Weltmarkt.

Gleichzeitig aber rationalisierten die holländischen Unternehmen weniger scharf als etwa die deutschen: Die Arbeitsproduktivität stieg in den Niederlanden erheblich langsamer. Höhere Exporte führten mithin tatsächlich zu höherer Beschäftigung und wurden nicht durch höhere Effizienz in den Betrieben aufgefangen.

Der Staat senkte überdies die gesetzlichen Mindestlöhne und befreite den Arbeitsmarkt von vielen überflüssigen Vorschriften, die die Einstellung neuer Mitarbeiter behinderten. Ferner ist in den Niederlanden die Frühverrentung heute weit verbreitet: Die Erwerbsquoten älterer Arbeitnehmer sind international gesehen außerordentlich niedrig.

Darüber hinaus hat sich die Zeitarbeit in den Niederlanden beträchtlich stärker durchgesetzt als in allen anderen westlichen Industrieländern. Eine temporäre Beschäftigung als «Leiharbeiter» aber ist vor allem für Jugendliche oft der Einstieg ins Berufsleben und das Sprungbrett für eine spätere Festanstellung.

Die Hauptursache für das holländische Beschäftigungswunder ist jedoch die außerordentlich kräftige Expansion von Teilzeitarbeit. Zu diesem Schluß gelangt eine 1998 vorgelegte Untersuchung des Nürnberger Instituts für Arbeitsmarkt- und Berufsforschung (IAB).

Die Niederlande haben heute die mit Abstand höchste Teilzeitquote aller westlichen Länder. 38,1 Prozent aller Erwerbstätigen arbeiten in Holland auf Teilzeitstellen; bei den Männern haben sich dafür 17 Prozent entschieden, bei den Frauen sogar mehr als zwei Drittel – 68,3 Prozent.

In der Bundesrepublik sind laut dem IAB hingegen nur 16,3 Prozent der Erwerbstätigen Teilzeitbeschäftigte – lediglich 3,6 Prozent der Männer und 33,8 Prozent der Frauen.[13] Würde die Teilzeitquote in der Bundesrepublik auf das Niveau der Niederlande gebracht werden, könnte die Arbeitslosigkeit bei uns vermutlich in ebenso dramatischem Maße reduziert werden wie in unserem Nachbarland.

Langsam setzen sich allerdings auch bei uns die sogenannten neuen Erwerbsformen durch, neben der Teilzeitbeschäftigung vor allem befristete Arbeitsverhältnisse und Zeitarbeit. Dazu haben nicht zuletzt gesetzliche Erleichterungen beigetragen. Auch der Kündigungsschutz wurde in den vergangenen Jahren gelockert.

Der Arbeitsmarkt ist also längst nicht mehr so verkrustet und starr, wie Standortkritiker aus dem In- und Ausland uns weismachen wollen. Deregulierungen sind freilich kein Wundermittel; ihre Auswirkungen auf die Beschäftigung treten nur langsam ein. Auch in Holland wurden die arbeitsmarktpolitischen Reformen, mit denen die Arbeitslosenziffern in die Tiefe gedrückt werden konnten, ja bereits vor 15 Jahren beschlossen.

Teilzeitarbeit

Von 1985 bis 1996 stieg laut dem IAB die Teilzeitquote (einschließlich Zeitarbeit) in Westdeutschland von 11,3 auf 22,9 Prozent. Sie hat sich mithin in elf Jahren glatt verdoppelt. In Ostdeutschland allerdings ist diese Erwerbsform bislang kaum verbreitet.

Experten gehen davon aus, daß mittelfristig nur noch jeder zweite Erwerbstätige eine Vollzeitstelle haben wird. Die übrigen werden Teilzeitbeschäftigte sein, einen 620-Mark-Job ausüben, sich als Leiharbeiter verdingen oder von zu Hause aus arbeiten.

Teilzeitarbeitsverhältnisse werden laut dem IAB in Deutschland ganz überwiegend unbefristet abgeschlossen. Die Arbeitsplätze sind mithin nicht unsicherer als Vollzeit-Jobs. Und wie in den Niederlanden haben sich auch in der Bundesrepublik die meisten Teilzeitbeschäftigten aus eigenem Antrieb für diese Erwerbsform entschieden. Nur 7,5 Prozent der Arbeitnehmer, die in Teilzeit-Jobs beschäftigt sind, hätten lieber eine Vollzeitstelle, fanden aber keine.

Teilzeit-Jobs scheinen überdies kaum Vollzeitstellen zu verdrängen. Diese Arbeitsverhältnisse sind größtenteils zusätzlich eingerichtete Stellen. Von den Arbeitsplätzen, die heute in der Bundesrepublik neu geschaffen werden, sind laut dem IAB weit überproportional viele Teilzeitbeschäftigungen.

Befristete Beschäftigungsverhältnisse

Der Abschluß zeitlich befristeter Arbeitsverträge ist im Oktober 1996 vom Gesetzgeber erleichtert worden. Seither können Beschäftigungsverhältnisse auf maximal 24 Monate befristet werden. Zuvor lag die Grenze bei 18 Monaten. Bereits früher war die Notwendigkeit entfallen, den Abschluß solcher Verträge sachlich rechtfertigen zu müssen.

Das IAB hat in einer Untersuchung 1998 festgestellt, daß das neue Gesetz tatsächlich zu einigen Neueinstellungen geführt hat, die andernfalls wohl unterblieben wären. Andererseits haben die Firmen Arbeitsverhältnisse, die sonst auf Dauer abgeschlossen worden wären, infolge der neuen Regelung zeitlich befristet. Das Institut ist der Ansicht, daß beide Effekte in der Praxis keine nennenswerte Bedeutung haben. Das Gesetz hatte mithin, im Guten wie im Schlechten, bislang kaum Auswirkungen auf die Beschäftigung.[14]

Zeitarbeit

Das professionelle Verleihen von Arbeitskräften ist in der Bundesrepublik noch kaum verbreitet. In den Niederlanden sind drei Prozent aller abhängig Beschäftigten mittlerweile Zeitarbeitnehmer. In Frankreich beträgt die Quote zwei Prozent, in den USA 1,8 Prozent und in Großbritannien 1,4 Prozent. In Deutschland aber sind lediglich 0,6 Prozent aller sozialversicherungspflichtig Beschäftigten Leiharbeiter.

Die «Überlassung von Arbeitnehmern», wie die Zeitarbeit bürokratisch korrekt heißt, ist bei uns gesetzlich schärfer geregelt als in vielen anderen Ländern. Es ist ein komplexes Dreiecksverhältnis: Der Arbeitnehmer schließt einen Arbeitsvertrag mit einer Leiharbeitsfirma wie Adecco, Manpower oder Randstad ab, arbeitet jedoch für einen Kunden dieser Zeitarbeitsvermittler. Dieser übt auch das Weisungsrecht gegenüber dem Arbeitnehmer aus.

Geregelt ist die Menage à trois im Arbeitnehmerüberlassungsgesetz (AÜG) von 1972. Novelliert wurde es zuletzt am 1. April 1997. Seither beträgt die maximale Dauer, für die eine Zeitarbeitsfirma einen Mitarbeiter an einen anderen Betrieb ausleihen darf, zwölf Monate; zuvor waren es nur neun. Auch viele andere Regelungen wurden gelockert.

Damit sind die Leiharbeitskonzerne freilich noch nicht zufrieden. Sie fordern, Zeitarbeit auch im Bau zuzulassen, wo sie in Deutschland weiterhin verboten ist, und noch bestehende Beschränkungen für die befristete Einstellung von Arbeitnehmern ganz fallenzulassen. Im Rahmen der künftigen Harmonisierung des Arbeitsrechts in der Europäischen Union wird das deutsche AÜG voraussichtlich ohnehin weiter aufgeweicht.

Die Arbeitsverleiher sagen einen kräftigen Boom voraus. So prognostiziert Reinhold Henscher, Geschäftsführer der deutschen Filiale der holländischen Randstad-Organisation, daß seine Branche in den kommenden Jahren in der Bundesrepublik ein jährliches Wachstum von 20 Prozent erzielen werde. 1997 erreichte die Zeitarbeit in Deutschland erst ein Volumen von zwölf Milliarden Mark. Im Jahr 2006 könnte der Umsatz laut Henscher auf 50 Milliarden emporschießen.

Die Zahl der Leiharbeiter wird sich dieser Prognose zufolge gleichfalls mehr als vervierfachen. Mitte 1998 beschäftigten die Zeitarbeitsfirmen in der Bundesrepublik rund 200 000 Menschen. 2006 könnten es gut 900 000 sein. Dies wäre ein Zuwachs von annähernd 700 000 Beschäftigten binnen acht Jahren.[15]

Werden diese Leiharbeiter festangestellte Mitarbeiter verdrängen? Das Institut für Arbeitsmarkt- und Berufsforschung ist der Frage in einer Untersuchung nachgegangen. Es fand allerdings keine eindeutigen empirischen Befunde für eine Bestätigung oder Widerlegung dieser These.

Vermutlich wird der Verdrängungseffekt nicht sehr groß sein.

Denn Leiharbeiter üben zumeist keine anspruchsvollen Tätigkeiten aus, für die eine gute Ausbildung, eine hohe Erfahrung und vor allem innige Vertrautheit mit den besonderen Verhältnissen beim Arbeitgeber erforderlich wären.

Die im allgemeinen geringe Qualifikation der Zeitarbeitnehmer spiegelt sich in ihren niedrigen Löhnen und Gehältern wider. Leiharbeiter verdienen im Mittel laut dem IAB nur 63,4 Prozent soviel wie der Durchschnitt der deutschen Arbeitnehmer. Auch bei gleicher Qualifikation bekommen die Leihkräfte zehn bis 15 Prozent weniger Lohn als dauerhaft Angestellte.

Wegen der geringen Entlohnung verdingen sich vor allem Arbeitslose an Leiharbeitsfirmen. Laut dem Branchenverband BZA waren knapp 58 Prozent der Zeitarbeitnehmer vor ihrer Anstellung beschäftigungslos gewesen.[16] Trotz der schlechten Bezahlung und der wechselnden Beschäftigungsverhältnisse kann Zeitarbeit also zum Abbau der Arbeitslosigkeit beitragen.

Unternehmer brauchen Engel

Augenscheinlich sind Unternehmer in der Bundesrepublik eine gefährdete Spezies. In den sechziger Jahren waren in Westdeutschland mehr als 20 Prozent aller Erwerbstätigen wirtschaftlich selbständig. Heute sind dies nur mehr knapp zehn Prozent.

Die Bundesrepublik gehört damit laut dem Deutschen Industrie- und Handelstag (DIHT) zu den Ländern Europas mit der niedrigsten Selbständigenquote. In vielen unserer Nachbarländer arbeiten 15 bis 18 Prozent der Erwerbstätigen auf eigene Rechnung und Verantwortung.

Dramatisch ist die Entwicklung in den neuen Bundesländern. 1990 und 1991 haben dort jeweils annähernd 300000 Menschen ein Gewerbe angemeldet. Zwar mußte so mancher Existenzgründer, der seine Fähigkeiten und Möglichkeiten überschätzt hatte, schon nach kurzem wieder aufgeben. Doch selbst nach Abzug der abgemeldeten Betriebe blieben 1990 rund 250000 und 1991 immerhin noch 190000 neue Firmen übrig.

Doch jetzt ist der Gründerboom verebbt. 1996 wurden in den neuen Länden lediglich noch 153000 neue Betriebe angemeldet. 126000 Firmeninhaber aber strichen die Fahne. Unter dem Strich blieben mithin nur 27000 neue Unternehmen übrig. Zu diesem niederschmetternden Ergebnis kam 1997 eine Untersuchung des Instituts der deutschen Wirtschaft.

Für den ostdeutschen Arbeitsmarkt ist der Unternehmermangel eine Katastrophe. Denn jeder Existenzgründer schafft zumindest einen Arbeitsplatz – seinen eigenen. Dem folgen meist bald weitere Jobs. Die Unternehmensberatungsgesellschaft McKinsey schätzt: In jeder erfolgreichen neuen Firma entstehen in den ersten Jahren nach der Gründung rund vier neue Jobs.

Demnach hätten die 250000 Existenzgründer, die im Jahr 1990 in Ostdeutschland überlebten, eine Million Arbeitsplätze geschaffen. Die 27000 Jungunternehmer, die 1996 per saldo nach allen Gewerbeabmeldungen übrigblieben, können hingegen nur gut 100000 Menschen Lohn und Brot bieten.

Doppelt so viele Entrepreneure, halb so viele Arbeitslose

Nicht nur in Ostdeutschland, auch im Westen der Republik gilt: Arbeitsplätze werden nahezu ausschließlich in kleinen und mittelgroßen Betrieben geschaffen. Viele Konzerne haben zwar in jüngster Zeit wieder einige zusätzliche Arbeitskräfte eingestellt, weil sie während der unerbittlichen Rationalisierung in der ersten Hälfte der neunziger Jahre zu viele Stellen gestrichen hatten. Per saldo hat jedoch kaum eines der 25 größten deutschen Industrieunternehmen in den vergangenen zwei Jahrzehnten seinen Personalstand ausgebaut.

Der Mangel an risikofreudigen Unternehmern ist daher möglicherweise die Hauptursache für die Massenarbeitslosigkeit in der Bundesrepublik. So sehen es jedenfalls Wirtschaftswissenschaftler aus den USA. Laut einer Studie des amerikanischen Forschungsinstituts National Bureau of Economic Research (NBER) in Washington ist die geringe Selbständigenquote in Deutschland in weit größerem Maße für die hohe Erwerbslosigkeit verantwortlich zu machen als die immer wieder beklagten starren Regelungen und Gesetze, die angeblich den deutschen Arbeitsmarkt so sehr fesseln.[17]

Bei uns ist, platt gesagt, die Arbeitslosenquote doppelt so hoch wie in den USA, weil wir nur halb so viele Entrepreneure haben. Warum aber stehen in den USA junge Unternehmen in Blüte, während in Deutschland eine solche Dürre herrscht? Dafür gibt es laut dem NBER und der OECD, der Organisation für wirtschaftliche Zusammenarbeit und Entwicklung, ein ganzes Bündel von Ursachen[18]:

- Es ist in den USA viel einfacher als bei uns, ein neues Unternehmen zu gründen. Die wuchernde Bürokratie schreckt in der Bundesrepublik viele Existenzgründer von vornherein ab.

- Junge Unternehmen brauchen in den USA weit weniger Steuern zu zahlen als in Deutschland. 40 Prozent aller Firmen erzielen überhaupt keinen steuerpflichtigen Gewinn. Bei uns hingegen müssen Personengesellschaften, die übliche Rechtsform für kleine Unternehmen, höhere Steuersätze zahlen als Kapitalgesellschaften. Überdies verfügen kleine Firmen nicht wie multinationale Konzerne über weitgespannte Möglichkeiten, die effektiv gezahlten Steuern weit unter die hohen nominellen Sätze zu drücken.

- Junge Technologiefirmen können ihre Innovationen in den USA viel leichter vor Nachahmung schützen als in Deutschland. Es ist dort einfacher und billiger, eine Erfindung patentieren zu lassen.

- Schließlich ist das ganze wirtschaftlich relevante Rechtssystem, das Handels- und Gesellschaftsrecht in den USA unternehmerfreundlicher. Bei uns steht der Gedanke des Gläubigerschutzes im Vordergrund. Die amerikanischen Gesetze sind eher darauf ausgerichtet, den Fortbestand eines finanziell angeschlagenen Unternehmens zu sichern. Firmen, die bei uns von den Banken in den Bankrott getrieben würden, können – nach einer vergleichsweise schnellen und einfachen Reorganisation – in den USA weitermachen; die Arbeitsplätze bleiben erhalten.

- Überdies gilt es in den USA nicht als Schande, wenn ein Unternehmer aufgibt, seine Firma liquidiert oder sogar Konkurs anmeldet. Er hat es – so lautet die allgemeine Ansicht – zumindestens versucht. Und dies allein gilt schon als lobenswert. Gescheiterte Existenzgründer bekommen in den USA allemal eine zweite Chance.

- Vor allem aber haben wagemutige Jungunternehmer in den USA viel besseren Zugang zu dem nötigen Kapital. Dort stehen zur Finanzierung kleiner und mittlerer Unternehmen, die noch nicht an der Börse notiert sind, pro Jahr rund 100 Milliarden Dollar Eigenkapital zur Verfügung. Knapp ein Drittel davon ist sogenanntes Venture Capital, Wagniskapital für risikobehaftete junge Unternehmen.

Venture Capital wird von spezialisierten Wagnisfinanzierungsgesellschaften aufgebracht. Sie verfügen meist über einen Stab ausgewiesener Experten, die die Aussichten junger Firmen und ihrer Innovationen kompetent beurteilen können: Ingenieure nehmen kapitalbedürftige Elektronikunternehmen unter die Lupe, Informatiker testen Softwarehäuser, Biologen oder Mediziner fühlen jungen Gentechnikfirmen auf den Zahn.

Kapital mit Wagemut

Eine solche Wagnisfinanzierung ist in der Bundesrepublik noch sehr schwach entwickelt. Es gibt zwar mittlerweile mehr als 100 Unternehmen, die Venture Capital vergeben. Die Summe ihrer Investitionen ist aber recht dürftig: Die Mitgliedsfirmen des Bundesverbandes deutscher Kapitalbeteiligungsgesellschaften vergaben 1997 neue Investmentmittel in Höhe von 2,3 Milliarden Mark. In den USA stellten die Wagnisfinanciers Kapital von umgerechnet mehr als 50 Milliarden Mark bereit.

«Hervorragende Ingenieure mit zukunftsträchtigen Ideen haben wir auch», konstatiert Hasso Plattner, Vorstandssprecher des Softwarehauses SAP. Es fehle allein am Startkapital und an der politischen Förderung, damit wagemutige Existenzgründer auch in Deutschland erfolgreiche Unternehmen aufbauen können – und mit ihnen zahllose Arbeitsplätze.[19]

Einige Bundesländer haben in jüngster Zeit eigene Venture-Capital-Projekte gestartet. Rheinland-Pfalz richtete 1998 einen Wagniskapitalfonds von 20 Millionen Mark ein, zu dem Volksbanken weitere 10 Millionen zuschießen. Bayern legte einen neuen Technologie-Beteiligungs-Fonds mit 80 Millionen Mark auf. Und die Landesregierung von Nordrhein-Westfalen unterstützt Kapitalgeber, die junge Unternehmen finanzieren, mit Landesgarantien von bis zu 90 Prozent der vergebenen Darlehen. Dafür standen im Landeshaushalt von 1998 erstmals 100 Millionen Mark bereit.[20]

Dies alles aber sind Erdnüsse im Vergleich zu den Summen, die Existenzgründer wirklich benötigen, und auch den Beträgen, die für andere Investitionen ohne einsichtige Begründung ausgegeben werden. Niedersachsen übernahm 1998, aus welchen Gründen auch immer, für gut eine Milliarde Mark zeitweise die Stahl-Tochter des Preussag-Konzerns. Ein neuer Gründerfonds war dem Bundesland nur einen winzigen Bruchteil soviel wert – 83 Millionen Mark. «Schon die Größenordnungen demonstrieren, daß dies nicht so ernst gemeint ist», resümiert Professor Erich Staudt, Leiter des Instituts für angewandte Innovationsforschung in Bochum.

Es ist nicht zu verstehen: Wir brauchen dringend neue Unternehmen und Arbeitsplätze. Und es gibt die Existenzgründer, die die nötigen Ideen dafür haben und den Mut dazu aufbringen. Auch das Kapital wäre vorhanden, um ihre Innovationen in die Tat umzusetzen – wenn das Geld nicht in völlig andere Kanäle umgeleitet würde, durch die verfehlte Politik des Staates.

Es wird, klagt Innovationsforscher Staudt, «kaum reflektiert, daß dieses Land noch nie so reich war wie heute, daß die privaten Hände noch nie über soviel Geldvermögen verfügten. Mit weit mehr als 3000 Milliarden DM suchen sie verzweifelt nach Anlagemöglichkeiten. Sie riskieren im Verbund mit den Banken den illegalen Transfer von Hunderten von Milliarden Mark über die Grenzen von Luxemburg und der Schweiz, suchen Anlagen in Abschreibungsmodellen für Flugzeuge und Schiffe und investieren weitere Hunderte von Milliarden in ostdeutsche Immobilien, nur weil der Staat steuerliche Vorteile einräumt.»[21]

Himmlische Helfer

Es braucht freilich nicht nur Geld, um Unternehmer zu fördern, die wiederum neue Arbeitsplätze schaffen. In den USA gibt es schätzungsweise rund eine viertel Million älterer Geschäftsleute, Manager und Unternehmer, die selbst zwar nicht mehr aktiv sind, die aber ihre Erfahrung und ihr Wissen Existenzgründern zur Verfügung stellen. Wo junge Unternehmer oft Wochen brauchen, um sich im Dschungel der Vorschriften zurechtzufinden, Marktchancen auszuloten oder Geschäftskontakte zu knüpfen, benötigt ein solcher Mentor vielleicht nur ein paar Telefonanrufe.

Diese «Business Angels» gibt es zwar auch in der Bundesrepublik, doch leider viel zu wenige. Eine Untersuchung des Fraunhofer-Instituts für Systemtechnik und Innovationsforschung hat hierzulande lediglich aktive 27 000 «Geschäftsengel» ausfindig gemacht. Das Forschungsinstitut schätzt aber das tatsächlich vorhandene Potential an erfahrenen Mentoren auf 200 000 Personen.

Die Business Angels können den Existenzgründern nicht nur mit praxiserprobtem Know-how unter die Arme greifen; in den USA engagieren sie sich oft auch mit eigenem Kapital. Das

Fraunhofer-Institut schätzt, daß Mentoren in Deutschland bis zu 13 Milliarden Mark Startkapital für junge Selbständige aufbringen könnten.

Im August 1998 hat der Kölner Unternehmer Peter Jungen eine Initiative gestartet, die erfahrene Unternehmer und Existenzgründer zusammenbringen soll, das «Business Angels Network Deutschland» (BAND). Das Netzwerk wird von der Bundesregierung, Spitzenverbänden der Wirtschaft, einigen Banken und anderen Institutionen unterstützt.

Die Gefahr solcher Initiativen und Fördermodelle ist freilich, daß sie rasch in Mode kommen und ebenso rasch wieder in Vergessenheit geraten, ungeachtet dessen, wie groß ihr Erfolgspotential wirklich ist. So galten Mitte der achtziger Jahre in der Bundesrepublik Technologiezentren als Dernier cri der Förderung von Existenzgründern. Allein von 1984 bis 1986 wurden in Westdeutschland 60 solcher Zentren geschaffen.

Ursprünglich wurden Technologiezentren in der Nähe von Universitäten und Technischen Hochschulen gegründet. Sie sollten forschungsorientierten Firmen aus dem Umfeld der Hochschulen bessere Startchancen geben – von der Vermietung maßgeschneiderter Räume über Sekretariatsdienste bis hin zur betriebswirtschaftlichen Beratung der Existenzgründer, die sich meist aus Absolventen und Dozenten der angrenzenden Universitäten rekrutierten.

Später wurde das Konzept auch auf andere Unternehmen ohne Hochschulkontakt übertragen. Gründerzentren, die meist nicht mehr als ein Bürogebäude oder ein aufgelassenes Fabrikgelände umfassen, bilden oft den Kristallisationskern für ganze Technologie- und Gewerbeparks, in denen sich Unternehmen niederlassen, die für das eigentliche Gründerzentrum zu groß geworden sind.

Als eines der erfolgreichsten Technologiezentren gilt das in Aachen. Allein hier wurden in den vergangenen 20 Jahren rund 4000 Arbeitsplätze geschaffen. Insgesamt gibt es in Deutschland heute rund 200 Gründerzentren. Dort sind annähernd 5000 Unternehmen untergebracht, die zusammen 40000 Menschen beschäftigen. Weitere 60000 Arbeitsplätze entstanden rund um die Technologiezentren.

Eine Umfrage unter den 62 Zentren, die es allein in Nordrhein-Westfalen gibt, erbrachte, daß sie Firmen sehr gut helfen können, die schwierige Startphase zu überstehen. Von den Unternehmen, die außerhalb solcher Zentren ins Leben gerufen werden, müssen im Durchschnitt 50 Prozent in den ersten drei Jahren nach der Gründung aufgeben. Bei den Firmen, die die Betreuung durch Technologiezentren genießen, sind dies nur fünf Prozent.[22] Es lohnt sich mithin, das heute vernachlässigte Konzept neu zu beleben.

Initiativen, Ideen und Ideale

Uns fehlen laut dem Deutschen Industrie- und Handelstag rund 500000 Unternehmer. Existenzgründer brauchen wir freilich nicht nur in glanzvollen High-Tech-Industrien, in Medien, Software und Telekommunikation. Genauso wichtig sind für die Wirtschaft und den Arbeitsmarkt schlichte Handwerker, die den Schritt in die Selbständigkeit unternehmen.

Das aber wird ihnen in der Bundesrepublik unnötig erschwert. Handwerker, die einen eigenen Betrieb aufmachen wollen, brauchen dazu einen Meisterbrief. Allein dafür müssen die angehenden Unternehmer alles in allem leicht 100000 Mark ausgeben – eine hübsche Summe, die ein Handwerksgeselle kaum aus eigenen Ersparnissen aufbringen kann.

Diesen Meisterzwang gibt es in vielen anderen europäischen Ländern nicht. Er wurde auch in Deutschland erst 1935 von den Nationalsozialisten eingeführt. Der Zentralverband des Deutschen Handwerks (ZDH) verteidigt die gesetzliche Auflage mit dem Argument, nur durch die obligaten strengen Meisterprüfungen könnte eine hohe Arbeitsqualität in den späteren Betrieben gewährleistet werden. Die aber sei wiederum Voraussetzung für den dauerhaften Bestand eines Handwerkerbetriebes und damit auch für die Sicherheit der Arbeitsplätze.

Der Berufsverband unabhängiger HandwerkerInnen (BUH) will diesen Meisterzwang aber nun abschaffen. Er wird im zusammenwachsenden Europa zunehmend absurd. Handwerker, die in anderen EU-Staaten mindestens sechs Jahre selbständig waren, können inzwischen auch in der Bundesrepublik einen eigenen Betrieb leiten – völlig ohne Meisterbrief.

«Um sich als deutscher Handwerker selbständig zu machen, könnte es auch reichen, den Gesellenbrief zu machen und drei Jahre in dem Beruf zu arbeiten», sagte die Grünen-Politikerin Margareta Wolf. «Und wer dann Lehrlinge ausbilden will, der sollte eine Ausbildungsprüfung machen.»[23] Tausende und Abertausende neuer Arbeitsplätze könnten auf diese Weise entstehen.

Zu den aktivsten Unternehmensgründern gehören in der Bundesrepublik die ausländischen Arbeitnehmer. So stieg 1997 die Zahl der türkischen Selbständigen um knapp zwölf Prozent auf 47 000. Das ermittelte das Zentrum für Türkeistudien an der Universität Essen.[24]

Türkische Arbeitnehmer machen in der Bundesrepublik keineswegs nur Gemüseläden, Imbißbuden und Änderungsschneidereien auf. Sie gründen ebenso EDV-Firmen, Großhandelsbetriebe und Verlage. Zu den erfolgreichsten deutsch-türkischen Unternehmen gehören der Reiseveranstalter Öger Tours aus Hamburg, das Biotech-Unternehmen Qiagen aus dem rheinischen Hilden und die Textilgruppe Sahinler aus Würselen bei Aachen. Sie alle geben jeweils mehreren hundert Menschen Arbeit.

Insgesamt haben türkische Unternehmer 1997 in der Bundesrepublik 202 000 Personen beschäftigt, annähernd neun Prozent mehr als im Jahr zuvor. Davon waren rund 60000 deutsche Staatsangehörige. Die Förderung ausländischer Existenzgründer kann mithin auch unter der deutschen Bevölkerung die Arbeitslosigkeit spürbar verringern.

Die vielleicht bedeutendste Jobmaschine ist in den USA das Franchising, das Verbreiten erfolgreicher Unternehmenskonzepte durch Lizenzen an lokale Interessenten. Es ist bei uns vor allem bekannt geworden durch angelsächsische Fast-food-Ketten wie Burger King, McDonald's und Pizza Hut. In den USA haben Franchise-Nehmer seit 1990 laut Branchenangaben rund zehn Millionen neue Arbeitsplätze geschaffen.

In Deutschland wurde das Konzept hingegen überhaupt erst Anfang der siebziger Jahre eingeführt. Es findet freilich auch hierzulande zunehmend Anklang. Zu den führenden Franchise-Systemen gehören die Eismann-Gruppe, deren angeschlossene Firmen Tiefkühlkost ins Haus liefern, die Reisebürokette First und Photo Porst.

Selbst Musikunterricht wird schon über Franchising angeboten: Die Firma Fröhlich aus dem Siegerland hat ihr pädagogisches Konzept an 500 selbständige Musiklehrer lizenziert. Sie unterweisen in der ganzen Bundesrepublik mehr als 50000 Kinder an Blockflöte, Geige und Klavier.

Der Deutsche Franchise-Verband ermittelte in einer Umfrage Anfang 1998 in der Bundesrepublik 27000 selbständige Franchise-Unternehmer; jährlich kommen 4000 neue hinzu. Die Franchise-Betriebe beschäftigten 1997 zusammen 280000 Mitarbeiter. Ihre Zahl nimmt pro Jahr um 20000 bis 30000 zu.[25] Würde das Franchising bei uns so populär wie in den USA, könnten in den kommenden Jahren Hunderttausende – freilich mehr oder weniger schlechtbezahlte – Arbeitsplätze entstehen.

Möglichkeiten für Unternehmer gibt es mithin in reicher Zahl. Existenzgründer müssen lediglich, mit gar nicht einmal hohem finanziellem Aufwand, gefördert werden. Dann könnten sie in der Bundesrepublik, wie in den USA, neue Arbeitsplätze und damit eine Zukunft für Millionen von Menschen aufbauen.

Bildung für alle

Das wichtigste Kapital einer Gesellschaft sind gutausgebildete Menschen. Darin stimmen alle Ökonomen überein. Doch in Deutschland geschieht bei weitem nicht genug, um diese Ressourcen immer wieder neu zu bilden. Das ist womöglich das schwerste Versäumnis einer Gesellschaft, die zukünftigen Herausforderungen gewachsen sein will.

Laut dem Bundesforschungsministerium gibt es bei uns drei Millionen Analphabeten. Andere Quellen sprechen sogar von vier Millionen Menschen, die nicht in der Lage sind, richtig zu lesen und zu schreiben. «Ihnen fehlt die Grundqualifikation dafür, in unserer Gesellschaft mitarbeiten zu können», stellt Traugott Schöfthaler fest, Generalsekretär der Deutschen Unesco-Kommission. Und es wird nichts getan, um den Bildungsskandal abzustellen. Von den drei bis vier Millionen Analphabeten besuchen jährlich nur 20000 sogenannte Alphabetisierungskurse an den Volkshochschulen.[26]

An den höheren Schulen sieht es ebenfalls düster aus. Das ergab ein internationaler Leistungsvergleich, die Third International Mathematics and Science Study (Tims). An der Untersuchung, die im Mai 1998 vorgestellt wurde, nahmen 550000 Schüler aus 45 Ländern teil. Wilfried Bös vom Max-Planck-Institut für Bildungsforschung in Berlin faßt die Ergebnisse in einem Satz zusammen: «Wie man es auch dreht und wendet, Deutschlands Schüler kommen im internationalen Vergleich nicht über einen Mittelplatz hinaus.»[27]

Was Hänschen nicht lernt …

Die Bundesrepublik wendet augenscheinlich zuwenig für Erziehung und Ausbildung auf. Die OECD, die Organisation für wirtschaftliche Zusammenarbeit und Entwicklung in Paris, stellte in ihrem Bildungsbericht Ende 1997 fest: Deutschland gab 1995 nur 5,8 Prozent des Inlandsprodukts für Bildung aus. Anderen Ländern ist die Zukunft ihrer jungen Bürger mehr wert, zum Beispiel Frankreich, Kanada und den USA. Laut dem Deutschen Institut für Wirtschaftsforschung sind die Bildungsausgaben seit den siebziger Jahren deutlich langsamer gestiegen als die wirtschaftliche Leistung der Bundesrepublik.[28] Es fehlt freilich nicht allein an Geld. Obendrein werden in Deutschland viel zu langsam die rechtlichen Voraussetzungen für die Ausbildung in neuen Berufen geschaffen.

Die Informationstechnik und ihre begleitenden Dienstleistungen zählen heute auch in Deutschland zu den expansivsten Branchen. Dort entstehen jährlich bis zu 100 000 neue Arbeitsplätze. Gefragt sind hier aber nicht nur Hochschulabsolventen. Die Informationswirtschaft benötigt ebenso Fachkräfte mit mittlerem Qualifikationsniveau – von EDV-Kaufleuten und IT-Technikern bis zu Screen-Designern und Webmastern für das Internet.

Die Bundesrepublik tut sich jedoch schwer, die geforderten neuen Berufsbilder und Ausbildungsgänge festzulegen. Erst 1996 und 1997 wurden sechs neue Ausbildungsberufe für audiovisuelle Medien sowie Informations- und Telekommunikationstechnik staatlich anerkannt.

In den Call Centers, die sich seit Anfang der neunziger Jahre auch in Deutschland ausbreiten, arbeiteten 1998 bereits 150 000 Menschen. Eine geregelte Ausbildung gab es hierfür lange Zeit nicht. Erst im Sommer 1998 legten die ersten Absolventen speziell eingerichteter Lehrgänge Prüfungen vor den Industrie- und Handelskammern ab.[29]

Ebenso dramatisch wie in Grundschulen, Gymnasien und Berufsschulen droht der Bildungsnotstand an den deutschen Universitäten zu werden. In der Bundesrepublik werden weit weniger Informatiker, Ingenieure und Naturwissenschaftler ausgebildet, als die Industrie benötigt. Der zart sprießende Aufschwung droht am wachsenden Mangel hochqualifizierter Kräfte zu scheitern. «Wir sind dabei, uns das Genick zu brechen», klagt Eberhard Reuther, neuer Präsident des Verbandes Deutscher Maschinen- und Anlagenbau. Die Maschinen- und Anlagenbauer brauchen zwar immer weniger Facharbeiter. Doch der Bedarf an Hochschulabsolventen schwillt stark an. «Wir haben heute 70 Prozent mehr Ingenieure in den Betrieben als vor zehn Jahren», sagt Reuther.[30]

Das deutsche Hochschulsystem ist auf den explodierenden Bedarf in keiner Weise vorbereitet. Statt zu steigen, sinken die Absolventenziffern in den technischen und naturwissenschaftlichen Studiengängen. 1998 haben sich rund zwei Drittel weniger Studenten in Ingenieurwissenschaften eingeschrieben als 1990. Vor allem in der Informatik wird nur ein Bruchteil der benötigten Spezialisten ausgebildet. Experten wie Hermann-Josef Lamberti, Ex-Chef von IBM Deutschland, schätzen, daß in der Bundesrepublik bis zu 75 000 freie Stellen für Informatiker nicht zu besetzen sind.

Falsch programmiert

Unter dem Nachwuchsmangel leiden vor allem kleine Firmen. Sie können den begehrten Hochschulabsolventen nicht so hohe Gehälter und eine so große Beschäftigungssicherheit bieten wie Großunternehmen. Doch nicht nur Daimler-Chrysler, SAP und Siemens suchen jährlich Tausende von Hochschulabgängern. Auch die kleine Elektronikfirma aus Westfalen, der wagemutige Internet-Spezialist aus Thüringen und der expandierende Roboterhersteller aus Franken brauchen gutausgebildete Ingenieure und Informatiker. Sie werden sie in Zukunft kaum noch finden.

Wenn die Arbeitsplätze für Hochschulabsolventen nicht besetzt werden können, dann hat das auch Auswirkungen auf andere Jobs: Die Unternehmen brauchen dann ebenfalls keine Buchhalter, Putzleute und Sekretärinnen. «Es kann nicht sein, daß wir den Schwung im Arbeitsmarkt verlieren, nur weil unser Bildungssystem nicht in die Gänge kommt», jammert Jörg Menno Harms, Deutschland-Chef des Elektronikkonzerns Hewlett-Packard und Vorsitzender des Fachverbands Informationstechnik.[31]

Wie für die Bildung tut Deutschland ebenfalls viel zu wenig für die Forschung. 1994 wandten Staat und Wirtschaft zusammen lediglich 2,3 Prozent des Sozialprodukts für Forschung und Entwicklung auf. In den USA beträgt diese Quote 2,5 Prozent, in Japan 2,8 und in Schweden sogar 3,3 Prozent.[32]

Obendrein herrschen in der öffentlichen Forschungsförderung Mißwirtschaft und Verschwendung. 1997 gab das Bundesforschungsministerium allein 1,2 Milliarden Mark – acht Prozent seines gesamten Etats – für die beiden Großforschungsinstitute in Jülich und Karlsruhe aus. Die einstigen Kernforschungszentren waren ursprünglich für die Entwicklung des Hochtemperaturreaktors und des Schnellen Brüters verantwortlich, zwei Totgeburten der deutschen Atomindustrie. Nun versuchen die Großforschungseinrichtungen, bislang ohne nachhaltigen Erfolg, neue Forschungsfelder zu finden.

Das Forschungsministerium muß seine Aufgaben klarer definieren. Neben der sogenannten Neugierforschung («Was hält die Welt im Innersten zusammen?»), also der reinen Grundlagenforschung, sollte der Staat vor allem die Vorsorgeforschung finanzieren. Diese ist darauf ausgerichtet, Gefahren zu bekämpfen, die die ganze Gesellschaft bedrohen, wie etwa Aids, Krebs oder Treibhauseffekt.

Und es gibt noch ein drittes Feld, auf dem der Staat die Forschung fördern muß – völlig neue, aber künftig industrierelevante Technologien. Bei grundlegenden Innovationen ist im allgemeinen schwer abzusehen, in welchen Branchen die Entdeckungen einmal nutzbringend angewandt werden können. Solche Neuerungen übersteigen in der Regel den geistigen und zeitlichen Horizont von kommerziellen Unternehmen. Deswegen muß sich der Staat darum kümmern. In seinen Aufgabenbereich fallen die Technologien von übermorgen; für jene von morgen ist die private Wirtschaft zuständig.

In Deutschland hat die öffentliche Forschungsförderung diese Arbeitsteilung aber vielfach mißachtet. Der Staat gab Milliarden aus, damit deutsche Firmen den Computer noch einmal erfinden konnten. Und der Magnetschwebebahn Transrapid wurden Unsummen spendiert, obwohl dies ein relativ marktnahes Produkt ist, das in die Zuständigkeit der freien Wirtschaft, nicht des Staates gehört. Entweder hat der Transrapid eine Zukunft. Dann sollten private Unternehmen die Fortentwicklung der Magnetschwebebahn finanzieren; bauen wollen ihn ja finanzkräftige Konzerne wie Adtranz, Siemens und Thyssen. Oder er hat keine – dann soll und darf ihn auch der Staat nicht mit Subventionen zu retten versuchen.

Die öffentliche Forschungsförderung sollte sich besser auf zukunftswichtige Querschnittstechnologien konzentrieren – von alternativen Energiequellen über Mikrostrukturtechnik bis hin zu neuen Werkstoffen. In der Umwelttechnik sind deutsche Unternehmen heute – noch – führend. Sie drohen ihre internationale Spitzenposition allerdings in Zukunft zu verlieren: Bei den Patentanmeldungen fallen die Deutschen hinter ihre amerikanischen und japanischen Konkurrenten zurück. Ein Grund dafür besteht darin, daß die Umweltfirmen – meist kleine und mittelgroße Betriebe – zuwenig Kontakt zu Forschungsinstituten haben. In der Förderung und im Transfer von innovativen Umwelttechnologien läge daher eine zentrale Zukunftsaufgabe des Forschungsministeriums.

In den Aufschwung steuern

Kaum ein deutscher Industriezweig ist so arg von der Arbeitslosigkeit betroffen wie der Bau. In der Bundesrepublik gab es 1998 rund 1,3 Millionen Bauarbeiter. Davon waren im Frühjahr rund 400 000 arbeitslos gemeldet. Das entspricht einer Quote von 30 Prozent – während in der gesamten Erwerbsbevölkerung 1998 elf Prozent der Menschen ohne Arbeit waren.

An der Misere trägt nicht allein die schwere Rezession schuld, die den Bau nach dem kräftigen Aufschwung infolge der deutschen Einheit heimgesucht hat. Denn während 400 000 Bauarbeiter zu Hause unbeschäftigt auf die nächste Zahlung des Arbeitsamtes warten, schuften auf den Baustellen in der Bundesrepublik Heerscharen von Arbeitssklaven, von Schwarzarbeitern, von illegal Beschäftigten aus dem In- und Ausland. Ihre Entlohnung ist unendlich viel geringer als die der legal nach deutschen Tarifen bezahlten Maurer, Polierer und Betonverschaler.

Sind deutsche Bauarbeiter zu teuer? Das kommt auf den Blickwinkel an. Von oben gesehen ja, von unten keineswegs. Im Mittel kostet ein Bauarbeiter den Unternehmer pro Stunde, einschließlich aller Nebenkosten, 54,52 Mark. Das ist, wie der Zentralverband des Deutschen Baugewerbes klagt, international ein Spitzenwert.

Doch der gute Maurer merkt davon nichts. Ihm zahlt der Bauunternehmer lediglich 14,77 Mark je Stunde aus. Den Rest von 39,75 Mark behält – der Staat.[33] Von den 54,52 Mark, die dem Unternehmer eine Arbeitsstunde insgesamt kostet, erhält ein Bauarbeiter mithin bloß 27 Prozent, nicht viel mehr als ein Viertel. Den ganzen Rest von 73 Prozent fressen die Lohnsteuer auf, die der Arbeitnehmer zu zahlen hat, sowie die Beiträge zu den gesetzlichen Sozialversicherungen, die Arbeitgeber und Arbeitnehmer sich teilen müssen.

Das deutsche Steuer- und Abgabensystem ist augenscheinlich völlig aus dem Lot geraten. Insgesamt sind zwar die Steuern und Abgaben in der Bundesrepublik, wie oben schon dargelegt wurde, keineswegs sehr hoch – im Gegenteil. Von den 15 führenden Industrieländern haben lediglich vier eine niedrigere Steuerquote (Anteil der Steuern am Sozialprodukt) als die Bundesrepublik. In allen anderen ist die Steuerlast drückender.

Doch das deutsche Steuer- und Abgabensystem hat schwere Mängel, die ernsthafte Hindernisse für den wirtschaftlichen Aufschwung und den Abbau der Arbeitslosigkeit bilden. Die deutschen Steuergesetze sind chaotisch und ungerecht. Es gibt zu viele Ausnahmen für findige Trickser. Die Steuern setzen oft an der falschen Basis an. Die Sozialabgaben sind zu hoch, weil versicherungsfremde Leistungen auf die Sozialkassen abgewälzt wurden. Eine tiefgreifende Reform tut not.

Sozialabgaben senken

Die Beiträge zu den Arbeitslosen-, Renten- und Krankenversicherungen haben astronomische Höhen erreicht. Die Arbeitgeber- und Arbeitnehmerbeiträge zu den Sozialkassen kletterten in den vergangenen Jahren auf Spitzenwerte von zusammen 42 Prozent der Bruttolöhne und -gehälter.

Dies macht die Arbeit international zu teuer. Vor allem für kleine und mittlere Unternehmen, die oft personalintensiver arbeiten als Konzerne, sind die Sozialabgaben vielfach kaum noch zu tragen. Bei Sätzen von 42 Prozent verzichten sie darauf, zusätzliche Arbeitskräfte einzustellen, die sie eigentlich benötigen.

Die Abgaben sind so steil in die Höhe geschossen, weil der Staat die Kosten der deutschen Einheit durch schamlosen Griff in die Sozialkassen finanziert hat. Diese versicherungsfremden

Leistungen sollten künftig besser aus Steuertöpfen finanziert werden. Die Unternehmen würden von Nebenkosten entlastet und könnten mehr Arbeitskräfte beschäftigen.

Das System der Einkommen- und Gewinnsteuern vereinfachen

Nominell sind die Steuern auf Einkommen und Gewinne in Deutschland sehr hoch. Die Grenzsteuersätze, die auf Spitzeneinkommen entrichtet werden müssen, liegen auf internationalem Rekordniveau.

Dies ist aber bestenfalls die halbe Wahrheit. Das deutsche Steuerrecht hält eine Fülle von Ausnahmen und Schlupflöchern bereit, die auch Experten nicht mehr überblicken. Oben wurde schon gezeigt, wie deutsche Großunternehmen es verstehen, die effektiv gezahlten Steuern weit unter die nominellen Sätze zu drücken – völlig legal.

Auch bei den persönlichen Einkommen gibt es vielfältige Möglichkeiten, Steuern zu vermeiden. Besonders beliebt waren bei den Besserverdienenden in jüngster Zeit steuerbegünstigte Investitionen in Immobilien in Ostdeutschland oder Schiffs- und Flugzeugbeteiligungen, bei denen mittels Verlustzuweisungen das steuerpflichtige Einkommen auf den Grenzwert Null heruntergerechnet werden kann.

Finanzpolitiker bedenken oft nicht, welche psychologischen Wirkungen hohe Steuern haben. Bei einem Steuersatz von 25 Prozent zahlen die meisten Menschen klaglos, was der Fiskus von ihnen haben will. Klettert die Quote jedoch, wie bei unseren Grenzsteuersätzen, über 50 Prozent hinaus, dann leisten viele Einkommensbezieher erbitterten Widerstand. Selbst gesetzestreue Bürger bekommen das Gefühl, der Staat wolle sie ausrauben. Sie haben daher nicht das mindeste Unrechtsbewußtsein, wenn sie Steuern hinterziehen.

Laut der Deutschen Steuergewerkschaft haben die Deutschen bereits 600 Milliarden Mark nach Luxemburg, Liechtenstein und in andere Steuerparadiese geschafft, um hier keine Zinsertragsteuern zahlen zu müssen. Diese Steuerflüchtlinge bringen den Staat um jährliche Einnahmen von 20 bis 30 Milliarden Mark. Vor allem aber wird das Kapital, das in ausländischen Banken gebunkert ist, nicht in arbeitsplatzschaffende Investitionen gesteckt.

Das Bundesfinanzministerium schätzt: Von allen in Deutschland erzielten Einkommen wird lediglich die Hälfte legal und in voller Höhe versteuert. Ein Viertel der Besteuerung wird – legal – durch steuerbegünstigte Kapitalanlagen oder durch die Verlegung des Wohnsitzes in Steueroasen entzogen. Ebenfalls ein Viertel wird rechtswidrig hinterzogen.[34]

Die irrwitzigen Steuerschlupflöcher müssen gestopft, die Ausnahmeregelungen rigoros abgeschafft werden. Auf der anderen Seite können dann die Steuersätze für alle Einkommen kräftig gesenkt werden. Niedrigere nominelle Steuern, die *für alle* gelten, bieten in jeder Hinsicht Vorteile: Sie sind gerechter, sie fördern die Steuerehrlichkeit, sie bieten Anreize für mehr Leistung, und sie verlocken zu mehr Investitionen in Deutschland.

Das gleiche gilt für die Besteuerung von Unternehmensgewinnen. Körperschaftssteuern und andere Abgaben, die Kapitalgesellschaften auf ihre Gewinne abführen müssen, betragen laut dem Bundesfinanzministerium nominell 48 Prozent. (Industrievertreter, die anders rechnen, kommen, wie oben erwähnt, sogar auf noch höhere Werte). Das ist der zweithöchste Satz in der Europäischen Union.

Die Besteuerung der Gewinne könnte durchaus auf den europäischen Durchschnitt von ungefähr 35 Prozent oder sogar darunter gesenkt werden – wenn die elenden Möglichkeiten der Steuertüftelei und -trickserei auch für die Unternehmer konsequent abgeschafft würden.

Die Mehrwertsteuer erhöhen

Die Entlastung der Sozialkassen von versicherungsfremden Leistungen und ihre Übertragung an den Staat belastet natürlich die öffentlichen Haushalte. Es gibt aber Möglichkeiten einer ökonomisch und sozial weitgehend unschädlichen Gegenfinanzierung, nämlich durch eine Erhöhung der Mehrwertsteuer, die in Deutschland beträchtlich niedriger ist als in fast allen anderen Ländern der EU.

Eine maßvolle Erhöhung der Mehrwertsteuer in mehreren kleinen Schritten hat kaum negative Folgen für den Verbrauch und damit die Konjunktur. Als die Steuer zum 1. Mai 1998 um einen Prozentpunkt auf 16 Prozent stieg, wurden dadurch die Umsätze im Einzelhandel kaum beeinträchtigt.

Ökologische Steuerreform vorantreiben

Neben der Mehrwertsteuer könnten ebenfalls Umweltsteuern zur Gegenfinanzierung gesenkter Sozialabgaben herangezogen werden. Ökosteuern könnten sich überdies sehr günstig auf die Beschäftigung niederschlagen. Das zeigt beispielsweise eine Simulationsrechnung, die Professor Bernd Meyer von der Universität Osnabrück 1997 vorgelegt hat. Die Ökosteuern sind in diesem Modell so angelegt, daß der Benzinpreis bis 2005 pro Liter allmählich auf 3,40 Mark steigt und die Stromtarife auf 37 Pfennig pro Kilowattstunde. Dadurch entstünden jährliche Einnahmen von zunächst 6,8 Milliarden Mark. Im Jahr 2005 würde das Aufkommen aus der Ökosteuer dann freilich auf 221 Milliarden Mark klettern. Laut den Modellannahmen soll diese Summe gänzlich dazu verwendet werden, die Arbeitgeberbeiträge zur Sozialversicherung zu senken. Diese könnten sich im Jahr 2005 halbieren. Dank der sinkenden Lohnzusatzkosten würden die Unternehmer in reicher Zahl neue Stellen schaffen.

Die Untersuchung der Universität Osnabrück, die von der Volkswagen-Stiftung finanziell unterstützt wurde, gelangt zu dem Schluß: Mit einem Benzinpreis von 3,40 Mark pro Liter und einer entsprechenden Verteuerung anderer Energien ließen sich bis zum Jahr 2005 in der Bundesrepublik 1,5 Millionen zusätzliche Arbeitsplätze schaffen.

Zu ähnlichen Ergebnissen kam das Deutsche Institut für Wirtschaftsforschung in Berlin in verschiedenen Studien. In seinem jüngsten, 1997 vorgestellten Modell ging das DIW davon aus, daß die Wirtschaft aus politischen Gründen nur sehr gering mit Energiesteuern belastet werden könne.

Auch unter dieser einschränkenden Voraussetzung ergab die Simulationsrechnung, daß Ökosteuern in der Bundesrepublik mehrere hunderttausend neue Jobs schaffen könnten. Das DIW zog das Resümee: «Auf den Einstieg in eine ökologische Steuerreform sollte keineswegs verzichtet werden.»[35]

Subventionen für Niedriglöhne testen

Der Umbau der Industriegesellschaft zur Dienstleistungsökonomie wird aller Voraussicht nach zu einer scharfen Differenzierung der Löhne und Gehälter führen. Der relativ gut bezahlte Facharbeiter stirbt aus. An seine Stelle treten einerseits hochqualifizierte Arbeitskräfte mit entsprechend guter Vergütung, andererseits aber Service-Kräfte, deren Löhne oft an der Grenze zur Sozialhilfe liegen.

So verdienen in der Autoindustrie, eine der heute am besten zahlenden Branchen in der Bundesrepublik, gewerbliche Arbeitnehmer im Schnitt gut 5000 Mark pro Monat und mehr. Die Hamburger Flipper der Fast-food-Ketten aber bekommen bloß rund 2000 Mark im Monat. Ihnen stehen junge Software-Ingenieure gegenüber, die schon in den ersten Berufsjahren leicht auf ein monatliches Salär von 10000 Mark kommen.

Die «Lohnspreizung», die konservative Ökonomen und Interessenvertreter der Wirtschaft fordern, ist ja in der deutschen Wirtschaft längst Realität. Laut einer Aufstellung, die 1997 im Düsseldorfer *Handelsblatt* veröffentlicht wurde, betrug zum 31. Dezember 1996 in Nordrhein-Westfalen die monatliche Grundvergütung für Schlossergesellen 2910 Mark, für Autoverkäufer 2735 Mark und für Friseure 2485 Mark. Junge Verkäufer im Einzelhandel bekamen 2268 Mark, Haushaltshilfen 1514 Mark und Hotelpagen eine monatliche Grundvergütung von 1319 Mark.[36]

Tiefer können die Löhne ja wohl kaum gesenkt werden. Selbst wenn Discount-Gehälter die Unternehmen dazu bewegen, weitere Mitarbeiter einzustellen, würden die über kurz oder lang wohl Hungers sterben.

Andererseits aber gibt es in der Bundesrepublik, wie oben erwähnt wurde, in Gastronomie, Handel und verwandten Dienstleistungsbranchen im Vergleich zu anderen westlichen Ländern wie den USA eine Beschäftigungslücke von mehreren Millionen Jobs für geringfügig qualifizierte Mitarbeiter. Um diese Lücke zu schließen, sind von verschiedener Seite staatliche Lohnzuschüsse vorgeschlagen worden.

Die Grundidee besteht darin, daß der Markt zwar bestimmt, zu welchem Lohn gearbeitet wird, daß die Billigstlöhne dann aber aus öffentlichen Kassen aufgestockt werden, bis sie das Existenzniveau erreicht haben. Der amerikanische Nationalökonom Paul Krugman, Professor am Massachusetts Institute of Technology (MIT), sagt: «Sogar in den Vereinigten Staaten, die als extrem sparsam bekannt sind, gibt es ein Programm, mit dem die Einkommen der niedrigsten Lohngruppen vierzig Prozent über den tatsächlichen Lohn angehoben werden: eine Art negative Einkommensteuer. Mir wäre es lieber, wenn wir dabei noch großzügiger wären. Diese Zuschüsse laufen in dem Maße stufenweise aus, wie die Begünstigten es dann doch eben schaffen, mehr zu verdienen.»[37]

Lohnsubventionen sind freilich nicht unumstritten. Sie könnten dazu führen, daß bislang regulär nach Tarif bezahlte Arbeitnehmer durch Billigst-Arbeitskräfte verdrängt werden. Die Unternehmen könnten darauf vertrauen, daß ihre Lohndrückerei auch noch vom Staat belohnt würde. Deswegen lehnen die Gewerkschaften DAG, IG Metall und ÖTV die Kombilöhne aus privaten Niedriglöhnen und staatlichen Zuschüssen strikt ab.

Auch Arbeitgeberpräsident Dieter Hundt glaubt, daß Lohnsubventionen nur eine Nischenlösung sind. Mit Kombilöhnen könnten aber Langzeitarbeitslose und Sozialhilfeempfänger wieder in den Arbeitsprozeß eingegliedert werden. Sie wären möglicherweise besser geeignet als herkömmliche arbeitsmarktpolitische Maßnahmen wie ABM und die speziell auf die jungen Bundesländer zugeschnittenen Gesellschaften zur Arbeitsförderung, Beschäftigung und Strukturentwicklung (ABS). Diese haben sich im allgemeinen nicht als sehr effizient und wirksam erwiesen.

Aus diesem Grund plädiert das Institut für Wirtschaftsforschung Halle (IWH) – trotz aller Bedenken und Vorbehalte – dafür, die Kombilöhne zunächst regional begrenzt einzuführen.[38] Nur in einem solchen Großversuch läßt sich herausfinden, ob Lohnsubventionen nachhaltig Arbeitsplätze schaffen können und mit welchen Vorkehrungen sich der Mißbrauch zwecks Lohndrückerei verhindern ließe.

Die Nachfrage stimulieren

Auf ein wichtiges Instrument der Beschäftigungspolitik hat die Bundesrepublik in den zurückliegenden Jahren ganz verzichtet – die Ankurbelung der Konjunktur durch staatliche Investitionen und vor allem durch billige Kredite. Harsche Kritik übt daran der amerikanische Nobelpreisträger James Tobin, einer der angesehensten Nationalökonomen der Welt. Er sagt:

«Deutschland hat gar nicht erst versucht, die Arbeitslosigkeit durch eine Stimulierung der Nachfrage zu bekämpfen. Statt dessen wird (in der Bundesrepublik) immer wieder behauptet, die Arbeitslosigkeit sei ein strukturelles Problem und das könne durch eine Stärkung der Nachfrage nicht gelöst werden. Wie kann man das wissen, wenn man es nicht versucht hat?»[39]

Tobins Kollege Krugman ist ebenfalls der Ansicht, die Arbeitslosigkeit könne in Deutschland durch eine staatlich stimulierte Nachfrage um annähernd einen Prozentpunkt reduziert werden. Dazu müßten vor allem die Zinsen gesenkt werden.

Doch dies ist keine leichte Aufgabe. Denn für die Zinspolitik ist nun nicht mehr die Bundesbank, sondern die Europäische Zentralbank zuständig. Und die steht unter politischem Druck, den Euro stabil zu halten. Er soll keineswegs weicher werden, als es die Mark war. Möglicherweise wird die Europäische Zentralbank deswegen eine strengere Zinspolitik verfolgen als die Bundesbank – zum Nachteil der Beschäftigung in Deutschland und ganz Europa.

Schlußkapitel

Die Wiedereinsetzung der Politik

Von den richtigen politischen Entscheidungen wird es abhängen, ob die zunehmende Integration der Weltwirtschaft den Deutschen und allen Europäern zum Vorteil gereicht oder nicht. Auf den Punkt gebracht, bedeutet Globalisierung nichts anderes als den weltweiten Sieg des Marktes, der freien Konkurrenz.

Bis weit in die achtziger Jahre hinein hatten nur die wenigsten Länder der Erde ein ökonomisches System, das sich als echte Marktwirtschaft bezeichnen ließ. Dann aber fiel die Mauer; fast alle ehedem kommunistischen Länder bekehrten sich zum Kapitalismus. Auch viele Entwicklungsländer wie Indien, die sich einst weitgehend vom Weltmarkt abgeschottet hatten, begannen ihre Volkswirtschaften zu liberalisieren.

Die weltweite Ausbreitung der freien Marktwirtschaft ist für die alten Industriestaaten ebenso chancenreich wie riskant. Ihnen entstanden in den Schwellenländern neue Konkurrenten, zugleich aber auch neue Absatzmärkte für ihre Erzeugnisse. Kaum ein Land hat vom globalen Siegeszug des Kapitalismus so sehr profititiert wie die Bundesrepublik. Unsere Exporte und Handelsüberschüsse klettern von Jahr zu Jahr auf neue Rekordmarken. Hätten wir in den vergangenen Jahren die Ausfuhren nicht anhaltend steigern können, wäre das Sozialprodukt stagniert oder sogar geschrumpft. Allein die Exporte, nicht die Binnennachfrage, geben der deutschen Volkswirtschaft in der zweiten Hälfte der neunziger Jahre Wachstumsimpulse.

Können wir also alles beruhigt dem (globalen) Markt überlassen? Der Triumph des Kapitalismus hat nicht allein im einstigen Ostblock auf beeindruckende Weise produktive Kräfte freigesetzt. Auch im Westen wurde deutlich, daß viele staatliche Regulierungen die Entfaltung der Wirtschaft behindern. Völlig verfehlt aber wäre es, den Primat der Politik durch die Diktatur des Marktes abzulösen. Das würde nicht nur die Demokratie gefährden, sondern auch den Wohlstand.

Die Globalisierung schlägt, wie konstatiert, alles in allem in beträchtlichem Maße zum Vorteil der deutschen Volkswirtschaft aus. Doch wovon die Gesellschaft im ganzen profitiert, das nutzt nicht jedem einzelnen. Die Politik muß die gravierenden Verwerfungen korrigieren, die die internationale Herrschaft des Marktes allüberall hervorruft. Dieser ist zwar wesentlich leistungsfähiger als die Planwirtschaft, aber keineswegs perfekt. Der Staat ist auf mindestens sechs Gebieten gefordert:

1. Löhne: Die Integration der Schwellenländer und der Reformstaaten Osteuropas in die Weltwirtschaft hat dazu geführt, daß das internationale Angebot an mäßig und gering qualifizierten Arbeitskräften dramatisch gestiegen ist. Andererseits nimmt die Nachfrage nach hochqualifizierten Fachkräften in den Industriestaaten stetig zu. Diese können höhere Gehälter verlangen; jene aber müssen sich zu niedrigeren Löhnen verdingen, um sich auf dem Arbeitsmarkt halten zu können.

Die Einkommensschere zwischen niedrig- und hochqualifizierten Arbeitskräften scheint sich in den Industrieländern unaufhaltsam zu öffnen. Darauf deuten empirische Untersuchungen von Ökonomen aus Großbritannien und den USA wie Robert H. Frank, Edmund S. Phelps und Adrian Wood hin.[1] Verhältnismäßig gut bezahlte Facharbeiter sind zunehmend wenig gefragt. Statt dessen suchen die Unternehmen einerseits hochbezahlte Ingenieure, andererseits niedrigstentlohnte Servicekräfte.

Eine zunehmende Kluft zwischen Arm und Reich ist aber politisch nicht hinnehmbar. Eine wachsende Verelendung breiter Bevölkerungsschichten dämpft überdies die Binnennachfrage und gefährdet damit das Wirtschaftswachstum. Amerikanische Ökonomen wie Paul Krugman, Edmund S. Phelps und der Nobelpreisträger James Tobin fordern deshalb staatliche Lohnsubventionen, um den sozioökonomischen Abstieg geringqualifizierter Arbeitskräfte zu bremsen.

2. *Strukturpolitik:* Nicht nur sozial, auch geographisch führt die Globalisierung zur wirtschaftlichen Spaltung. Viele arbeitsintensive Industriezweige mit relativ anspruchslosen Technologien verabschieden sich vom Standort Deutschland. Dazu gehörten in der Vergangenheit beispielsweise die Werften an Nord- und Ostsee, die Kameraproduktion, die in Braunschweig konzentriert war, und die Textilindustrie, die vor allem in strukturschwachen Regionen Nord- und Süddeutschlands stark vertreten war.

Andererseits hat die Globalisierung natürlich in beträchtlichem Maße neue Arbeitsplätze in Deutschland entstehen lassen, etwa in der Software-Industrie. Doch die EDV-Firmen haben ihren Sitz selten dort, wo die meisten Arbeitsplätze verlorengegangen sind.

Mithin muß der Staat versuchen, neue Betriebe in die strukturschwachen, entindustrialisierten Gebiete zu locken. Empfehlenswert ist die Ansiedelung von «industriellen Kernen», von Unternehmen, die zahlreiche Zulieferbetriebe in unmittelbarer Nachbarschaft benötigen und so starke Entwicklungsimpulse in einer Region auslösen können. Dazu zählen etwa Auto-, Elektro- und Maschinenbauindustrie.

3. *Forschung:* Die Globalisierung fördert in den Unternehmen den Tunnelblick. Angesichts des zunehmend scharfen Wettbewerbs konzentrieren zwar viele Industriebetriebe ihre Forschungs- und Entwicklungs-Ressourcen auf die Arbeit an neuen Produkten. Sie denken dabei aber nur an heute, bestenfalls an morgen. Die Erforschung und Entwicklung von Technologien

für übermorgen verlieren die von den Konkurrenten gehetzten Firmen dagegen aus dem Blick. Auf dem Weltmarkt wird sich die deutsche Industrie jedoch nur behaupten können, wenn sie auch in Zukunft hochinnovativ ist. Die Förderung der Grundlagenforschung ist daher eine zentrale Aufgabe des Staates.

4. *Umwelt:* Längst sind ökologische Standards zu Parametern im globalen Wettbewerb geworden. Junge Industriestaaten und Schwellenländer locken mit laxen Umweltgesetzen Schmutzindustrien an. Um die unfaire Standortkonkurrenz zu beseitigen, sollten die Regierungen der Industrieländer in den internationalen Gremien darauf hinwirken, daß die Emissionsnormen in den weniger entwickelten Staaten Schritt für Schritt internationalen Standards angepaßt werden. Mit dem Export deutscher Umweltgesetze könnte die Bundesregierung auf elegante Weise auch die Ausfuhr umwelttechnischer Produkte fördern, die bereits den relativ strengen deutschen Normen genügen.

5. *Wettbewerb:* Die zusammenwachsende Weltwirtschaft hat eine beispiellose Fusionswelle ausgelöst. Vor allem in Automobilbau, Computerindustrie, Finanzwesen, Luftfahrt, Medienwirtschaft, Ölindustrie, Pharmazie und Telekommunikation schließen sich Unternehmen zu transnationalen Konzernen zusammen, die von beliebigen, wechselnden Standorten aus die gesamten Weltmärkte beherrschen können.

So rechnen Insider damit, daß sich in der Automobilindustrie die Zahl der unabhängigen Anbieter in den kommenden Jahren auf weltweit nur noch acht oder neun halbieren wird. Es sind Giganten wie General Motors mit Produktionsgesellschaften in Australien, Brasilien, Belgien, Deutschland, China, Großbritannien, Korea, Mexiko, Polen und vielen anderen Ländern.

Gegen internationale Kartelle und Fusionen sind die nationalen Wettbewerbsbehörden weitgehend machtlos. Theoretisch hat das deutsche Kartellamt zwar rechtliche Handhaben, auch gegen Beschränkungen des Wettbewerbs vorzugehen, die ihren Ursprung außerhalb der Bundesrepublik haben. Ähnliches gilt für das Europäische Kartellamt in Brüssel.

Als in Amerika die beiden Flugzeughersteller Boeing und McDonnell Douglas miteinander fusionierten, hatten auch in Europa die Luftfahrtgesellschaften plötzlich nur noch die Möglichkeit, ihre Verkehrsmaschinen entweder bei Airbus oder bei dem neuen US-Konzern zu bestellen. Deswegen durfte Brüssel die Auswirkungen der Fusion mit einigen Auflagen begrenzen. Verhindern konnte die EU den Zusammenschluß freilich nicht. Das hätte die Souveränität eines fremden Staates, der USA, verletzt.

Dieter Wolf, Präsident des Bundeskartellamtes, fordert daher die Einrichtung einer internationalen Wettbewerbsbehörde. Nur mit einem Weltkartellamt ließen sich multinationale Oligopole und Kartelle wirksam kontrollieren. Völlig ungeklärt aber ist, wie eine solche globale Behörde zustande kommen könnte.

6. Kapitalverkehr: Asiens verheerende Finanzkrise hat den Weltmarkt für Kapital ins Chaos gestürzt. Statt Jahr für Jahr Abermilliarden in die jungen Industrieländer zu pumpen, ziehen die Investoren aus dem Westen jetzt ihre Gelder in beängstigendem Maße ab. Der Nationalökonom Richard Cooper von der amerikanischen Harvard University schätzt, daß von Anfang 1997 bis Mitte 1998 rund 400 Milliarden Dollar aus den Schwellenländern abgezogen bzw. nicht wie ursprünglich geplant investiert wurden. Länder wie Brasilien sahen sich gezwungen, die internationale Gemeinschaft um riesige Unterstützungskredite anzubetteln. Rußland fror die Rückzahlung von Auslandsschulden ein. Zugleich verbot das Land, ebenso wie Malaysia, die Ausfuhr von Kapital, um den Abzug von Investitionsmitteln zu stoppen.

Die auf dem ganzen Globus ausbrechenden Finanzkrisen ließen schließlich auch die Aktienkurse weltweit implodieren. Der Deutsche Aktienindex (Dax), der bereits im Januar 1998 einen historischen Höchststand erreicht hatte, stieg irrwitzigerweise bis Mitte Juli abermals um rund 50 Prozent. Der Crash, der dann folgte, war absehbar gewesen: Binnen acht Wochen fiel der Dax auf den Stand zu Jahresbeginn zurück.

Zugleich sahen sich 16 Banken, darunter auch deutsche Kreditinstitute, gezwungen, den amerikanischen Investmentfonds Long-Term Capital Management (LTCM) mit insgesamt 3,5 Milliarden Dollar vor dem Zusammenbruch zu bewahren. Anders als der Name nahelegen würde, hatte LTCM keine langfristige Kapitalanlage betrieben, sondern in größtem Maßstab mit sogenannten Derivaten spekuliert; dies sind grob gesprochen nichts anderes als Wetten darauf, daß bestimmte Kurse von Aktien, Devisen oder Rohstoffen fallen beziehungsweise steigen. Mit einem Einsatz von 2,3 Milliarden Dollar eigenem Kapital hatte LTCM Kredite von 120 Milliarden Dollar aufgenommen und damit Derivate-Geschäfte in Höhe von insgesamt bis zu 1,2 Billionen Dollar abgeschlossen.[2]

Solche Kontrakte sind zwar im allgemeinen gegenläufig: Jedes Geschäft wird durch ein entsprechendes Gegengeschäft gesichert. Doch die Manager von LTCM, zu denen die beiden amerikanischen Wirtschaftsnobelpreisträger Robert Merton und Myron Scholes gehören, hatten sich verrechnet. Ihre Computermodelle hatten das Ausmaß der internationalen Finanzkrisen des Jahres 1998 und manch andere ungünstige Entwicklungen nicht vorhergesehen. Ein Kollaps der riesigen Spekulationsmaschine hätte die labile globale Kapitalwirtschaft noch tiefer ins Chaos gestürzt – daher mußten die Banken eingreifen.

Um ein Beinahe-Desaster wie das bei LTCM zu verhindern, sind strikte Kontrollen nötig. Investmentfonds müssen – wie alle Kreditinstitute – unter Bankaufsicht gestellt werden. Ihre Möglichkeiten, Kredite aufzunehmen, müssen begrenzt werden. Die Geschäfte mit Derivaten sind berichts- und bilanzpflichtig zu machen.[3] Darüber hinaus wäre der gesamte Kapitalverkehr weltweit strenger zu kontrollieren.[4] Freilich ist die Crux, daß solche Kontrollen faktisch wenig wirksam sind und leicht umgangen werden können.

Eine einschneidende Reform des globalen Finanzsystems tut dringend not. Das Chaos im internationalen Kapitalverkehr zeigt klar die Grenzen freier Märkte und die Notwendigkeit staatlicher Interventionen auf. Denn bis zur letzten Konsequenz getrieben, führt eine von allen Fesseln befreite Marktwirtschaft zu nahezu ebenso grotesken Ergebnissen wie die Planwirtschaft.

Anhang

Anmerkungen

Einführung: Vom richtigen Maß

1 International Labour Organisation: World Employment Report 1998–99. Genf: ILO (1998).

2 Frankfurter Allgemeine, 28. September 1998.

3 Institute for International Economics: Global Economic Effects of the Asian Currency Devaluations. Washington, D. C.: IIE (1998).

Eine kurze Geschichte der Globalisierung

4 Siehe Abschnitt «Europäische Lernkurven».

5 Siehe Abschnitt «Der Geist in der Maschine».

6 Konrad Seitz: Wettlauf ins 21. Jahrhundert. Die Zukunft Europas zwischen Amerika und Asien. Berlin: Siedler (1998).

7 Interview im FAZ-Magazin, 25. September 1998.

European Values

8 Francis Fukuyama: Konfuzius und Marktwirtschaft. Der Konflikt der Kulturen. München: Kindler (1995); Ders.: The End of Order. London: Profile Books (1997).

9 Interview mit Michael Ruhl, Mitglied des Vorstandes der Cardiogene AG, 5. März 1998.

10 Siehe auch Abschnitt «Die Kunst der Anwendung».

11 Siehe auch Abschnitt «Europäische Lernkurven».

12 John Rawls: Eine Theorie der Gerechtigkeit. Frankfurt/Main: Suhrkamp (1975).

13 Siehe auch Arie de Geus: Jenseits der Ökonomie. Die Verantwortung der Unternehmen. Stuttgart: Klett-Cotta (1998).

14 Robert J. Barro: Determinants of Economic Growth. A Cross-Country Empirical Study. Cambridge, Massachusetts: The MIT Press (1997).

Das krank geschriebene Land

Mythos 1: Die deutsche Wirtschaft ist nicht mehr wettbewerbsfähig

1 Manager Magazin, Dezember 1997, S. 236.

2 Deutsche Bundesbank: Geschäftsbericht 1997, S. 51 f.

3 Mitteilung des Verbandes Deutscher Maschinen- und Anlagenbau (VDMA) vom 12. März 1998.

4 Mitteilung des Zentralverbandes Elektrotechnik- und Elektronikindustrie (ZVEI) vom 26. Mai 1998.

5 Mitteilung des Verbandes der Automobilindustrie (VDA) vom 28. Januar 1998.

6 Business Week, 15. September 1997, S. 18.

7 Deutsche Bundesbank, a.a.O., S. 52.

8 Frankfurter Allgemeine, 24. März 1998; Klaus Löbbe u.a.: Der Wirtschaftsstandort Deutschland vor dem Hintergrund regionaler Entwicklungen in Europa. Essen: Rheinisch-Westfälisches Institut für Wirtschaftsforschung (1997), S. 26.

9 Verband der Automobilindustrie: International Auto Statistics, 1997 Edition, Frankfurt/Main: VDA (1997), S. 386f.

10 Handelsblatt, 29. November 1997.

11 Mitteilung des Verbandes Forschender Arzneimittelhersteller vom 16. Juni 1998.

12 Deutsches Institut für Wirtschaftsforschung u. a.: Zur technologischen Leistungsfähigkeit Deutschlands. Zusammenfassender Endbericht an das Bundesministerium für Bildung, Wissenschaft, Forschung und Technologie. Berlin u. a.: DIW (1997), S. 6.

13 Deutsche Bundesbank: a.a.O., S. 52.

14 Dieter Hundt: «Die Globalisierung ist nicht Bedrohung, sondern Chance», Handelsblatt, 31. Dezember 1997.

15 Deutsche Bundesbank: Monatsbericht Januar 1998, S. 49–59.

Mythos 2: Die Arbeitsplätze wandern aus

16 Deutscher Industrie- und Handelstag: Produktionsverlagerung als Element der Auslandsinvestitionen. Bonn: DIHT (1996), S. 1–15.

17 Fabrice Hatem: International Investment Towards the Year 2000. Paris: Arthur Andersen / Ministry of Economic Affairs (1996), S. 11.

18 Süddeutsche Zeitung, 7. Juni 1996.

19 International Labour Organization: Globalization of the Footwear, Textiles and Clothing Industries. Geneva: ILO (1996), S. 34; Frankfurter Allgemeine, 6. Januar 1997.

20 Errechnet nach Angaben in Deutsche Bundesbank: Monatsbericht Mai 1997, S. 75.

21 Verband der Chemischen Industrie: Lagebericht II / 1997 (Auszug). Frankfurt: VCI (1997), S. 1.

22 Interview in Der Spiegel, Heft 11 / 1997, S. 114.

23 Steffen Kinkel / Jürgen Wengel: Produktion zwischen Globalisierung und regionaler Vernetzung. Karlsruhe: Fraunhofer-Institut für Systemtechnik und Innovationsforschung (1998), S. 3.

24 Die Zeit, 24. Oktober 1997.

25 Frankfurter Allgemeine, 20. Mai 1997.

26 Kinkel / Wengel, a. a. O., S. 9.

27 Roland Döhrn: Deutsche Direktinvestitionen im Ausland: Export von Beschäftigung? RWI-Konjunkturbrief 3. Essen: Rheinisch-Westfälisches Institut für Wirtschaftsforschung (1996), S. 1–4.

28 Zentralverband Elektrotechnik- und Elektronikindustrie: Globalisierung der deutschen Elektroindustrie – Beschäftigungseffekte im In- und Ausland. Frankfurt / Main: ZVEI (1996), S. 18.

29 a. a. O., Tabelle 1.

Mythos 3: Das Auslandskapital flieht

30 Deutsche Bundesbank: Monatsbericht Mai 1997, S. 80.

31 Dies.: Monatsbericht März 1998, S. 73.

32 Eurostat: European Union Direct Investment Yearbook 1996. Luxembourg: Eurostat (1997), S. 299–302.

33 Deutsche Bundesbank: Monatsbericht Mai 1997, S. 79–86.

34 Financial Times, 22. Oktober 1997.
35 Financial Times, 4. Juli 1997.
36 Deutscher Industrie- und Handelstag a. a. O., S. 1.
37 Süddeutsche Zeitung, 15. März 1997 und 18. April 1997.
38 Frankfurter Allgemeine, 27. Juni 1998.
39 Handelsblatt, 24. Oktober 1997.
40 Handelsblatt, 2. April 1998.
41 Mitteilung der Hewlett-Packard GmbH vom 29. Oktober 1996.
42 Mitteilungen der Qiagen AG vom April 1998.

Mythos 4: Die Arbeit ist zu teuer

43 So zum Beispiel in einem Interview mit dem Autor, September 1995.

44 IBM Deutschland: Geschäftsbericht 1995, Abschnitt Konzernlagebericht und Konzernabschluß.

45 James P. Womack u. a.: The Machine that changed the World. New York: Macmillan (1990).

46 Klaus-Dieter Vöhringer, Mitglied des Vorstandes der Daimler-Benz AG: «Verbesserung der Konkurrenzfähigkeit unserer Produkte auf den Weltmärkten», Manuskript, Juni 1998, S. 2.

47 Mitteilungen der Unternehmen; Der Spiegel, 37/1997, S. 106–17.

48 Dietrich Russell: «Damit ein Airbus schneller flügge wird», Manuskript, März 1998, S. 3f.

49 Bosch: Geschäftsbericht 1997, S. 48; Daimler-Benz: Geschäftsbericht 1997, S. 111; Siemens: Geschäftsbericht 1996/97, S. 77.

50 Frankfurter Allgemeine, 18. April 1998.

51 Bertelsmann-Stiftung/Hans-Böckler-Stiftung (Hg.): Mitbestimmung und neue Unternehmenskulturen – Bilanz und Perspektiven. Bericht der Kommission Mitbestimmung. Gütersloh: Verlag Bertelsmann Stiftung (1998).

52 Handelsblatt, 20. Mai 1998.

53 Frankfurter Allgemeine, 1. August 1998.

54 Opel: Geschäftsbericht 1997, S. 80.

55 Handelsblatt, 28. April 1998.

56 Handelsblatt, 3. Dezember 1997.

57 Errechnet nach Angaben in den Geschäftsberichten von BASF, Bayer, BMW, Bosch, Daimler-Benz, Hoechst, Mannesmann, Siemens, Thyssen und Volkswagen für das Geschäftsjahr 1997 bzw. 1996/97.

58 Deutsche Bundesbank: Geschäftsbericht 1997, S. 29.

59 Angaben der Firmen Claas und Porsche.

60 «Deutschlands größte Unternehmen in Zahlen», Frankfurter Allgemeine, 7. Juli 1998.

61 Handelsblatt, 1. Dezember 1997 und 28. April 1998.

62 The Economist, 2. November 1996, S. 93; siehe auch Christoph Schröder: Produktivität und Lohnstückkosten im internationalen Vergleich. Köln: Institut der deutschen Wirtschaft (1997).

63 Deutsche Bundesbank: Geschäftsbericht 1997, S. 34–37.

64 Ralph Süppel: Germany – The Medium-Term Prospects, Frankfurt: J. P. Morgan (1997), S. 16.

65 Frankfurter Allgemeine, 5. August 1998; Hamburger Abendblatt, 5. August 1998; Handelsblatt, 23. Juni 1998.

66 Handelsblatt, 10./11. Juli 1998.

Mythos 5: Die Steuern sind zu hoch

67 Handelsblatt, 23. Juni 1998.

68 Handelsblatt, 2. April 1998.

69 Viag: Geschäftsbericht 1997, Erläuterungen zur Gewinn- und Verlustrechnung, Punkt 28; Volkswagen: Geschäftsbericht 1997, S. 82.

70 Bertelsmann: Geschäftsbericht 1996/97, Fünfjahresübersicht; RWE: Geschäftsbericht 1996/97, S. 94; Thyssen: Geschäftsbericht 1996/97, S. 97.

71 Siemens: Geschäftsbericht 1996/97, S. 76.

72 Daimler-Benz: Geschäftsbericht 1997, S. 68–84.

73 Hoechst: Geschäftsbericht 1997, S. 74; Veba: Geschäftsbericht 1997, S. 76.

74 Daimler-Benz, a. a. O., S. 84.

75 RWE, a. a. O., S. 87.

76 Deutsche Bundesbank: Monatsbericht Mai 1997, S. 67f.

77 Errechnet nach Angaben des Bundesfinanzministeriums; siehe Oskar Lafontaine/Christa Müller: Keine Angst vor der Globalisierung. Bonn: Dietz (1998), S. 245.

Small Is Beautiful – Die Chancen der Deutschen

Der Geist in der Maschine

1 Mitteilungen der Firma Claas KGaA.

2 Frankfurter Allgemeine, 4. August 1998.

3 Mitteilungen der Firmen Heraeus, INA, Merck, Miele, Rittal, Sennheiser, Trigema und Wacker.

4 Interview mit Hans Beckhoff, Geschäftsführer der Elektro-Beckhoff GmbH, 7. Juni 1997.

5 Mitteilung der Aixtron AG vom 2. April 1998.

6 Mitteilung der Singulus Technologies AG vom 3. Mai 1998.

7 Mitteilung der Jenoptik AG vom 29. Juli 1997.

8 Mitteilung der Parsytec Computer GmbH vom 28. November 1997.

9 Mitteilung der Reis GmbH & Co. Maschinenfabrik vom 17. Mai 1998.

10 Frankfurter Allgemeine, 17. April 1998.

11 Mitteilung der Rofin-Sinar GmbH vom 26. Juni 1997.

12 Siehe dazu auch Michael Porter: Nationale Wettbewerbsvorteile. München: MI (1991).

13 Siehe dazu auch Francis Fukuyama: The End of Order. London: Profile Books (1997); Annalee Saxenian: Regional Advantage: Culture and Competition in Silicon Valley and Route 128. Cambridge, Massachusetts: Harvard University Press (1994).

14 Interview mit Hans Beckhoff, a. a. O.; Mitteilungen der Claas KGaA.

Die Kunst der Anwendung

15 Interview mit Eberhard Färber, Vorstandssprecher der Ixos AG, Sommer 1989.

16 Arnulf Baring: Scheitert Deutschland?, Stuttgart: DVA (1997), S. 20ff.

17 Business Week, 3. November 1997, S. 46.

18 Die folgenden Passagen basieren auf Interviews mit Dietmar

Hopp, Vorsitzender des Aufsichtsrats der SAP AG, und weiteren Mitarbeitern des Unternehmens, die zwischen 1988 und 1998 geführt wurden.

19 Business Week, a. a. O.

20 Mitteilungen der Firmen Compunet, IDS, Ixos, Ofek-Tech, Ploenzke und SAP.

21 Mitteilungen der Firmen Intel, SAP und Siemens.

22 Manager Magazin, Oktober 1997, S. 246.

23 Mitteilungen der Firmen Beta Systems, Brokat Informationssysteme, Materna und Nemetschek.

24 Mitteilung der Firma Intershop Communications.

25 Mitteilung des Bundesforschungsministeriums.

26 Welt am Sonntag, 7. Juni 1998.

27 Financial Times, 1. Juli 1998.

28 Frankfurter Allgemeine, 19. Dezember 1997.

29 Financial Times, 1. Juli 1998.

30 Handelsblatt, 29. Mai 1998.

31 Frankfurter Allgemeine, 19. Dezember 1997.

Unternehmer aus der Retorte

32 Interview mit Professor Peter Stadler, Geschäftsführender Gesellschafter der Artemis Pharmaceuticals GmbH, 7. März 1998.

33 G. Hartmut Altenmüller: Biotechnologie zwischen Optimismus und Skepsis, Spektrum der Wissenschaft, April 1998, S. 113–115.

34 Frankfurter Allgemeine, 1. Juli 1998.

35 Interview mit Michael Ruhl, Mitglied des Vorstandes der Cardiogene AG, 5. März 1998.

36 Handelsblatt, 28. April 1998.

37 Interview mit Peter Heinrich, Vorsitzender des Vorstandes der Medigene AG, März 1998.

38 Interview mit Professor Stadler, a. a. O.

39 Frankfurter Allgemeine, 1. Juli 1998.

40 Interview in Der Spiegel, 29/1998, S. 142.

41 Interview mit Ruhl, a. a. O.

42 Interview mit Hans-Ulrich Demuth, Geschäftsführender Gesellschafter der Probiotec GmbH, 23. März 1998.

43 Interview mit Professor Stadler, a. a. O.

44 Mitteilungen der Qiagen AG vom April 1998; Sven Dopke: Qiagen: Innovativer Wachstumswert in der Biotechnologie. Hamburg: M. M. Warburg Investment Research (Juni 1997).

45 Mitteilung der Medigene AG vom 17. November 1997.

46 Interview mit Demuth, a. a. O.

47 Handelsblatt, 22. Juli 1998.

Europäische Lernkurven

48 Der Spiegel, 36/1998, S. 110, International Herald Tribune, 3. Juli 1998.

49 Dietrich Russell: «Damit ein Airbus schneller flügge wird», Manuskript, GIE Airbus Industries, März 1998.

50 Mitteilung des Verbandes der europäischen Luftfahrtindustrie Aecma vom 12. Juli 1998.

51 Nikkei Weekly, 4. Mai 1998.

52 Interview mit Alois Schwarz, Vorsitzender des Gesamtbetriebsrats der Dasa, 1994.

Vom Segen scharfer Gesetze

53 Mitteilung der Daimler-Benz AG vom 4. Mai 1998.

54 Mitteilung des Verbandes der Automobilindustrie (VDA) vom 21. August 1998.

55 Mitteilung der Audi AG vom 20. November 1997.

56 Mitteilung der Volkswagen AG vom 21. April 1998.

57 Mitteilung des VDA vom 1. Dezember 1997.

58 Frankfurter Allgemeine, 26. März 1998.

59 Handelsblatt, 4. August 1998.

60 Handelsblatt, 2. Dezember 1997.

61 Die Zeit, 24. Oktober 1997.

62 Mitteilung der Daimler-Benz AG vom 7. April 1998.

63 The Economist, 25. Oktober 1997; S. 106.

64 Mitteilung der Volkswagen AG vom 15. April 1997.

65 Frankfurter Allgemeine, 5. Mai 1998.
66 Mitteilung der Daimler-Benz AG vom 26. August 1997.
67 Zitiert nach Frankfurter Allgemeine, 12. Januar 1998.

Das Grüne Gold

68 Handelsblatt, 14. Mai 1998.
69 Handelsblatt, 9. Dezember 1997.
70 Mitteilungen der Firmen Richter und SHU.
71 Handelsblatt, 7. Juli 1998.
72 Mitteilungen der Firmen Miele und Vorwerk.
73 Handelsblatt, 12. Mai 1998.
74 Mitteilung des Verbandes der Deutschen Bahnindustrie vom 16. Oktober 1997.
75 Mitteilungen der Firmen ABB und Siemens.
76 Mitteilungen der Firmen Antec, ASE, Pilkington und Shell.
77 Handelsblatt, 30. April 1998.
78 Mitteilungen der Firmen Bayer Solar und PV Silicon.
79 Handelsblatt, 30. April 1998.
80 Mitteilung des Fraunhofer-Instituts für Solare Energiesysteme vom 16. September 1997; Frankfurter Allgemeine, 20. April 1998.
81 Frankfurter Allgemeine, 21. August 1998 und 27. August 1998.
82 Handelsblatt, 7. Juli 1998 und 24. August 1998.

Service mit System

83 Mitteilungen der Fresenius AG.
84 Handelsblatt, 5./6. Juni 1998.
85 The Economist, 3. Mai 1997, S. 115.
86 The Economist, Financial Centres Survey, 9. Mai 1998, S. 5 f.
87 Financial Times, 10. September 1998; Handelsblatt, 12. Mai 1998 und 10. September 1998.
88 Frankfurter Allgemeine, 12. Juni 1998; Handelsblatt, 11./12. September 1998; Der Spiegel, 27/1998, S. 109; Wall Street Journal Europe, 4. Juni 1998.

89 Mitteilungen der Firmen Daimler-Benz und Gedas.

90 Gunter Lay: Dienstleistungen in der Investitionsgüterindustrie, Fraunhofer-Institut für Systemtechnik und Innovationsforschung, Mitteilungen aus der Produktionsinnovationserhebung, Nr. 9 (April 1998), S. 1–6.

91 Die Zeit, 5. September 1997.

Arbeit für alle?

1 Frankfurter Allgemeine Zeitung, 6. Februar 1998.

Die Produktivitätsfalle

2 Deutsches Institut für Wirtschaftsforschung u. a.: Zur technologischen Leistungsfähigkeit Deutschlands. Zusammenfassender Endbericht an das Bundesministerium für Bildung, Wissenschaft, Forschung und Technologie. Berlin u. a.: DIW (1997).

3 Frankfurter Allgemeine, 16. November 1996.

Geht uns die Arbeit aus?

4 IWD, 18. September 1998, S. 5.

5 Business Week, 12. Januar 1998, S. 49 ff.

6 Frankfurter Allgemeine, 5. August 1997.

7 Hans-Peter Klös: Dienstleistungslücke und Niedriglohnsektor in Deutschland, Köln: Institut der deutschen Wirtschaft (1997).

8 Mitteilung des Bundesforschungsministeriums vom 31. August 1998.

Die atmende Fabrik

9 DPA, 26. September 1996; Frankfurter Allgemeine, 16. April 1997 und 30. Dezember 1997; Handelsblatt, 4. August 1998.

10 Klaus Löbbe u.a.: Der Wirtschaftsstandort Deutschland vor dem Hintergrund regionaler Entwicklungen in Europa. Essen: Rheinisch-Westfälisches Institut für Wirtschaftsforschung (1997), S. 53.

11 Frankfurter Allgemeine, 4. August 1998; Der Spiegel, 15/1998, S. 90.

12 Frankfurter Allgemeine, 15. September 1998.

Geteilte Last

13 Frankfurter Allgemeine, 23. Januar 1998.

14 Handelsblatt, 2. September 1998.

15 Mitteilung der Firma Randstad vom 9. September 1998.

16 Handelsblatt, 2. September 1998.

Unternehmer brauchen Engel

17 Paul Krueger/Jörn-Steffen Pischke: Observations and Conjectures on the US Employment Miracle. Washington, D. C.: National Bureau of Economics Research, Working Paper No. 6146 (1997).

18 Financial Times, 25. November 1997.

19 Frankfurter Allgemeine, 1. Dezember 1997.

20 Handelsblatt, 12. Mai 1998.

21 Frankfurter Allgemeine, 29. April 1998.

22 Frankfurter Allgemeine, 3. April 1997.

23 Die Zeit, 12. Februar 1998.

24 Mitteilung des Zentrums für Türkeistudien vom 30. Januar 1998.

25 Frankfurter Allgemeine, 3. Dezember 1997 und 21. April 1998.

Bildung für alle

26 Welt am Sonntag, 18. Januar 1998.

27 Die Zeit, 20. Mai 1998.

28 Frankfurter Allgemeine, 11. November 1997; Handelsblatt, 23. Juli 1998.

29 Mitteilung des Bundesforschungsministeriums vom 31. August 1998.

30 Mitteilung des Verbandes Deutscher Maschinen- und Anlagenbau vom 12. März 1998.

31 Mitteilung des Fachverbandes Informationstechnik vom 17. November 1997.

32 Deutsches Institut für Wirtschaftsforschung u. a.: a. a. O., S. 22.

In den Aufschwung steuern

33 Mitteilung des Zentralverbands des Deutschen Baugewerbes vom 31. März 1998.

34 Der Spiegel, 39/1998, S. 68ff.

35 Die Zeit, 30. Mai 1997.

36 Handelsblatt, 17./18. Oktober 1997.

37 Interview in FAZ-Magazin, Heft 957 (1998), S. 36f.

38 Mitteilung des Instituts für Wirtschaftsforschung Halle vom 19. August 1998.

39 Interview in Die Zeit, 28. Mai 1998.

Die Wiedereinsetzung der Politik

1 Siehe Robert H. Frank/Philip J. Cook: The Winner-Take-All Society. Why the Few at the Top Get So Much More Than the Rest of Us. New York/London: Penguin Books (1995); Edmund S. Phelps. Rewarding Work. How to Restore Participation and Self-Support to Free Enterprise. Cambridge, Massachusetts: Harvard University Press (1997); Adrian Wood: North-South Trade, Employment and Inequality. Changing Fortunes in a Skill Driven World. Oxford: Clarendon Press (1994).

2 Der Spiegel, 41/1998, S. 114f.

3 Helmut Schmidt: «Vorsicht, Finanzhaie», Die Zeit, 8. Oktober 1998; S. 3.

Literatur

Baring, Arnulf: Scheitert Deutschland? Abschied von unseren Wunschwelten. Stuttgart: DVA (1997).

Barro, Robert J.: Determinants of Economic Growth. A Cross-Country Empirical Study. Cambridge, Massachusetts: The MIT Press (1997).

Beck, Ulrich (Hg.): Politik der Globalisierung. Perspektiven der Weltgesellschaft. Zwei Bände. Frankfurt am Main: Suhrkamp (1998).

Bertelsmann-Stiftung/Hans-Böckler-Stiftung (Hrsg.): Mitbestimmung und neue Unternehmenskulturen – Bilanz und Perspektiven. Bericht der Kommission Mitbestimmung. Gütersloh: Verlag Bertelsmann Stiftung (1998).

Diamond, Jared: Arm und Reich. Die Schicksale menschlicher Gesellschaften. Frankfurt am Main: S. Fischer (1998).

Dohnanyi, Klaus von: Im Joch des Profits? Eine deutsche Antwort auf die Globalisierung. Stuttgart: DVA (1997).

Far Eastern Economic Review: Telling Asia's Story For Fifty Years. Hong Kong: Review Publishing (1996).

Frank, Robert H., und Philip J. Cook: The Winner-Take-All Society. Why the Few at the Top Get So Much More Than the Rest of Us. New York/London: Penguin Books (1995).

Fukuyama, Francis: Konfuzius und Marktwirtschaft. Der Konflikt der Kulturen. München: Kindler (1995).

Fukuyama, Francis: The End of Order. London: Profile Books (1997).

Galbraith, John Kenneth: Die solidarische Gesellschaft. Plädoyer für eine soziale Marktwirtschaft. Hamburg: Hoffmann und Campe (1998).

Geus, Arie de: Jenseits der Ökonomie. Die Verantwortung der Unternehmen. Stuttgart: Klett-Cotta (1998).

Greider, William: One World, Ready or Not. The Manic Logic of Global Capitalism. New York: Simon & Schuster (1997).

Grosser, Alfred, Deutschland in Europa. Weinheim: Beltz-Quadriga (1998).

Habermas, Jürgen: Die postnationale Konstellation. Essays. Frankfurt am Main: Suhrkamp (1998).
Hall, Ivan P.: Cartels of the Mind. Japan's Intellectual Closed Shop. New York / London: W. W. Norton (1998).
Herman, Arthur: The Idea of Decline in Western History. New York: The Free Press (1997).
Huntington, Samuel: Der Kampf der Kulturen. Die Neugestaltung der Weltpolitik im 21. Jahrhundert. München: Europa Verlag (1996).
Johnson, Chalmers: Japan – Who Governs? The Rise of the Developmental State. New York / London: W. W. Norton (1995).
Kotkin, Joel: Stämme der Macht. Der Erfolg weltweiter Clans in Wirtschaft und Politik. Reinbek bei Hamburg: Rowohlt (1996).
Krockow, Christian Graf von: Der deutsche Niedergang. Ein Ausblick ins 21. Jahrhundert. Stuttgart: DVA (1998).
Kuttner, Robert: Everything for Sale. The Virtues and Limits of Markets. New York: Alfred A. Knopf (1997).
Lafontaine, Oskar, und Christa Müller: Keine Angst vor der Globalisierung. Wohlstand und Arbeit für alle. Bonn: Dietz (1998).
Landes, David S.: The Wealth and Poverty of Nations. Why Some Are So Rich and Some So Poor. New York / London: W. W. Norton (1998).
Lawrence, Robert Z.: Single World – Divided Nations? International Trade and OECD Labor Markets. Paris: Brookings Institution Press / OECD (1996).
Martin, Hans-Peter, und Harald Schumann: Die Globalisierungsfalle. Der Angriff auf Demokratie und Wohlstand. Reinbek bei Hamburg: Rowohlt (1996).
Münch, Richard: Globale Dynamik, lokale Lebenswelten. Der schwierige Weg in die Weltgesellschaft. Frankfurt am Main: Suhrkamp (1998).
Ohmae, Kenichi: The End of the Nation State. The Rise of Regional Economies. New York / London: Harper Collins (1996).
Phelps, Edmund S.: Rewarding Work. How to Restore Participation and Self-Support to Free Enterprise. Cambridge, Massachusetts: Harvard University Press (1997).
Rawls, John: Eine Theorie der Gerechtigkeit. Frankfurt am Main: Suhrkamp (1975).
Reich, Robert B.: Die neue Weltwirtschaft. Das Ende der nationalen Ökonomie. Frankfurt am Main / Berlin: Ullstein (1993).

Reichheld, Frederick F., und Thomas Teal: The Loyalty Effect. The Hidden Force Behind Growth, Profits, and Lasting Value. Boston: Harvard Business School Press (1996).

Ripperger, Tanja: Ökonomik des Vertrauens. Analyse eines Organisationsprinzips. Tübingen: J. C. B. Mohr (1998).

Rodrik, Dani: Has Globalization Gone Too Far? Washington, D. C.: Institute for International Economics (1997).

Schmidt, Helmut: Globalisierung. Stuttgart: DVA (1998).

Seagrave, Sterling: Die Herren des Pazifiks. Das unsichtbare Wirtschaftsimperium der Auslands-Chinesen. München: Limes (1996).

Seitz, Konrad: Wettlauf ins 21. Jahrhundert. Die Zukunft Europas zwischen Amerika und Asien. Berlin: Siedler (1998).

Simon, Hermann: Die heimlichen Gewinner. Die Erfolgsstrategien unbekannter Weltmarktführer. Frankfurt am Main: Campus (1996).

Sowell, Thomas: Migrations and Cultures. A World View. New York: Basic Books (1996).

Tominaga, Minoru: Auf der Suche nach deutschen Spitzenleistungen. Düsseldorf: Econ (1997).

United Nations Conference on Trade and Development: Trade and Development Report 1997. Globalization, Distribution and Growth. New York / Genf: United Nations (1997).

United Nations Conference on Trade and Development: World Investment Report 1997. Transnational Corporations, Market Structures and Competition Policy. New York / Genf: United Nations (1997).

Womack, James P., Daniel T. Jones und Daniel Roos: The Machine That Changed the World. New York: Macmillan (1990).

Wood, Adrian: North-South Trade, Employment and Inequality. Changing Fortunes in a Skill-Driven World. Oxford: Clarendon Press (1994).

The World Bank: World Development Report 1998. Knowledge for Development. Oxford: Oxford University Press (1998).

Register

Wettbewerbsvorteil Fairness

